JN104566

ルース・ベイダー・ギンズバーグ連邦最高裁裁判官の公式ポートレート、2016年。
（写真提供：連邦最高裁判所）

1953年12月27日、ニューヨークのプラザホテルのペルシャルームで開催された婚約パーティの後、自宅で一緒に写るルース・ベイダーとマーティン・ギンズバーグ。
(ギンズバーグ裁判官の個人コレクションより提供)

1998年、ルース・ベイダーとマーティン・ギンズバーグ夫妻。（撮影・写真提供：マリアナ・クック © Mariana Cook 1998）

1994年、最高裁裁判官室のルース・ベイダー・ギンズバーグ裁判官。撮影はナンシー・リー・カッツによる。（写真提供：マイケル・S・サックス）

ルース・ベイダー・ギンズバーグ アメリカを変えた女性

ルース・ベイダー・ギンズバーグ，アマンダ・L・タイラー［著］
大林啓吾，石新智規，青野篤，大河内美紀，樫尾洵，黒澤修一郎，榊原美紀，菅谷麻衣，高畑英一郎［訳］

晶文社

Justice, Justice Thou Shalt Pursue: A Life's Work Fighting for a More Perfect Union
© 2021 by Ruth Bader Ginsburg and Amanda L. Tyler
Published by arrangement with University of California Press through Tomoki Ishiara

家族へ、
そして「より完全な国家」の実現に向けて
努力を惜しまないすべての人へ

デザイン　五十嵐哲夫

ルース・ベイダー・ギンズバーグ　アメリカを変えた女性　　目次

第4章 近年の講演

はじめに——本書を読む前に

大林啓吾

1　本書の主人公

本書がフォーカスするルース・ベイダー・ギンズバーグはアメリカで老若男女問わず圧倒的人気を誇る女性であり、尊敬する女性ランキングではいつも上位に選ばれるという。ラッパーのノトーリアスB.I.G.をもじって、「RBG」の愛称でも知られる。オペラ鑑賞が趣味で、毎年数多の講演をこなし、本人を題材とした映画が2本も上映されている。また、仕事の際には大きな首飾りを着けるなど、オシャレにも気を抜かない。こうしてみると、本書の主人公はまるでセレブ女優であるかのような錯覚を抱いてしまう。

だが、聞いて驚くなかれ。彼女の本職は裁判官、しかも連邦最高裁の裁判官である。連邦最高裁の裁判官は9人で、皆がエリート中のエリートだ。連邦最高裁裁判官は、単に頭がいいだけでなれるものではなく、大統領の指名と上院の承認という政治的駆け引きが行われる中で、上院司法委員会の公聴会という試練に打ち勝って初めてそのポジションを得ることができるものであり、知識や経験の他に、人柄や慎重さ、運や度胸も必要になる。

もとより、彼女を有名たらしめている所以はそうした外形的な要素ではなく、法曹としての活躍にある。弁護士時代、ギンズバーグは平等の実現に向けた訴訟の代理人を務め、そのいくつかで重要な勝利を収めた。1970年代当時、連邦最高裁の裁判官は高齢の男性ばかりだったこともあり、頭が固い彼らを説得するのは容易ではなかったと、彼女は述懐している。それでも、ギンズバーグは法廷において、丁寧に、そして情熱をもって平等の重要性を語り、説得を試みた。こうした努力により、少しずつ連邦最高裁に新たな風を吹き込むことに成功したギンズバーグは、その後、自らも連邦最高裁裁判官に就任する。史上2人目の連邦最高裁の女性裁判官となったのである。

連邦最高裁の裁判官になってからも、ギンズバーグは平等の実現に注力した。就任当時、連邦最高裁は9人中7人が男性裁判官であり、もう1人の女性裁判官オコナーも穏健型保守または中道寄りの思想の持ち主だったため、ギンズバーグが他の裁判官を説得して多数派を形成することはかなり骨の折れる作業であった。

しかし、多数派を形成できなくてもギンズバーグはめげなかった。それどころか、インパクトのある少数意見を精力的に執筆し、政治部門や社会を動かそうと試みた。女性であることを理由に賃金差別を受けてきた原告が、異議申立期間が短いがゆえに女性労働者の賃金差別の救済に役立っていないとして連邦議会の法律を糾弾したレッドベター対グッドイヤー・タイヤ&ラバー会社事件（２００７年）において、ギンズバーグ裁判官は、賃金差別の実態を踏まえた異議申立期間が必要であることを滔々と説く反対意見を執筆し、それが社会の反響を呼び、連邦議会を動かすに至った。

このような不屈の精神は彼女の生活にも表れている。ギンズバーグは、仕事を理由に家庭をおろそかにしたことがなく、夫の病気をケアしながらロースクールに通ったり、家事や育児をしながら弁護士として活躍したりするなど、仕事と家庭の両面において超人的な活躍をみせた。もちろん、夫のマーティンが何も協力しなかったわけではなく、むしろ積極的に家事をこなし、夫婦で家庭と仕事の両立を目指した。このような強く逞しい生き方は、彼女の強さを表すと同時に、家庭と仕事を両立しにくい社会状況に対して変革を促すものでもあったといえる。

ここまでいえば、ギンズバーグがアメリカで尊敬の眼差しで見られていることが分かるだろう。本書は、ギンズバーグ本人と、彼女と親交のあるアマンダ・L・タイラー（カリフォルニア大学バークレー校ロースクール教授）が、ギンズバーグの法曹としての活躍ぶりを中心に、時に講演や対談を交えながら彼女の考え方を紹介したものである。本書の中心となるのは、ギンズバーグが弁護士として行った口頭弁論や、連邦最高裁裁判官として執筆した法廷意見や反対意見である。そのほとんどが平等に関する事件であり、平等に対して強い思いを抱いていたことがうかがえる。

このように本書は、ギンズバーグの法曹としての業績と平等についての考え方をうかがうことができる内容になっている。早速、本書の中身を読んでみたいという読者はこのまま本文に進んで読んでもらいたい。一方、ギンズバーグについてもう少し知識を装備してから本文に挑みたいという方は、以下を読んでから本文に進むと理解の助けになるだろう。

2 ギンズバーグの経歴

ルース（ギンズバーグのこと）は、1933年3月15日にニューヨーク市のブルックリンで生まれた。両親はともにユダヤ系の移民であった。共働きの家庭であったが、母は教育熱心でもあり、ルースは母の教育の影響を大きく受けて育った。母はルースが高校を卒業する直前に他界してしまうが、家庭と仕事を両立する信念は、この母の生き様が影響していると思われる。

ルースはコーネル大学を首席で卒業した後、学生時代に出会ったマーティンと結婚した。マーティンはハーバード・ロースクールに通い始めたが、途中で兵役に服することになった。その間、ルースは1人で育児をし、夫が兵役を終えて戻ってくると彼女もハーバード・ロースクールに入学した。当時、まだ法曹界の門戸は女性に十分に開放されていたとは言い難く、学生のほとんどが男性だった。学生生活を通してルースはロースクールが女性の学生を想定していないのではないかと思えるような体験をし、この頃に差別に対する憤りを覚えたのではないかと推察される。

さらに、学生時代には深刻な問題がルースに襲い掛かった。マーティンががんにかかってしまい、治療を余儀なくされたのだ。ルースはロースクールに通いながらマーティンを看護した。ルースの献身的看護もあり、マーティンはがんを克服し、ハーバード・ロースクールを修了した。マーティンがニューヨークの弁護士事務所に就職したこともあり、ルースはコロンビア・ロースクールに移籍し、1959年に修了した。

これだけでも艱難辛苦を経た感があるが、ロースクール修了後にも困難が待ち受けていた。当時、女性の法曹が珍しかったこともあり、就職先がなかなか見つからなかったのである。やっとのことでパルミエリ連邦地裁裁判官のロークラークを務めることになったが、その後の就職活動では弁護士事務所が男性よりも低い賃金を提示してくるなど、差別的対応に悩まされた。就職活動を行う傍ら、ギンズバーグはコロンビア・ロースクール国際民事訴訟プロジェクトに参加し、スウェーデンの民事訴訟について学んだ。当時、スウェーデンは今ほど男女平等が進んでおらず、ちょうど男女平等に関する運動が盛んになっていた時期であったが、ルースは就職活動を通してあらためて男女差別の問題を痛感し、またスウェーデンの民事訴訟を学ぶ際に男女平等が提唱されている状況を垣間見たことで、平等問題に強い関心を持つようになった。

結局、ルース・ベイダー・ギンズバーグは弁護士事務所ではなく大学教員の道を選び、ラトガーズ大学で教鞭をとることになった。10年ほど勤めた後、1972年にコロンビア・ロースクールに移り、そこで女性初の終身在職権を得た。大学で教える傍ら、ギンズバーグはアメリカ自由人権協会(ACLU)の女性の権利プロジェクトを主導し、性差別問題に立ち向かった。

また、この頃から平等関係の事件にも積極的に取り組むようになり、弁護士として連邦最高裁の法廷に立つようになった。ギンズバーグがアミカスを出したり口頭弁論を行ったりするなどして携わった事件は、遺産管理に関する性差別が問題となったリード対リード事件（1971年）、児童扶養手当に関する性差別が問題となったワインバーガー対ワイゼンフェルド事件（1975年）、陪審免除に関する性差別が問題となったデュレン対ミズーリ州事件（1979年）など、数多くのものがある。

ここで注目すべきは、ギンズバーグは必ずしも女性の権利の擁護だけを行ったわけではなく、男性に対する差別が問題になっている事件も担当した点である。たとえば、ワインバーガー対ワイゼンフェルド事件は、夫が亡くなって女性が遺族となった場合には児童扶養手当の受給対象になるが、それとは反対に、妻が亡くなって男性が遺族となった場合、児童扶養手当の受給対象にならないことが性差別に当たるかどうかが問題となったものである。これは性別の役割を決めつける制度であり、平等に反するとギンズバーグは主張し、事件に勝利した。一見すると、男性ばかりの連邦最高裁の裁判官に対しては男性が差別されている事件の方が分かりやすく、それについて平等違反の判断を積み重ねることで平等の実現を漸進させ、女性差別に対しても改善していこうとする戦略のようにも思える。だが、ギンズバーグは性別を理由に各人の能力発揮を妨げてはならないことを重視しており、男女いずれかの平等を実現するのではなく、彼女なりの平等理念に基づき、男女ともに平等を実現しようと試みていたといえる。

その後、ギンズバーグは1980年に連邦高裁裁判官に任命され、1993年には連邦最高裁裁判官に任命された。今度は、弁護士としてではなく、裁判官として平等に関する判断を直接下せるようになったのである。大仰に演説したりあおったりすることはなく、物事をじっくり考えるタイプだったこともあり、学者や裁判官の職は彼女に合っていた。それは司法の役割を考える際にも通じるところがあり、司法自らが積極的に世の中を変えていくべきと考えるのではなく、あくまで司法は政治部門に対して問題提起を行うにすぎず、社会変化を実現するのは政治部門であると考えていた。先に挙げたレッドベター対グッドイヤー・タイヤ&ラバー会社事件がその典型であり、ギンズバーグは性に基づく賃金差別の解消に向けて異議申立期間の修正を立法府に迫る反対意見を書いた。

3　連邦最高裁裁判官としてのギンズバーグ

古い慣習や常識にとらわれず、平等の実現を目指してきたことから分かるように、保守とリベラルで分けるとすれば、ギンズバーグはリベラル側である。そのことは、民主党のクリントン大統領が彼女を連邦最高裁裁判官に任命したことからもうかがえる。

ギンズバーグが連邦最高裁裁判官に就任したとき、連邦最高裁は全体としてやや保守寄りの傾向にあったものの、おおよそ両者は拮抗していた。保守派は、レーンキスト長官、スカリア裁判官、トーマス裁判官、保守寄りの中道派がケネディ裁判官とオコナー裁判官、リベラル派がブラックマン裁判官、スティーブンス裁判官、スーター裁判官、そしてギンズバーグ裁判官であった。

ただし、当初のギンズバーグの判断は平等分野を除きそれほど目立っていたとは言えない。平等分野でも、1990年代の事件の中では合衆国対バージニア州事件（1996年）について法廷意見を書いたことが耳目を集めたが、それ以外に注目されたケースはあまりなかった。また、表現の自由の分野では、著作権保護とパブリックドメインにおける著作物利用（表現の自由）が衝突したエルドレッド対アシュクロフト事件（2003年）において、比較的簡単に著作権を優先させるなど、必ずしもリベラル的とはいえない判断もあった。もともとギンズバーグが書く判決や個別意見は理念を掲げるわけでも独自の法解釈論を提示するわけでもなく、時に規範定立や審査基準の設定が見えにくいこともあり、この頃のギンズバーグの判決文や個別意見はあまり読む人を惹きつけるものではなかったように思える。

しかし、2007年のレッドベター対グッドイヤー・タイヤ&ラバー会社事件の反対意見や2013年のシェルビー郡対ホルダー判決の反対意見がリベラル派の関心を惹き、NYUロースクールの学生が「ノトーリアスRBG」と題したブログ（タンブラー）を開設し、ギンズバーグの反対意見などを投稿すると、広く注目が集まるようになった。とりわけ、リベラル派はギンズバーグを女性差別に立ち向かった戦士としてアイコン化していった。ギンズバーグの名前を一般社会にも浸透させ、人気を加速させたのが、2つの映画であった。2018年に、彼女を題材とする映画『RBG 最強の85才』（字幕監修・大林啓吾）と『ビリーブ 未来への大逆転』が立て続けに公開され、一気にギンズバーグブームが起きたのである。

映画は、いずれもギンズバーグを弁護士時代から平等のために戦ってきた人物として捉え、自らの信念を曲げず、時に舌鋒鋭い少数意見を書き、また家庭と仕事を両立したスーパーウーマンとして描いた。その結果、ギンズバーグはリベラル派のアイコンとなり、平等の実現に貢献した人物とみなされるようになった。

ギンズバーグ自身、そうしたアイコン化を受け入れているところがあり、平等や女性の権利関連の講演会や座談会にしばしば招待され、それに応じている。こうした事情もあり、ギンズバーグは平等や女性の権利のために戦った人物という評価がなされることが多く、それは間違っているわけではない。しかし、先に述べた通り、ギンズバーグの平等理念は性別の違いが個人の能力を阻害するようなことがあってはならないことを重視した点を忘れてはならない。また、連邦最高裁において、必ずしも常にリベラル派の期待に応えていたわけではなく、法思想や法解釈が見えにくかったこともあり、彼女のあらゆる法的判断が賞賛に値するものであったわけでもないように思われる。

もしかしたら、リベラル派も一般大衆もそうした点には気づいていたかもしれない。それでもなお、ギンズバーグをアイコン化してリベラル戦士として祭り上げることになったのは、彼女の後任問題に関わっていたともいえる。2020年、ギンズバーグが在職のまま亡くなると、共和党のトランプ大統領は保守派のバレットを後任に指名した。リベラル裁判官の後任に保守派の裁判官を据えようとするだけでも大いに反発を招くところであるが、このとき、保守とリベラルのバランスは5対4で保守派に傾いており、保守派のロバーツ長官が適宜リベラル側につくことで何とか均衡を保っていた。しかし、これ以上保守派が増えると、もはやロバーツ長官だけでは対応できなくなってしまう。そのため、リベラル側はバレットの指名に激しく反発した。バレットも女性だが、保守的思考の持ち主であり、とくに中絶関係では女性の自己決定権を弱めかねない判断をするおそれがあった。しかも、ギンズバーグ裁判官は中絶規制の1つである部分的出産中絶禁止法が合憲とされたゴンザレス対カーハート事件（2007年）で反対意見を書いていたこともあり、リベラル派はその後任にバレットを就任させることに強く反対したのである。

しかし、上院で多数派を握る共和党はバレットを承認し、連邦最高裁は6対3で保守が優位の状況となった。司法の中でこのようなイデオロギー対立があることについては、公正中立を重んじる日本からすればやや奇異に映る。もっとも、任命過程が不透明で、法廷意見を誰が書いたのか分からず、「名もない顔もない司法」とも揶揄される日本からすれば、国民審査の活性化のためにも、司法はもう少しオープンであっていいかもしれない。

さて、2021年8月現在、アメリカの連邦最高裁は9人中3人が女性である。翻って日本の最高裁を見てみると、15人中、女性は2人しかいない。数だけ合わせればいいというわけではないが、それでもやはり、この差は大きいように思われる。女性裁判官の活躍のためにも、本書が多くの人に読まれることを願う次第である。

本書では、法律、とりわけアメリカ法を学んだことがない人にも読んでもらうために、できるだけ分かりやすい翻訳を心がけた。そのため、原文に忠実に訳すと意味が通じにくい部分については、原文の内容を変えないという原則の下、日本語として意味が通るように訳出した。また、法律用語はしばしば難しい言葉になりがちなので、できるだけ嚙み砕いて説明するように、平易な文章を心がけた。それでもなお言葉の説明が必要と思われる場合には各見開きの左に訳注（[·i][:ii]……）をつけてある。各セクションの最後についている注は原注（［1］［2］……）なので、訳注が頁注、原注が後注という割り振りになっている。

なお、原書では多くの判例や文献などが参照されているが、中には記号や数字を載せるだけのものもあり、それらを忠実に掲載してしまうと読みにくくなるおそれがあったため、訳出にあたって一部省略したことを断っておく。

本書を刊行するにあたり、全体の検討会を行って用語の統一と内容の読み合わせをしたが、基本的に各章はそれぞれの訳者が責任をもって訳出したものである。

最後になったが、晶文社の太田泰弘社長には、出版事情の厳しい中、翻訳企画を快諾していただき、また編集担当の松井智氏には企画から編集までお付き合いいただいた。松井氏には検討会にも出席してもらい、有益なアドバイスを多々いただいた。あらためて厚く御礼申し上げる。

2021年8月　訳者を代表して

参考文献

Ruth Bader Ginsburg, Mary Hartnett and Wendy W. Williams, *My Own Words* (Simon & Schuster; Reprint, 2018).

Rebecca L. Barnhart and Deborah Zalesne, *Twin Pillars of Judicial Philosophy: The Impact of the Ginsburg Collegiality and Gender Discrimination Principles on Her Separate Opinions Involving Gender Discrimination*, 7 N.Y. City L. Rev. 275 (2004).

Linda Greenhouse, *Learning to Listen to Ruth Bader Ginsburg*, 7 N.Y. City L. Rev. 213 (2004).

Sarah E. Valentine, *Ruth Bader Ginsburg: An Annotated Bibliography*, 7 N.Y. City L. Rev. 391 (2004).

Oyez, *Ruth Bader Ginsburg*, https://www.oyez.org/justices/ruth_bader_ginsburg.

Supreme Court of the United States, https://www.supremecourt.gov/.

大林啓吾「ギンズバーグ判事の平等理念――アイコンとしてのＲＢＧの功罪」判例時報２４６５・２４６６合併号１６０頁（２０２１年）

尾形健「ルース・ベーダー・ギンズバーグ：憲法的価値の実現と協働的営為」山本龍彦・大林啓吾編『アメリカ憲法の群像　裁判官編』（尚学社、２０２０年）

紙谷雅子「理論的に判例法を発展させるのは弁護士」判例時報２４６７号１４４頁（２０２１年）

ダニエル・H・フット『名もない顔もない司法――日本の裁判は変わるのか』（溜箭将之訳、ＮＴＴ出版、２００７年）

奈須祐治「ルース・B・ギンズバーグと表現の自由」判例時報２４６４号１２０頁（２０２１年）

横大道聡「ギンズバーグ判事死去と連邦最高裁の今後」外交64号80頁（２０２０年）

ルース・ベイダー・ギンズバーグ　アメリカを変えた女性

Justice, Justice Thou Shalt Pursue:
A Life's Work Fighting for a More Perfect Union

序文

2020年9月18日、本書の原稿をカリフォルニア大学出版局に提出してから3週間後、ルース・ベイダー・ギンズバーグ裁判官はがんの合併症に倒れ、家族と愛する人々に囲まれて自宅で息を引きとった。

本書は、ギンズバーグ裁判官と私がともに作り上げ、彼女が亡くなった後にいくつかの注釈や紹介文を加えたものである。

あとがきでは、彼女の死とその偉大な遺産について触れる。本書は、ギンズバーグ裁判官が自身の業績をどう考えていたのか、そして、それがどのように受け止められることを望んでいたのかを知る手がかりとなる。

2020年10月
アマンダ・L・タイラー

謝辞

このプロジェクトを実現するために尽力してくれた多くの人に感謝する。まずは、大切な友人であり同僚だったヘルマ・ヒル・ケイに。私たちの記憶に残る彼女について語った内容が、本書の中心をなす。そして、ヘルマ・ヒル・ケイ記念講演の開催に尽力してくれたパメラ・サミュエルソン教授とロバート・グルシュコ博士にも感謝の意を表したい。

カリフォルニア大学出版局のナオミ・シュナイダーは、私たちと一緒に本書の構想を練り、出版までの道のりを導いてくれた。

本書の執筆過程で、バークレー・ロースクールの学生や卒業生であるドジェナブ・コンデ、ラナ・エルファーラ、アシュリー・ジョンソン、カーメン・ソブクザックの助力を得た。

写真の選択に関しては、連邦最高裁広報室のメアリー・ハートネットと広報室職員から得た多大な協力に感謝したい。また、ギンズバーグ裁判官の長女であるジェーン・ギンズバーグから、本書の全般にわたる有益な助言を得た。
最後に、私たちのアシスタントである連邦最高裁のキム・マッケンジーとローレン・スタンレー、バークレー・ロースクールのマット・フェルトマンに心より感謝する。その惜しみない寛大な助力がなければ、本書は生まれなかっただろう。

2020年8月
ルース・ベイダー・ギンズバーグ
アマンダ・L・タイラー

イントロダクション

2017年、カリフォルニア大学バークレー校ロースクール（バークレー・ロースクール）の元学部長ヘルマ・ヒル・ケイが亡くなり、同校の同僚夫妻がヘルマを追悼する連続講座を企画した［1］。初回の講演者として真っ先に名前が挙がったのは、ヘルマの長年の親友であり、性差別に関する最初のケースブックの共著者となったルース・ベイダー・ギンズバーグ裁判官だった。喜ばしいことに、ギンズバーグ裁判官は、2019年10月に開催されることになった第1回ヘルマ・ヒル・ケイ記念講演への招聘に快く応じてくれた。私たちは講演の進め方について話し合い、冒頭でギンズバーグ裁判官が数十年にわたるヘルマとの友情について話し、その後、ギンズバーグ裁判官がその人生と仕事を通じてどのように男女平等を追求してきたかについて対談することにした。

2019年秋にギンズバーグ裁判官がバークレーを訪れたことから本書のプロジェクトは始まった。

私たちは彼女の人生と仕事について対談した内容をもとに、その理解を深めるのに役立つ素材を集めることにした。弁護士として、裁判官として、ジェンダーの平等のために、そしてより究極的には、憲法が目指す「より完全な国家」を築くために、休むことなく尽力し続けてきた足跡を多くの人に知ってもらうためである。

1933年3月15日にジョーン・ルース・ベイダーが生まれたとき、法律上の女性の扱いは現在とは全く異なっていた。その20年あまり前、後に彼女が裁判官を務めることになる連邦最高裁は、ミュラー対オレゴン州判決（1908年）において、女性が「法律上は男性と絶対的に同等の立場に立っていたとしても、女性が男性に頼り、保護を求めるのは事実である」と判断した[2]。この連邦最高裁は、19世紀後半に既婚女性に弁護士資格を与えない州を支持し、裁判官の1人はその事件で、「女性に備わっている自然な、そして望ましい臆病さと繊細さは、明らかに市民生活の多くの職業に適していない」とまで述べていた[3]。1960年代においても、連邦最高裁は男女を区別する法律を支持しており、夫や父親の庇護の下でなければ女性がバーテンダーをすることを禁止する法律[4]や、地方の陪審員名簿から女性を除外する法律[5]の効力を否定しなかった。後者について、1961年のホイト対フロリダ州判決は次のように述べている。

過去の時代の制限や保護から女性が啓蒙により解放され、以前は男性だけのものと考えられていた社会生活の多くの部分に参入したにもかかわらず、女性は依然として家庭や家族生活の中心を担うものとして扱われている。陪審員を務めることが自身の特別な責任と一致すると女性自らが判断しない限り、その市民としての義務を女性は免除されるべきだと一般的な福祉の観点から州が結論づけたとしても、我々はそれを違憲と判断することはできない[6]。

このような時代背景に照らしてみると、若き日のルース・ベイダーが法律家になろうと考えたことすらなかったことに不思議はない。しかし、対談の中で話してくれた通り、コーネル大学に在学中、マッカーシー時代において「独裁的な政府の言いなりではなく、自分が信じる通りに考え、話し、書く」という修正1条の権利を守るために立ち上がった法律家たちのことを知り、彼らの著作に触れた経験が彼女を法曹の道に進ませるきっかけとなった。同じ時期に、人生のパートナーとなるマーティン（マーティ）・D・ギンズバーグと出会う。1954年、ルースの卒業を待って結婚した2人は同じ職業を志すことを決め、1年違いでハーバード・ロースクールに入学した[7]。

ルース・ベイダー・ギンズバーグは、ハーバード・ロースクールの500人を超える学年に9人しかいない女性の1人だった。そして、14カ月の娘を持つ母親でもあった[8]。

彼女がこの時期について後に語るように、母親としての仕事は生活に「バランス」を与え、法律の勉強にだけ没頭するような事態を避けることができた。ロースクール3年の冬にマーティががんと診断され、命が危ぶまれる辛い時期も経験した。マーティとの経験と、後年の彼女自身のがんとの闘いは、「がんから生還すると、それまで持っていなかった生きる気力が湧き、毎日を大切に過ごすことができる」

ということを彼女に教えた。

コロンビア・ロースクールを首席で卒業した後、ギンズバーグは就職が難しいことを知った。彼女は、ユダヤ人であり、女性であり、母親だった。恩師の強力な支援により、ニューヨーク州南部地区連邦地裁のエドマンド・L・パルミエリ裁判官の下でクラークとして法曹界でのキャリアをスタートし、その後、研究者として職を得た。1963年にラトガーズ・ロースクールの教員となり、アメリカの公認ロースクールで任命された19人目の女性法学教授となったのだ[9]。しかし、1963年は同一賃金法が施行された年だったにもかかわらず、男性の同僚に比べて低い賃金しか支払われなかった。当時、ロースクールの学部長が彼女に言ったように、ラトガーズ大学では「夫の給与が非常に高い」という理由で、男性の同僚よりも低い給料を支払うことが許されていた。ヘルマ・ヒル・ケイと出会ったのはラトガーズ大学に勤めていた頃だった。1974年に2人は、ケネス・デビッドソンとともに、性差別に関する先駆的なケースブックである『性差別ケースブック』[10]を出版した。

その一方で、ギンズバーグはすでに訴訟弁護士としての経歴があり、男女平等を求める彼女の活動は、やがてサーグッド・マーシャル連邦最高裁裁判官が取り組んだ人種差別撤廃のための活動と比較されるようになった。彼女は、前述したミュラー判決やホイト判決の根底にある固定観念や前提を1つずつ覆していった。2018年に公開された映画『ビリーブ 未来への大逆転』をご覧になった方はご存じの通り、その始まりは、彼女がマーティと共同で訴訟代理人を務めたモーリッツ対内国歳入庁長官事件である[11]。彼らの関与は、税務専門弁護士であるマーティが、モーリッツの事案のレポートを見た後、連邦租税裁判所の速報から数頁を妻に手渡したことから始まった。女性に認められていた介護者控除を受けることができなかった未婚男性チャールズ・モーリッツを代理し、即座に勝訴した。この判決は、まずアメリカ自由人権協会（ACLU）の女性の権利プロジェクトの責任者として、そしてその後、ACLUの4人の顧問弁護士の1人として彼女が関与した一連の訴訟の道しるべの役割を果たした。ギンズバーグは1970年代を通じて、性差別に異議を唱える当事者を代理し、連邦最高裁に係属する10件の事案で主張書面を提出し、そのうち6件で口頭弁論を行い、7件で勝訴した（1件は裁判所が判決を下す前に「ムート〔i〕」と判断された）〔12〕。さらに彼女は、少なくとも12以上のアミカスブリーフ〔ii〕を提出した。

これらの事案の1つ、彼女が初めて連邦最高裁で弁論したフロンティエロ対リチャードソン事件で裁判所へ提出した主張書面で、ギンズバーグは、「歴史的に、女性は男性に従属し男性より劣った存在として扱われてきた。性差別の撤廃に向けて一定の進歩はあったが、アメリカの女性にとって、機会均等までの道のりは依然としてかなり長いものである」〔13〕と述べた。

この道のりを短くするために、彼女は最高裁や下級審で裁判を起こし、勝訴した。遺産管理人として

i…ムートとは、「法律問題について裁判所が判断しても、現実の争訟の解決には何ら役立たないときには、裁判所は判断を示さない」（田中英夫編『英米法事典』東京大学出版会、565頁）ことをいう。

ii…アミカスキュリエ（Amicus Curiae：「法廷の友」の意）は、裁判係争中の当事者ではないが、その裁判で争われている法律上の論点について関心を有する者がいる場合、当事者の同意または裁判所の許可が得られれば、裁判所に対して意見書を提出する機会が与えられる制度。提出される意見書をアミカスブリーフという。

女性よりも男性を優先する法制度〔14〕、妊娠した空軍将校の自動的な除隊〔15〕、性に基づき不平等な特典を軍人に与える連邦法〔16〕、陪審員の候補から女性を自動的に除外する制度（ホイト判決を変更させ勝訴した）〔17〕、男女の介護者に平等な社会保障給付を行わない制度〔18〕、妊娠中の女性への失業給付の不支給〔19〕、配偶者に先立たれた男性に対する平等な社会保障給付の不支給〔20〕、女性に対する仕事の配置転換についての海軍内の制限〔21〕などである。ギンズバーグは、自分の仕事が先人の努力の積み重ねに続くものであることを意識し、連邦最高裁に提出した最初の主張書面には、リード対リード事件の上訴人であるドロシー・ケニヨンとポーリ・マレーの名前を記載した。

1980年、ジミー・カーター大統領は、ギンズバーグをコロンビア特別区連邦高裁の裁判官に指名し、上院はこれを承認した。そして1993年、ビル・クリントン大統領は、彼女を連邦最高裁裁判官に指名した。上院司法委員会による承認のための公聴会で、ギンズバーグは冒頭で家族を紹介した後、次のように自己紹介をした。

私は、生まれも育ちもブルックリンで、父方はアメリカの1世、母方はかろうじて2世です。両親は大学に通う余裕はありませんでしたが、学ぶこと、人を思いやること、そして自分が望むものと信じるもののために努力することを教えてくれました。彼らの両親は、ユダヤ人の血と信仰のためにポグロム（虐殺）や人間としての価値の否定にさらされたとき、住んでいた国を離れるだけの先見の明を持っていました。私の身にいま起こっていることは、アメリカでしか起こりえないことです。他の多くの人々と同様に、この国が自由に呼吸したいと願う人々に門戸を開いていることに、私も多くを負っているのです[22]。

次に彼女は、弁護士になるという選択を夫のマーティが惜しみなくサポートし、そして「私たちが出会ったときも、そして今日も、家庭であれ職場であれ、女性の仕事は男性の仕事と同じく重要だと考えている」ことに感謝した。

また、多くの人々に感謝の意を表し、中でもスーザン・B・アンソニー、エリザベス・キャディ・スタントン、ハリエット・タブマンについて、「ほとんどの人が耳を傾けなかった時代に、平等な市民権の夢を持ち続けた断固たるその努力」を賞賛した。

最後にギンズバーグは、裁判官の役割、より広く、憲法の守護者として仕えるということはどういうことかを論じた。彼女は言う。「連邦最高裁の裁判官は1人で憲法上の権利を守るわけではない。連邦最高裁は、議会、大統領、州、そして国民と重大な責任を共有している」と。そして、「憲法が目指す〝より完全な国家〟を絶えず実現するため、政府とその政策に関する問題に、最大限に幅広く、最大限に深く参加することが必要とされている」と続けた。本書を読めばお分かりいただける通り、この「より完全な国家」という目標を達成することが彼女のライフワークの中心になっている。また、公聴会で証言したように、ギンズバーグは、「より完全な国家」の実現に向けて努力することは私たち全員の責任だと考えている。

1993年8月3日、96対3の賛成票で上院の承認を得て、ルース・ベイダー・ギンズバーグは連邦最高裁の裁判官に就任した。就任わずか3期目に、性差別をめぐる大事件が発生した。この事件は、名門校であるバージニア軍事学校（VMI）が長年にわたって女子学生を排除してきたことをめぐるものだった。法廷意見の起案を割り当てる際、多数意見に加わっていた上席裁判官は、当初、女性初の連邦最高裁裁判官であるサンドラ・デイ・オコナーに意見を求めた。しかし、オコナー裁判官は、合衆国対バージニア州事件では、ギンズバーグ裁判官が多数意見を起案するべきだと考えた。ギンズバーグの起案による多数意見は、女性向けに訓練を提供するために州が新たに設立した別の軍事大学を認めず、威信とははるかに充実した機会を提供するVMIが、男女の士官候補生に平等に門戸を開くべきだと判断した。この判決の中で、ギンズバーグは、「大部分の女性にとって適切なものをして『女性のあり方』を推定するような一般化によって、平均的な記述を外れた才能や能力を有する女性の機会を奪うことは、もはや正当化できない」[23]と述べ、その時点までに男女平等への取り組みがかなり進んでいることを強調した。VMI判決におけるギンズバーグの法廷意見は、多くの点で彼女の裁判官としての経歴の土台を提供するものだったように思われる。しかし彼女の仕事はまだ始まったばかりだった。

この原稿を書いている現在、ルース・ベイダー・ギンズバーグは連邦最高裁裁判官として27年目をちょうど終えたところである。その間に彼女が執筆した意見は数百にのぼり、その中には様々な形態の差別を撤廃し、社会のより広い層に機会を与えるよう求める意見も多い。近年、最も有名な彼女の意見には反対意見もある。その中でも、2013年のシェルビー郡対ホルダー判決[24]における反対意見は、彼女に「悪名高き《ノトーリアス》RBG」というニックネームを与えることになった。3人の裁判官がこの反対意見に賛同した。この事件で、連邦最高裁は1965年投票権法の事前審査を違憲と判断した。彼女は、「事前審査は、(投票法の)差別的な変更を防ぐために機能しており、今後も機能し続けるだろう。それを捨ててしまうのは、いま濡れていないからといって、暴風雨の中で傘を投げ捨てるようなものだ」[25]と反対意見を述べた。この一文は、書かれた当時と変わらぬ力強さで今も鳴り響いている。

もう1つの事件、性別を理由とした不平等な賃金払いに関する事件でも、ギンズバーグ裁判官は4人の少数派となった。女性の給与が男性よりも低く支払われるたびに、雇用者側の差別的行為が更新され続けるという解釈に多数意見の同僚の理解を得られなかった。彼女は希望をもって、レッドベター対グッドイヤー・タイヤ&ラバー会社判決[26]の反対意見の最後を「ボールは再び連邦議会に投げ返された。今こそ、立法府は連邦最高裁の市民権法第7編に関する狭い解釈を是正するときである」と締めくくった[27]。議会は彼女の呼びかけに速やかに応じ、判決後すぐにリリー・レッドベター公正賃金法を制定した[28]。

また、バーウェル対ホビーロビー・ストア判決の反対意見[29]では、様々な信仰をもつ労働者を雇用する営利企業が、雇用者の宗教的信念に基づいて、議会が義務づけた避妊関連サービス提供への保険適用を拒否することを認めた多数意見を強く非難した。「女性が我が国の経済的・社会的生活に平等に参加できるようになったのは、自分のリプロダクティブ・ライフをコントロールできるようになったからである」という20年前の連邦最高裁の認識に依拠し、4人の裁判官を代表してギンズバーグ裁判官は、雇用主の宗教上の信念に基づく行動が従業員の権利を損なうものであってはならないと意見を述べた[30]。

本書では、ギンズバーグ裁判官が法廷で執筆した意見の中でも特に気に入っているものと、連邦最高裁がこれらの判決を下した際に彼女が自分の立場を要約した声明を掲載した。

判決文とそれに付随する声明を見ると、ギンズバーグ裁判官は、連邦最高裁の判決が日常生活にどのような影響を与えるかを鋭く評価していることが分かる。たとえば、レッドベター判決の反対意見では、リリー・レッドベターのような労働者の立場にある人が、性別による組織的な賃金差別の被害者であると気づくことがいかに困難であるかをよく理解している。また、ホビーロビー判決の反対意見では、働く女性が避妊に対する保険に加入するのにどれだけの費用がかかるかを強調し、避妊関連サービスを利用しやすくすることで得られる政府の利益を議論した。シェルビー郡判決の反対意見では、マイノリティの有権者が選挙過程にきちんと参加することを妨げるために現在も続く組織的な差別や新たな障壁に言及し、強力な投票権法の必要を説いた。

ギンズバーグ裁判官は、連邦最高裁の裁判官としての在任期間中、憲法は誰一人とりこぼしてはならないという考えを常に提唱してきた。彼女は、「我々の憲法の歴史の最も重要な部分を占めるものの1つは、かつては無視され排除されてきた人々に対して憲法上の権利と保護を広げていくという物語だ」[31]と常に称えてきた。本書に収録されている意見以外にも、ギンズバーグ裁判官は、このような理想へ前進させる意見をたくさん書いてきた。たとえば2003年の意見では、「意識的または無意識的な人種による偏見、さらには人種に基づく階級差別がいまだに我々の国に生き続けており、私たちの最高の価値や理想の実現を妨げている」という事実に立ち向かう必要を理解していた[32]。また、アメリカ障害者法と、「障害をもつ人を〝我ら国民〟の中に含めることは、不都合なことに目をつむったままの平等ではなく、他人との違いを受け入れること、つまり無関心ではなく受容を必要とする」という議会の認識を強調した[33]。また、連邦政府が男女間の結婚のみを承認する結婚防衛法を違憲とすることを支持した。2013年の合衆国対ウィンザー事件の口頭弁論で、ギンズバーグ裁判官は、「(牛乳のような)完全な結婚と脱脂粉乳のような(不完全な)結婚の2種類の結婚を認めている点が問題だ」と指摘した[34]。2年後のオーバーゲフェル対ホッジス判決では、他の裁判官とともに、修正14条は州が同性婚を認めることを要求していると判断した多数意見に加わった[35]。その一方で、ギンズバーグ裁判官は、司法へのアクセスの向上に一貫して取り組んだ。そして、司法へのアクセスを向上させるという原則を多数意見が阻害していると彼女が考えた手続法に関する事件において、注目すべき反対意見をいくつも書いた[36]。もちろん彼女は、法律は性によって差別をしてはならないという確固たる信念を堅持している[37]。実際に、私がこれを書いている時点で直近のギンズバーグ裁判官の意見(2019年〜2020年の連邦最高裁の開廷期間で彼女が出した最後の意見)は、男女差別に関する事案だった。ギンズバーグ裁判官は、医療費負担適正化法上の避妊に対する保険の適用範囲をさらに制限し、彼女の言葉を借りれば、50万人の女性労働者に「自己負担で避妊させる」ことになる可能性を生じさせる多数意見を、再び反対意見において激しく非難することとなった[38]。

本書は、ギンズバーグ裁判官の人生と仕事の1つ1つを紹介するものである。本書は、2019年10月にカリフォルニア大学バークレー校で行われた記念講演でギンズバーグ裁判官がヘルマ・ヒル・ケイについて語った内容から始まる。ケイは法曹界で早くから大きな影響力をもつ女性で、1960年にバークレー・ロースクールの教授陣に加わったとギンズバーグ裁判官は語った。先駆的なケースブックによって性差別の法分野をともに開拓し、2人は生涯にわたる友情で結ばれた。ケイは人生の最後の10年を費やし、自身やギンズバーグ裁判官（そして私を含む数え切れないほどの人々）がその仲間となる道を切り拓いたアメリカで最初の女性法学教授たちの足跡をまとめた。ギンズバーグ裁判官の人生とキャリアについても触れているケイの著書は、2021年にカリフォルニア大学出版局から出版される予定である[iii]。

ギンズバーグ裁判官のヘルマ・ヒル・ケイに対する追悼の言葉に続き、同じ記念講演の際に行われた私たちの対談の全文が掲載されている。この対談では、ギンズバーグ裁判官が法律の世界に足を踏み入れた経緯から始め、彼女の人生のほとんどについて語ってもらった。もちろん、マーティとの結婚生活のことも含まれている。2人がロースクールに在学中、マーティががんと闘っていたときの困難や、共同受任して勝訴した最初の事件であるモーリッツ事件を紹介した。マーティの母親がくれた最も重要な結婚のアドバイスや、人生のパートナーを選ぶ際の彼女自身のアドバイスも聞くことができた。「自分の仕事と同じくらい、あなたの仕事を大切に考えてくれるパートナーを選びなさい」というものだ。また、後でもう少し詳しく紹介する、マーティの伝説的なユーモアのセンスについても。

それから、1950年代後半から1960年代にかけて、女性であり母親でもあった彼女が法律家としてのキャリアをスタートさせる際に直面した困難や、同世代の多くの粘り強い女性と同じく、確固たる意志と創意工夫でどのようにその困難に立ち向かったのかに触れた。研究者として働いていた時代に続き、社会制度の一部となっていた男女差別を撤廃するために訴訟に取り組んだ彼女のキャリアに話題は及んだ。ギンズバーグ裁判官は、お気に入りの事件について語ってくれた。その1つであるフロンティエロ対リチャードソン事件で、初めて連邦最高裁で弁論し、「私は自分の性を優遇するよう頼んでいるのではありません。ただ、男性の皆さん、私たちの首を踏みつけている、その足をどけてください」というサラ・グリムケの印象的なセリフを引用した。約11分間の弁論の間、彼女は遮られることなく、男性のみで構成されている裁判所に対し、女性の保護を意図する法律が実際には女性の保護を妨げていることを訴えた。

次に、私たちは、無意識に持っている偏見と向き合うことなど、社会における差別との闘いにおいて残された重要な仕事について話した。最後に、連邦最高裁での経験とお気に入りの意見に話題が及んだが、彼女は最初、その事件名を挙げようとしなかった。しかし、しばらくしてＶＭＩ判決とレッドベタ―判決が特に気に入っていると教えてくれた。対談の最後で述べた通り、何時間にもわたって話を聞くことができたものの、実際には、当初予定していた内容の一部については取り上げる時間がなかった。

iii … Herma Hill Kay, Paving the Way: The First American Women Law Professors (University of California Press) は２０２１年４月に刊行された。

たとえば、ギンズバーグ裁判官はオペラが好きなこと、いつの日か合衆国憲法に男女平等憲法修正条項が盛り込まれるよう願っていること[iv]、映画『ビリーブ 未来への大逆転』で描かれているようにモーリッツ事件の口頭弁論で言葉につまったのか（もちろん、実際にはそんなことはなかった）、彼女の在任中に連邦最高裁が下した判決のうち、どの判決が再考されることを望んでいるか、なども話すつもりだった。最後の点については、彼女が本書に掲載することにした反対意見が付された判決がその一例であると推測できる。本書第4章のスピーチや別の機会でも批判しているので、2010年のシチズンズ・ユナイテッド対連邦選挙委員会判決[39]もきっとその1つだっただろう[40]。

第2章からは、読者にギンズバーグ裁判官の人生と仕事をより深く理解していただくために、2人で選んださまざまな素材が収録されている。最初は、彼女の弁護士としての活動に関するものである。男女差別の事案であるモーリッツ事件でマーティとともに作成した主張書面が収録されている。これは、今回初めて公表される。お読みになれば、勝訴をもたらしたエッセンスがこの書面に含まれていることに気づくだろう。ギンズバーグ夫妻は主張書面の中で、モーリッツはこれまでに適用されてきた合理性の基準で勝訴すべきだと主張する一方で、その基準に加え、性別に基づく法律上の区別に対し、より厳格に合理性を審査する基準を適用するよう控訴裁判所に求めた。すなわち、(1)未婚男性を介護者控除の対象外とすることは、既存の審査基準を適用しても、「憲法上要求される公平性や合理性」を欠いている、そして、(2)性別に基づく区別は本質的に違憲であると推定され、人種に基づく区別と同様に、裁判所によって「最も厳格な審査」を受けるべきだと。そして、その後のすべての仕事でも強調されているように、「女性に対して公正と平等を保障するという場合、女性に対してだけでなく、両方の性に対して公正と平等を保障することまでを意味する」と主張した。ギンズバーグ裁判官は、その後の最高裁での訴訟でも性別に基づく区別に厳格な審査を求め続け、連邦最高裁が彼女が求めた厳格な審査基準を適用しなかった場合でも、最終的には勝訴した。具体的にいえば、1970年代の連邦最高裁は、性別に基づく区別にいわゆる「中間審査基準」を適用し、ギンズバーグ裁判官がよく強調したように、「極めて説得的な正当化」[41]を要求するようになった。

また、連邦最高裁におけるギンズバーグ裁判官の1回目と3回目の口頭弁論となる、フロンティエロ事件とワイゼンフェルド事件の口頭弁論の記録も掲載した。この2つの事件は、合衆国憲法修正5条および修正14条における平等の保護が両性の平等を保障し、性別に基づく区別は司法による厳格審査を受けるべきだという認識を求める闘いにおいて重要な先例となった。記録を読むと、この分野について百科事典レベルの知識をもつ優れた弁護士が裁判官の目を開かせ、女性と男性の人間としての可能性の実現を男女差別が妨げていることを最終的に理解させたことが分かる。

第3章では、ギンズバーグ裁判官の連邦最高裁時代を深く掘り下げる。まず、上院による承認のための公聴会におけるヘルマ・ヒル・ケイの証言を掲載した。この証言は、学者として、また弁護士としてのギンズバーグ裁判官の賞賛すべき活動を簡潔にまとめたものだ。当時、バークレー・ロースクールの

iv…日本国憲法とは異なり、性別に基づく差別を禁止する明文規定が合衆国憲法には存在していない。

学部長だったケイは、「ルース・ベイダー・ギンズバーグの名を挙げることで、大統領はこの国のために、正義の名にふさわしい人物を示しました」と述べた。次に、具体的な事件に話題は移る。ここでは、ギンズバーグ裁判官が大変気に入っている4つの意見と、連邦裁判所が判決を下した日に彼女が法廷で読み上げた声明を掲載する。最初は、もちろんVMI判決だ。他の3つの意見、レッドベター事件、シェルビー郡事件、ホビーロビー事件は、すべて反対意見である[42]。VMI判決は、ギンズバーグ裁判官の人生と仕事を知る上で特に重要な情報を提供してくれる。なぜなら、法廷意見の起草者として彼女は、弁護士として自ら苦労して勝ち取った過去の連邦最高裁判決に依拠しているからである。また、VMI判決の法廷意見は、憲法が批准された当時の「我ら国民」という概念が、時とともに拡大してきたことに触れている。ここでも彼女は、「より完全な国家」を築くための努力が継続していることを強調しているのである[43]。

最後に、第4章では、ギンズバーグ裁判官が近年行ったいくつかの講演を掲載している。これらの講演は、これまでに出版されたことがなく、これまでの講演と合わせれば、彼女の話をより深く理解することができるだろう。ある講演は、男女差別訴訟における訴訟戦略と弁護士および裁判官としての彼女のキャリアに与えたブランダイス裁判官の影響について語っている。別の講演では、「ユダヤ人の歴史と伝統のあらゆる部分に、正義、平和、理性に基づく社会を作ることへの希望が流れています。私はアメリカ合衆国連邦最高裁の裁判官席での仕事を続けるという幸運にあずかる日々の中で、常にその希望のための仕事に忠実であり続けたい」と、自分を鼓舞した2人のユダヤ人女性から受けた強い影響について語っている。最後に収められた講演は、ギンズバーグ裁判官の生涯と愛国心を明らかにしている。国立公文書館で行われた帰化式典でのスピーチで、ギンズバーグ裁判官は彼女の家族をこの国に引き寄せたアメリカンドリームについて改めて語っている。

我々の国が約束していることの証として、移民の孫娘であり娘である私が、この国の最高裁判所の裁判官を務めています。機会に溢れた国アメリカでは、こういった可能性が手の届くところにあるのです。ニューヨークのガーメントディストリクトで働く簿記係と、連邦最高裁裁判官との違いは何でしょうか？　たった1世代の違い、私の母が得ることができた機会と私に与えられた機会との違いを、私の人生が証言しています。

ギンズバーグ裁判官はアメリカの新たな市民に対し、彼女やすべてのアメリカ人に加わり、「より完全な国家」の実現に向けてそれぞれの役割を果たすよう呼びかけた。

私は、1999年10月から1年間、ギンズバーグ裁判官のロークラークを務めるという大変な幸運と特権に恵まれた。私の人生の中で最も名誉なことだ。その仕事のあらゆる面が、その期間を本当に素晴らしいものにしてくれた。特に重要なのは、進行中の事案にギンズバーグ裁判官とともに取り組んだ経験である。ロークラークにとって、連邦最高裁判所の裁判官（the Justice と私たちは呼ぶ）は、あらゆる顔を持っている。聡明で思慮深く、極めて公正な法律家、才能豊かな教師、厳格な基準と伝説になるほど厳しい勤労倫理を通してクラークの中にある最高のものを引き出す人、いつも有益なアドバイスをする時間をとってくれる寛大な指導者、良い時には友人であり、辛く困難な時には慰めと知恵を与えてくれる人、そして、あらゆる点で非常に優れた刺激的なロールモデル。ギンズバーグ裁判官は、そのすべてを備えている。

さらに、マーティが生きていた頃にクラークをしたことで、2人の夫婦としての素晴らしい関係と互いへの献身を目撃することができた。1998年夏の出来事を思い出す。翌年から裁判官のクラークとして採用された私は、初めてギンズバーグ家のロークラークの同窓会に招待された。裁判所の建物に入り、イベントが行われるエレガントで大きな会議室に入ると、ギンズバーグ裁判官が私に背を向けて何人かのクラークと話していた。そのとき、マーティが満面の笑みを浮かべて彼女に近づいた。彼は妻に腕を回し、彼女は愛情のこもった抱擁に気をとられた。しかし、それは、よく知られたマーティのジョークだった。背に腕を回す際に、彼女の背中に紙を貼り付けたのだ。彼女は気づかないまま同窓会の時間を過ごし、後でそれを発見して笑った。貼り紙には「妃殿下」と書かれていた。

私はこのエピソードが大好きだ。ギンズバーグ裁判官の人生の中心にある気高い恋愛と夫婦関係を垣間見ることができ、「ノトーリアスRBG」が冗談を受け流すことができる人物であることを示しているから。1970年代に弁護士として、時代遅れのステレオタイプの性差別は我が国の法体系の下では認められないと連邦最高裁で主張し、その後1990年代に入って、連邦最高裁の裁判官として同じことを述べることができたのは、マーティとの結婚生活のおかげだった。実際、マーティン・ギンズバーグほどギンズバーグ裁判官のキャリアを支持し、その功績を誇りに思っていた人物はいない。1980年に妻とともにニューヨークからワシントンDCに移り住んだのも、彼の言葉を借りれば、「彼女が良い仕事を得たから」[v]である。

また、すでに述べたように、1970年秋に連邦租税裁判所の速報から数頁をギンズバーグ裁判官に手渡し、チャールズ・モーリッツの事件を受任するよう勧めたのもマーティだった。私たちは、この国の男女差別の撤廃が始まるきっかけを作った彼に感謝しなければならない。

また、マーティは家族にとって最高のシェフでもあった。夕食を作り、妻のオフィスのスタッフの誕生日にはケーキを焼き、連邦最高裁の第1回の法廷終了時には新たなロークラークとその配偶者のためにパーティーを開いた。四半期ごとに開催される連邦最高裁の配偶者のための昼食会でも人気の料理人であり、ギンズバーグ裁判官が他のオフィスから事務官を招いて彼女のオフィスでお茶を飲む際にもケーキを提供した。2010年に彼が亡くなった後、友人たちは、マーティのレシピを掲載した追悼集『最高のシェフ：マーティン・ギンズバーグ』を出版した[44]。

私がクラークをしていたときのもう1つのエピソードは、ギンズバーグ裁判官について多くのことを物語る。彼女の下で働く最初の興奮は、すぐに不安に変わった。その年の連邦最高裁の正式な開廷まで

v…1980年6月、コロンビア特別区連邦巡回控訴裁判所の裁判官に任命された。

数週間となった時期に、彼女が初めてがんを患ったのだ。手術と術後処置が裁判所の開廷時期の数日前に行われたため、報道関係者は、彼女が家で安静にし、口頭弁論には出席せず、その録音を聞くのだろうと考えていた。幸運にも、その開廷期の口頭弁論の初日である1999年10月4日の朝、私は一番にオフィスに到着した。そのため、その朝、ギンズバーグ裁判官が車からオフィスにかけた電話に出たのは私だった。彼女は私にこう言った。「アマンダ、最高裁長官のオフィスに電話して、私が出席することを念押ししておいて」。割り当てられたこの仕事はとても楽しいものだった。

このエピソードは、ギンズバーグ裁判官の勇気、粘り強さ、そしてライフワークに対する献身を物語っている。その確固たる献身は、その後の闘病生活でも変わらなかった。その間も、彼女は裁判所での仕事をほとんど休まずに続けた。今年の5月にコロナ感染症が拡大した時期には、病院のベッドから裁判所の電話会議による口頭弁論に参加した。ルース・ベイダー・ギンズバーグ裁判官は、その回復力と、私たちの国を「より完全な国家」にするための揺るぎない献身で際立っている。本書を読んだ方が、ギンズバーグ裁判官が担ってきた重要な仕事に、彼女と同じように取り組みたいと考えてくれることを期待している。

2020年8月

アマンダ・L・タイラー

原註

1…バークレー・ロースクールのパメラ・サミュエルソン教授と夫であるロバート・グルシュコがヘルマ・ヒル・ケイ記念講演を財政的に援助した。

2…Muller v. Oregon, 208 U.S. 412, 422 (1908). 女性労働者の労働時間を制限する州法の合憲性を支持した。ギンズバーグ裁判官は、本書第4章に収録している最初のスピーチでこの判決について言及している。

3…Bradwell v. Illinois, 16 Wall. 130, 141 (1873) (Bradley, J., concurring).

4…Goesaert v. Cleary, 335 U.S. 464, 466 (1948).「憲法は、法律に最新の科学技術を反映することを求めていないのと同様に、社会的知見や社会規範の変化を反映することを求めてはいない」

5…Hoyt v. Florida, 368 U.S. 57 (1961).

6…Hoyt v. Florida, 368 U.S., 61-62.

7…2人はビジネススクールに入学することも考えたが、1962年までハーバード・ビジネススクールは女性の入学を認めていなかった。

8…ギンズバーグ裁判官はハーバード・ロースクールが女性の入学を認めるようになったわずか6年後の1956年に同校に入学した。ハーバードでの女性の同級生たちの生涯については次の記事に詳しい。Dahlia Lithwick and Molly Olmstead, "Class of RBG," *Slate*, July 21, 2020, https://slate.com/news-and-politics/2020/07/the-women-of-harvard-law-rbg-1959.html. また、ギンズバーグ裁判官自身がクラスメートの思い出について語る、Dahlia Lithwick, "It's Amazing to Me How Distinctly I Remember Each of These Women," *Slate*, July 21, 2020, https://slate.com/news-and-politics/2020/07/ruth-bader-ginsburg-interview-transcript.html も参照。

9…ギンズバーグ裁判官が強調した通り、ヘルマ・ヒル・ケイの最後の企画はアメリカにおける最初の女性法学教授14人の物語を時系列で紹介する書籍だった。Herma Hill Kay, *Paving the Way: The First American Women Law Professors*, Patricia A. Cain, ed. (University of California Press).

10…Kenneth M. Davidson, Ruth Bader Ginsburg, and Herma Hill Kay, *Cases and Materials on Sex-Based Discrimination* (West Publishing Co.,

1974). この本がどのように生まれ、そして受け入れられたかについては、Herma Hill Kay, "Claiming a Space in the Law School Curriculum: A Casebook on Sex-Based Discrimination," *Columbia Journal of Gender and the Law* 25 (2013): 54 に詳しい。

11 … Moritz v. Commissioner of Internal Revenue, 469 F.2d 466 (C.A.10 1972), cert. denied, 412 U.S. 906 (1973).

12 … 10件の事件は以下の通り。Reed v. Reed, 404 U.S. 71 (1971) 勝訴、Struck v. Secretary of Defense, cert. granted, 409 U.S. 947, judgment vacated, 409 U.S. 1071 (1972) ムート、Frontiero v. Richardson, 411 U.S. 677 (1973) 勝訴、Kahn v. Shevin, 416 U.S. 351 (1974) 敗訴、Edwards v. Healy, vacated for determination of mootness, 421 U.S. 772 (1975) ムートと思われたが連邦最高裁で Taylor v. Louisiana, 419 U.S. 522 (1975) と併合審理され勝訴、Weinberger v. Wiesenfeld, 420 U.S. 636 (1975) 勝訴、Turner v. Department of Employment Security, 423 U.S. 44 (1975) (per curiam) 破棄そして勝訴の条件について再審理、Califano v. Goldfarb, 430 U.S.199 (1977) 勝訴、Vorchheimer v. School District of Philadelphia, 532 F.2d 880 (C.A.3 1975), affirmed by an equally divided Court, 430 U.S. 703 (1977) 意見が等しく割れた結果下級審の判断が是認され敗訴、Duren v. Missouri, 439 U.S. 357 (1979) 勝訴。ギンズバーグは Frontiero v. Richardson、Kahn v. Shevin、Weinberger v. Wiesenfeld、Edwards v. Healy、Califano v. Goldfarb、Duren v. Missouri の各事件で口頭弁論を行った。

13 … Brief for Amicus Curiae American Civil Liberties Union in Frontiero v. Richardson, 411 U.S. 677 (1973), No. 71-1694, 6.

14 … Reed v. Reed, 404 U.S. 71 (1971).

15 … Struck v. Secretary of Defense, cert. granted, 409 U.S. 947, judgment vacated, 409 U.S. 1071 (1972). 事件の裁量上訴を連邦最高裁が受理した後、空軍はその規則を変更した。

16 … Frontiero v. Richardson, 411 U.S. 677 (1973).

17 … Healy v. Edwards, 363 F. Supp.1110 (E.D. La.1973), vacated for determination of mootness, 421 U.S. 772 (1975), and argued in tandem with Taylor v. Louisiana, 419 U.S. 522 (1975); see also Duren v. Missouri, 439 U.S. 357 (1979).

18 … Weinberger v. Wiesenfeld, 420 U.S. 636 (1975).

19 … Turner v. Department of Employment Security, 423 U.S. 44 (1975) (per curiam).

20 … Califano v. Goldfarb, 430 U.S. 199 (1977).

21 … Owens v. Brown, 455 F. Supp. 291 (D.D.C. 1978).

22 … ギンズバーグのスピーチは S. HRG. 103-482, Hearings Before the Committee on the Judiciary of the United States Senate, 103rd Cong., 1st Sess., The Nomination of Ruth Bader Ginsburg, to be Associate Justice of the Supreme Court of the United States, July 20-23, 1993, (U.S. Government Printing Office, 1994), 46 に記録され、Ruth Bader Ginsburg, with Mary Hartnett and Wendy W. Williams, *My Own Words* (Simon and Schuster, 2016) に再録された。同書には、ホワイトハウスのローズガーデンにおける受諾スピーチも収録されている。

23 … United States v. Virginia, 518 U.S. 515, 550 (1996).

24 … Shelby County v. Holder, 570 U.S. 529 (2013).

25 … Shelby County, 570 U.S. at 590 (Ginsburg, J., dissenting).

26 … Ledbetter v. Goodyear Tire & Rubber Co., 550 U.S. 618 (2007).

27 … Ledbetter, 550 U.S. at 661 (Ginsburg, J., dissenting).

28 … Lilly Ledbetter Fair Pay Act of 2009, codified at 42 U.S.C. §§ 2000e-5(e)(3)(A).

29 … Burwell v. Hobby Lobby Stores, Inc., 573 U.S. 682 (2014).

30 … Hobby Lobby, 573 U.S. at 741 (Ginsburg, J., dissenting) (quoting Planned Parenthood of Southeastern Pa. v. Casey, 505 U.S. 833, 856 (1992) (internal quotation marks omitted)).

31 … United States v. Virginia, 518 U.S. 515, 557 (1996).

32 … Grutter v. Bollinger, 539 U.S. 306, 344, 345 (2003) (Ginsburg, J., concurring).

33 … Tennessee v. Lane, 541 U.S. 509, 535, 536 (2004) (Ginsburg, J., concurring); see also Olmstead v. L.C., 527 U.S. 581, 587 (1999). 多数意見を書き、アメリカ障害者法は「精神障害者を施設ではなくコミュニティに置くことを義務づけることができる」と判断した。

34 … Oral Argument Transcript, United States v. Windsor, No. 12-307, 570 U.S. 744 (2013) (argued Mar. 27, 2013).

35 … Obergefell v. Hodges, 576 U.S. 644 (2015). ケネディ裁判官が多数意見を書いた。

36 … たとえば、Lamps Plus, Inc. v. Varela, 139 S.Ct. 1407, 1420 (2019) (Ginsburg, J., dissenting) 仲裁でのクラスアクションを認めず、不

当な扱いを受けた労働者や消費者が一体となって行動することを認めず、個々に仲裁の申立てをすることを求める多数意見に反対。また、J. McIntyre Machinery, Ltd. v. Nicastro, 564 U.S. 873, 893 (2011) (Ginsburg, J., dissenting) 損害を受けた労働者が損害を生じさせた製品の製造業者を相手に、その居住地において訴訟を起こす権利を否定した多数意見を批判。Wal-Mart Stores, Inc. v. Dukes, 564 U.S. 338, 367, 373 n.6 (2011) (Ginsburg, J., concurring in part and dissenting in part) 市民権法第7編に基づき労働者がクラスアクションを起こすことを困難にさせ、労働者個々人の判断に委ねることが差別を促進する原因となりうることを見落としていると多数意見を非難。

37…たとえば、Sessions v. Morales-Santana,137 S.Ct. 1678 (2017) 多数意見を書き、子供に市民権を承継させるための要件に関し、市民権を有する父母の間で異なる要件を定める法律を違憲と判断した。また、Safford Unified School District No.1 v. Redding, 557 U.S. 364, 381 (2009) (Ginsburg, J., concurring in part and dissenting in part) 13歳の女の子が所持品検査で裸にされたことについて、修正4条の権利侵害を理由とする訴訟について公立学校の職員は免責されるという多数意見に反対。Gonzales v. Carhart, 550 U.S. 124, 169, 183 (2007) (Ginsburg, J., dissenting)「中絶をした女性はその選択を後悔するようになる」という証拠に基づかない主張に沿い、特定の中絶手続の禁止を支持する医療専門家の証言を無視した、男性のみで構成される多数意見を批判。

38…Little Sisters of the Poor Saints Peter and Paul Home v. Pennsylvania, 140 S.Ct. 2367, 2400, 2400 (2020) (Ginsburg, J., dissenting). 後記：この反対意見がギンズバーグ裁判官の生前最後の意見となった。

39…Citizens United v. Federal Election Commission, 558 U.S. 310 (2010).

40…ギンズバーグ裁判官はかつて、「もし私が判例変更をするとすれば、それはシチズンズ・ユナイテッド判決です」と発言した。Jeffrey Rosen, *Conversations with RBG: Ruth Bader Ginsburg on Life, Love, Liberty, and Law* (Henry Holt, 2019), 154.

41…United States v. Virginia, 518 U.S. 515, 531 (1996) (quoting Mississippi University for Women v. Hogan, 458 U.S. 718, 724 (1982)) (internal quotation marks omitted).

42…これらの4つの声明は Ginsburg, *My Own Words* にも収録されている。

43…合衆国憲法の前文は次の通り。「我々アメリカ国民は、より完全な国家を形成すること、正義を確立すること、国内の平穏を確保すること、国防を担うこと、社会福祉を促進すること、我々自身と子孫に対して自由の恩恵を保障することを目的として、アメリカ合衆国のためこの憲法を制定する」

44 … *Chef Supreme: Martin Ginsburg-Created by the Justices' Spouses In Memoriam* (Supreme Court Historical Society, 2011).

第 1 章

ヘルマ・ヒル・ケイ記念講演

HERMA HILL KAY
MEMORIAL LECTURE

本章は、ルース・ベイダー・ギンズバーグが2019年10月21日にカリフォルニア大学バークレー校で行った第1回ヘルマ・ヒル・ケイ記念講演の様子を伝える。ギンズバーグは冒頭で50年来の友人であるヘルマ・ヒル・ケイを追悼する。ケイは1970年代の彼女にとって、最高で最愛の仕事仲間だった。ケネス・デビッドソンとともに、ギンズバーグとヘルマ・ヒル・ケイは、男女差別に関する初のケースブックを執筆し、1974年に『性差別ケースブック』として出版している。ギンズバーグは、2人の友情と、法曹界の先駆者としてケイの担った役割、そして、道を切り拓いた女性法学教授たちの生涯を記録した学者としてのケイの役割を振り返った。

続いて、著者らは幼少期から連邦最高裁の時代までのギンズバーグの人生について対談した。法律に興味を持ったきっかけ、結婚・家庭生活、弁護士としての活動、裁判官としての生活、そしてがんとの数次にわたる闘いから学んだことなど。また、不平等に立ち向かうために今日なすべきことについても語った。

ルース・ベイダー・ギンズバーグ裁判官とヘルマ・ヒル・ケイ教授。ケイ教授がアメリカロースクール協会のルース・ベイダー・ギンズバーグ生涯功労賞を受賞した際の1枚。
(写真提供：アマンダ・L・タイラー)

ヘルマ・ヒル・ケイの思い出に

カリフォルニア大学バークレー校にて
2019年10月21日
ルース・ベイダー・ギンズバーグ（連邦最高裁裁判官）

ヘルマ・ヒル・ケイは、アメリカロースクール協会の認定を受けたロースクールで終身在職権を得た15人目の女性です。彼女は、先人である14人の女性たちの仕事と日々を生き生きと描き出そうと、25年以上にわたりその時間と才能を捧げました。そして最終章では、次の世代の女性たち、1960年以降に終身在職権を取得した女性法学教授たちについて書きました。この歴史を掘り起こすのは大変な作業です。この本は2021年にカリフォルニア大学出版局から刊行される予定で、健全な法教育と、ロースクールをより利用しやすいものにするために女性が果たす役割に関心を持つすべての人に読んでもらいたい内容です。

最初の14人について語るため、ヘルマは彼女たちの著作を読み、本の企画に着手したときに存命だった9人に個別にインタビューを行い、可能であればその同僚やたくさんの学生についての記憶を引き出しました。その驚異的な努力がなければ、女性が法教育や法律をどのように変えたかを理解することは、ほとんどできなかったでしょう。

14人の先駆者のうち7人は1919年から1949年までに教授に任命され、7人がその後の10年間に任命されました。そのほとんどは、自分たちが特別な存在だとか、勇気があるとは考えていませんでした。11人が結婚し、9人には子供がいました。家族法の学者や改革論者もいましたが、ほとんどの者は商法、会社法、石油・ガス法など、様々な分野で教えていました。そのうちの1人が言うように、「私たちは、ただ、各自がなすべきことをしていただけです」。彼女らはそれぞれに異なる個性の持ち主でしたが、共通して持っていたのは、成功に欠かせない粘り強さです。そして全員が、法律を学び、また教えることにやりがいを見出し、それを力にして不利な状況を克服してきたのです。

4年以上前にヘルマの原稿を読んだとき、1つだけ足りないものがあることに気づきました。ヘルマは自分のことについて、ほとんど何も書いていませんでした。法学の教師、研究者、比類なき改革者であり、大切な友人であるヘルマ・ヒル・ケイについて、私は本の序文のほとんどを割いて、その不足を補いました。ここでは、その内容に沿って話していきましょう。

ヘルマがサウスカロライナ州の田舎の公立学校6年生のとき、担任の先生は彼女のディベートの腕前を見て、将来弁護士になるべきだと伝えました。1956年にサザンメソジスト大学で学士号を取得した後、女性が弁護士になることに対する法曹界の頑強な抵抗を恐れることなく、彼女はその道を志しました。

当初、著名なカール・ルウェリン教授［i］からロースクールには向いていないと言われましたが、その間違ったアドバイスに従わず、シカゴ・ロースクールで非常に優秀な成績を収めました。国際私法の先駆的研究者であるブレイナード・カリー教授のリサーチアシスタントを務め、2つの指導的な論文を共同執筆しています［1］。1959年、カリー教授の推薦で、その知性と人間性で知られるカリフォルニア州最高裁裁判官（後に長官）ロジャー・J・トレイノーラのもとでロークラークを務めました。トレイノーラはヘルマを連邦最高裁に強く推薦しましたが、1960年当時の長官アール・ウォーレンは、女性をロークラークとして採用するには至りませんでした（他の裁判官たちも同じでした）。

トレイノーラの推薦はバークレー・ロースクールには大きな影響を与え、ヘルマは同校で研究者として働くことになります。そして、わずか3年後の1963年、教授に就任しました。アメリカのロースクールで女性として初めて終身在職権を得たバークレー校のバーバラ・アームストロング名誉教授の影響を受け、ヘルマは国際私法に加え、家族法を専門分野としました。

1968年、ヘルマは異例の若さで、統一結婚・離婚法の共同報告者に任命されました。この統一州法会議の取り組みとして、10年で全米に広がる見込みで、革新的な「無責離婚」［ii］の推進に取り組みます。その後、カリフォルニアやその他の場所で、ヘルマは結婚や離婚が女性にとってより安全なものとなるよう尽力しました。

私がヘルマと初めて会ったのは、1971年、イェール・ロースクール主催の女性と法に関する会議でした。それから10年間、彼女は私にとって最高で最愛の仕事仲間でした。1974年には、当時ニューヨーク市立大学バッファロー校のケネス・デビッドソンと一緒に『性差別ケースブック』という教材を出版しました[2]。

出会う前から、私は彼女の著作を通じてヘルマを知っていました。ロジャー・クラムトン、デビッド・カリーとの共著で、私が国際私法の授業で使用したケースブックを書いていたのです[3]。教師としての類まれな才能ゆえに、たくさんの賞を受賞し、講師や客員として多くの招待を受けていました。パイロットの免許を持ち、毎週パイパーカブ[iii]に乗り、サンフランシスコの丘を光沢のある黄色いジャガーで走るなど、スタイルを持った女性としても有名でした。

ヘルマは、言葉では簡単に言い表せない素晴らしい人柄の持ち主でした。彼女に会うと、ある種の化学反応が起こり、魔法にかかって味方になりたくなる。優しく説得するヘルマの手法は、彼女が法曹界や学界で重要なポストに就いた大きな理由でしょう。1973年と1974年には、バークレー校の学術上院[iv]の議長を務めました。1992年から2000年までは、バークレー・ロースクールの優れ

i…法の本質をその規範性に求めるのではなく、むしろ現実の事実に求めるリアリズム法学の旗手の1人であり、統一商法典の代表的起草者となった人物。

ii…婚姻継続の意思のない別居など有責行為がない場合でも、婚姻が破綻していると認められれば離婚が認められる制度。

iii…パイパー・エアクラフト社のプロペラ軽飛行機シリーズ。

iv…カリフォルニア大学バークレー校のガバナンスに関して教授陣を代理する機関。研究ポリシーを定める権限、入学許可や学位授与の権限等を与えられている。

た学部長でした。資金調達者としてのスキルを磨いて、限りのある予算に対処しました。ロースクールの校舎を計画し、教員の任命に視野の広さと多様性を持たせ、ロースクールをより利用しやすいものとしました。機会均等とアファーマティブ・アクションの確固たる支持者である彼女は、カリフォルニア州の非常に厳しい反アファーマティブ・アクション政策であるプロポジション(州法)209号に衝撃を受けた後、アフリカ系とヒスパニック系の学生の入学を促進するためにバークレー・ロースクールの入学許可方針を改定することに成功しました。学部長就任の前後、ヘルマはカリフォルニア大学と同大学学術上院に様々な資格で関与し、彼女自身が認める通り、膨大な数の委員会に出席し議長を務めました。

学外では、法律に関する主要な機関で主導的な役割を果たしました。アメリカロースクール協会の執行委員会で4年間務め、1989年には会長に就任します。1992年には協会の指名委員会の議長を務め、2001年から2004年まで法教育ジャーナルの編集委員を務めました。

1999年から2001年までアメリカ法曹協会の法教育・弁護士資格部門の責任者、2000年から2003年までアメリカ法曹財団の執行委員会メンバー、2000年から2007年までアメリカ法曹機関の評議会および執行委員会メンバーを歴任します。民間の慈善事業の領域では、1980年から1984年までラッセル・セージ財団の理事長、1987年から1989年までローゼンバーグ財団の理事長を務めました。また、長年にわたりファンデーションプレス社の編集委員を務め、ダイアン・ファインスタイン上院議員の裁判所人事に関する助言者でもありました。その資格に基づき、1993年の連邦最高裁裁判官への指名では私を強力にサポートしてくれました。

ヘルマは学際的な教育の推進者で、1960年代初頭にはラウラ・ネーダーと「法と人類学」を、その後、アーヴィング・フィリップスと「法と精神医学」の授業を受け持ちました。バークレー・ロースクールの学部長として、臨床教育センターを立ち上げ、臨床経験をカリキュラムの柱としました。また、1989年夏に開催されたハーグ国際私法アカデミーでは、ブレイナード・カリー教授が提唱した法の抵触を解決するための利益分析アプローチを擁護する一連の講義を行っています[4]。学問の領域外でも有能であることを示し、1978年には、男女差別に関するヒスキアード事件の連邦最高裁で、全く欠点のない見事な口頭弁論を展開しました[5]。

1975年に精神科医のキャロル・ブロツキーと結婚したことでヘルマの人生の新たな章が始まります。キャロルには亡くなった前妻との間に3人の10代の男の子がおり、一番下は12歳でした。キャロルは、人生のパートナーとして、愛情を持ってヘルマを支援しました。ヘルマの学部長在任中、毎週、豪華なフラワーディスプレイが学部長室に届きました。彼女は家庭生活の喜びと重責のために飛行機の操縦を止めましたが、熱心な水泳選手となり、また、テレグラフヒルのアパートのバルコニーでバラやランを育て、ガーデニングの腕前も上達しました。

ヘルマが半世紀以上にわたって一貫して取り組んできたのは、法が仕える(法が仕えるべき)すべての人に法学者と法律専門家が奉仕すること、そして女性が自らの人生の道を切り拓く能力を法が守ることでした。

法曹界には、後世の教員や学生のために道を切り拓いた女性たちがいました。そのおかげで、私たちはその能力、多様性、才能を開花させることができたのです。ヘルマ・ヒル・ケイほど、その先駆者たる女性たちを描くのに適した人物はいません。法教育における女性の歴史の全容を魅力的に伝えるヘルマの仕事に賛辞を贈ります。

原註

1…Brainerd Currie and Herma Hill Schreter, "Unconstitutional Discrimination in the Conflict of Laws: Equal Protection," *University of Chicago Law Review* 28 (1960): 1; Brainerd Currie and Herma Hill Schreter, "Unconstitutional Discrimination in the Conflict of Laws: Privileges and Immunities," *Yale Law Journal* 69 (1960): 1323.

2…Kenneth M. Davidson, Ruth Bader Ginsburg, and Herma Hill Kay, *Cases and Materials on Sex-Based Discrimination* (West Publishing Co., 1974).

3…Roger C. Cramton, David P. Currie, and Herma Hill Kay, *Conflict of Laws: Cases-Comments-Questions* (West Publishing Co., 2d ed. 1975); Herma Hill Kay, Larry Kramer, and Kermit Roosevelt, *Conflict of Laws: Cases-Comments-Questions* (West Publishing Co., 9th ed. 2013).

4…Herma Hill Kay, "A Defense of Currie's Governmental Interest Analysis," *Recueil des Cours* 215 (1989): 9.

5…Hisquierdo v. Hisquierdo, 439 U.S. 572 (1979). ヘルマは、全米女性同盟の弁護及び教育財団を代理し、アミカスブリーフを提出した。口頭弁論はうまくいったが、連邦最高裁は、離婚に伴う財産分与に際し、１９７４年の鉄道事業退職法が同法上の年金に対して有する配偶者の期待利益をコミュニティ財産として取り扱うことを禁止する州法を支持した。

COLUMN 01

ギンズバーグとアメリカ社会

ルース・ベイダー・ギンズバーグが生まれた1933年、ドイツではヒトラーが首相に就任し、ナチスの一党独裁が始まった。アメリカでは、フランクリン・ルーズベルトが大統領に就任し、ニューディール政策を開始した時期である。

本書のテーマである「差別」という視点から見ると、同時期のアメリカの違った側面が浮かび上がる。1920年になって初めて女性の参政権が認められたが、女性の政界への進出は非常に限定的なもので、1920年から1932年までに下院に16人、上院に1人が議席を得たにすぎない。女性の社会進出は限定的で、1936年のある調査では、アメリカ人の男女の80パーセントが、夫が働いているのであれば女性は働かずに家庭を守るべきだと考えていた。

後に黒人解放運動のカリスマ的指導者となるマルコムX（1925年生まれ）は、学校で将来の職業について問われ、「弁護士になりたい」と答えたところ、担任の白人教師が、「黒人が弁護士になるのは現実的な選択肢ではない。マルコムは器用だから大工になることを考えるように」と善意で、アドバイスしたというエピソードが『マルコムX自伝』（『完訳マルコムX自伝（上）』濱本武雄訳、中公文庫79頁）で紹介されている。

1930年〜50年代のアメリカは、女性や黒人が社会に進出し活躍することが尊重される社会ではなかった。ギンズバーグの幼少期から学生時代にかけてのアメリカは、自分らしく生きたい女性にとってては閉塞社会だったろう。より平等な社会へと動き出すには、1960年代のウーマンリブ（女性解放）運動や黒人解放運動の活発化とそれに対する政治的解決（たとえば、1963年の同一賃金法、1964年の市民権法、1965年の投票権法の制定）と長い裁判闘争を通じた女性・黒人の権利の実現を待たなければならなかった。

ギンズバーグがコーネル大学の学生だった1953年、連邦最高裁（長官はアール・ウォーレン）は、ブラウン対教育委員会判決で、白人と黒人の子を別々の小学校に隔離する法律を無効と判断し、司法も黒人差別の撤廃に向けて動きだした。ウォーレンが長官を務めた時期（1953年〜1969年）の連邦最高裁は、政教分離、表現の自由、投票の価値の平等、刑事被告人の権利など、個人の権利を擁護する数多くの判断を示した。

アメリカ社会の変革のきっかけを作ったウォーレンコートと入れ替わるように、ギンズバーグは1971年に訴訟弁護士としてのキャリアをスタートすることになる。

（石新智規）

対談

カリフォルニア大学バークレー校にて
2019年10月21日
アマンダ・L・タイラーとルース・ベイダー・ギンズバーグ

タイラー　本日は、ここカリフォルニア大学バークレー校で、みなさんを代表して、光栄にもギンズバーグ裁判官と対談する機会をいただきました。ようこそ、ギンズバーグ裁判官。あなたに来ていただけるなんて、すごく貴重なことなので、とても興奮しています。元バークレー・ロースクール学部長のヘルマ・ヒル・ケイに大いに感謝しなければなりませんね[1]。

最近、あなたは4度目のがんとの闘いを経験しました。そこで、最初に聞かせてください。調子はどうですか？

ギンズバーグ　6カ月前と比べると、とてもいいです。

タイラー　素晴らしいですね。せっかくなので、前からずっと聞きたかったことを質問させてください。みなさんも知っているかもしれませんが、パーソナルトレーナーはあなたのトレーニングメニューに関する本を出版しています。こんな前例は聞いたことがありません。しかも、あなたは連邦最高裁の裁判官用のジムの常連ですよね。トレーニングを再開しましたか？

ギンズバーグ　ええ、ジム通いはやめませんよ。病気がひどいときはあまりトレーニングできませんでしたが、できる限りのことはしました。１９９９年以来、『ＲＢＧのワークアウト』の著者、ブライアント・ジョンソンとトレーニングをしています[2]。最初のがんである、大腸がんとの闘いを終えた頃から一緒にトレーニングを始めました。夫から「強制収容所の生き残りのようにやせているね。身体を鍛えるために何かしなければ」と言われたからです。そこで、周囲の人にいろいろ聞いて回りました。ブライアントはトレーニングをしていないときは、連邦地裁のクラークオフィスのスタッフです。

タイラー　最高ですね。私と一緒にマラソンをする準備ができたら教えてください。

ギンズバーグ　マラソンをしようと思ったことはありませんが、腕立て伏せ、フロントプランク、サイドプランクといった筋力トレーニングはやりますよ。ブライアントは一時、ブライヤー裁判官やケイガン裁判官、連邦高裁や連邦地裁の裁判官のトレーニングの手助けもしていました。

タイラー　もしブライアントがここにいたら、お気に入りのクライアントは誰か聞いてみたいですね……。

さて、今日私たちは、ヘルマ・ヒル・ケイの追悼のために集まったので、彼女について簡単に紹介しておきましょう。あなたが話されたように、2人は数十年来の友人で、1959年という同じ年にロースクールを修了しました。ただし、出会いはその数年後ですね。当時の学生たちの求めに応じて、あなたたちが性差別に関する初めての共著を執筆されたことは、私だけでなく、ここにいる学生たちにとっても、大変興味深いことです。もっとも、本が出版されたとき、ここバークレー・ローの女性たちが盛大な出版記念パーティーを開いたことはあまり知られていません[3]。また、追悼の言葉で言及してくださった通り、ほんの100年前の1919年、バーバラ・ナクトリーブ・アームストロングは本校の教授陣に加わりました。彼女は、アメリカ弁護士協会とアメリカロースクール協会に認定されたロースクールで、女性として初めて法学教授となったのです。それは本校にとって、とても名誉なことです。ヘルマは、両協会に認定されたロースクールの15人目の女性の法学教授で、あなたは19人目となります[4]。また、追悼の言葉では、アームストロングをはじめとした女性の法学教授たちの人生を記録したヘルマの本にも言及し、その仕事がいかに重要なのかを指摘してくださいました。同書を開き、あなたが書いた序文や、先人となった女性たちの人生に触れることが本当に楽しみです。来年のうちに本が出版され、その出版記念パーティーのために再訪していただければ、嬉しいです[5]。

さて、あなたの人生について聞かせてください。子供のときは法律家になるなんて考えもしなかった、と話されていたことを知っています。また、今までの著作をまとめた本も読んでいるところなのですが、そこには、13歳のときに学校新聞に書いた記事が掲載されています。記事の中では、特にマグナカルタ、権利章典、独立宣言の重要性について議論されています〔6〕。確実とまでは言えませんが、彼女が法律家になるかもしれない、と考える人もいるでしょう。

ギンズバーグ　第二次世界大戦が終わって、希望に満ちた時代でした。私は素晴らしい国際連合憲章を先ほどの記事のリストの最後に加えました。そこには平和な世界への夢があり、記事を書くきっかけとなりました。しかし、法律家になるなんて、考えもしませんでした。当時、女性の法律家はいなかったからです。

タイラー　コーネル大学に入学した頃まで話を進めましょう。以前、そこで法律家になることを考え始めた、と教えてくださいましたね。何があったのですか?

ギンズバーグ　1950年から1954年までコーネル大学に通いましたが、当時は私たちの国にとって、あまりよくない時代でした。赤狩りがあったのです。ウィスコンシン州のジョー・マッカーシー上院議員は、何かにつけ共産主義者を監視していました。国民は下院非米活動委員会や下院国内安全保障委員会に召喚され、1930年代の世界大恐慌の絶頂期に所属していた組織、つまり、社会主義組織について尋問されました。そのとき、私は偉大な教師、ロバート・E・クシュマンのリサーチアシスタントでした。彼は学部生に憲法学を教えており、私たちの国が憲法の最も基本的な価値から外れてしまったことを知ってほしいと考えていました。そして、調査会に召喚された人々を弁護する法律家がいたと教えてくれました。その法律家たちは連邦議会に対して、独裁的な政府の言いなりではなく、自分が信じる通りに考え、話し、書く権利を保障する修正1条があり、自己負罪拒否特権もある、と指摘していました。そうした法律家が書いたものを読み、私は、法律家になることが素晴らしいことだと気づきました。給料のよい仕事に就くだけでなく、自分が住む社会の状況を少しでもよくするために働きたいと望むようになったのです。

タイラー　コーネル大学在学中には他にも重要な出来事がありました。ゴルフチームの魅力的な仲間であるマーティン・ギンズバーグに出会いましたね。彼はキャンパスにいた他の男性とどこが違ったのですか?

ギンズバーグ　マーティは私の知性に関心をもった初めてのデート相手でした。私たちは、最初は親友同士でした。彼はスミス大学にガールフレンドがいて、私はコロンビア・ロースクールにボーイフレンドがいました。イサカでの寒い冬の数週間は長く、マーティは灰色のシボレーを所有していました。よく一緒に映画に行ったり、飲み物を売っているお店に行ったりして、いろんなことを話しました。すぐに彼がコロンビア・ロースクールのボーイフレンドよりもずっと賢いことに気がつきました。

タイラー　今はコロンビア・ロースクールの学部長である元同僚と厄介な関係になるようなことは避けたいので、次の話題に進みましょう。

あなたたちは一緒に働くことを決めて、しかも、同じ職業を選んだ印象があります。

ギンズバーグ　そうです。

タイラー　マーティと付き合うことになって、結局のところ、どうして法律家の道を選ぶことになったのですか？　そのことについては、２人で話し合ったのですか？

ギンズバーグ　ありがたいことに、早い段階でメディカルスクールは選択肢から外れました。午後の化学の研究室はマーティとのゴルフの練習の邪魔になりますから。だから、ビジネススクールかロースクールを選ぶつもりでした。彼はハーバードに行きたがっていたのですが、当時、同校のビジネススクールは女性の入学を認めておらず、60年代半ばになって、やっと女性が入学できるようになりました。そこで、ロースクールへ進学することになったのです。

タイラー　そうなってくれて、とても嬉しいです。

マーティはあなたより1年早くコーネル大学を卒業し、ロースクールの1年生となるためにハーバードに行きました。あなたがコーネル大学を卒業した後、2人は結婚しました。結婚するにあたって、何か有益なアドバイスをもらいましたか?

ギンズバーグ ええ。義理の母から、一番いいアドバイスをもらいましたよ。マーティの家で式を挙げたのですが、直前に義母が「ルース、幸せな結婚の秘訣を教えてあげる」と言いました。「ええ、ぜひ知りたいです、それは」「ときどき、ちょっとだけ聞こえないふりをすることですよ」。だから、不親切な言葉や軽率な言葉が発せられたとき、耳を貸してはいけません。聞かないことです。私は56年間の結婚生活だけでなく、今日までの同僚との人間関係でもこのアドバイスに従っています。

タイラー 結婚後、マーティの兵役のため、フォートシルに移りました。そこで、あなたとマーティの娘であるジェーンが生まれました。それから、あなたもハーバード・ロースクールで学ぶために一緒にケンブリッジに引っ越します。マーティが入学した1年後でした。ロースクールには、何人の女性がいたのですか?

ギンズバーグ ひと学年に500人以上在籍していましたが、女性はたったの9人。バークレー・ローの法学教授である、メルヴィン・アイゼンバーグも同級生です。9人という数字は、夫の学年と比べると大進歩なんですよ。私がコーネル大学で最終学年を過ごし、彼が兵役に服す前に、マーティは1年生を終えていたので、学年が1つ上でした。入学時、彼の学年に、女性は5人でした。ハーバードは1950年の秋まで、ロースクールへの女性の入学を認めていませんでした。私は1956年秋に入学しました。

タイラー　今では、アメリカ中のロースクール生に化粧をした女性がいて、バークレーでは、現在、学生の60パーセントを女性が占めています。そのことを嬉しく思われますか?

ギンズバーグ　もちろん。ロースクール、弁護士事務所、そして裁判所で、やっと女性が歓迎されるようになったのです。

タイラー　あなたはロースクール生であると同時に母親でもありました。ロースクール在学中にはすでにジェーンがいましたが、そのことは勉学の負担にはならず、実際のところ、勉強ははかどったと教えてくださいましたね。どうしてでしょう?

ギンズバーグ　"1Ls"(ロースクール1年生のこと)[7]は法律の勉強に時間を費やします。私の生活はバランスがとれていました。朝、授業に行ってから、時間を無駄にはしません。授業の合間にも勉強して、だけど、ベビーシッターが帰る4時からはジェーンとの時間です。公園に行き、たわいもない遊びをします。生活のどの部分も、他の部分からの小休止でした。ロースクールで集中した後に、子供の世話を楽しむ。ジェーンが寝たら、すぐに本を読み始める。人生がロースクールだけではないことをよく知っていたので、上手くやることができました。

タイラー　あなたは私が出会った中で最も勤勉な人ですね。あなたの伝説的な勤労意欲は、ロースクールでの数年間に由来するのではないか、とよく考えます。2人がロースクール在学中に、マーティはがんと診断されました。すべてのやるべきことに加えて、特別な状況に直面したと言えるでしょう。その時期、どうやってあらゆることをこなしていたのですか？

ギンズバーグ　マーティが悪性のがんだと診断されたとき、がんの生存率はとても低かったんです。最初に彼は大きな手術を受けました。その頃、私は朝の授業に出席した後、マサチューセッツ総合[8]に寄り、家に帰ってジェーンの世話をしていました。マーティのノートは、彼が履修するすべての授業で、親切な人たちに協力を頼みました。手術から回復した後、彼は6週間、毎日大量の放射線による治療を受けました。当時、化学療法はありませんでした。放射線治療しかなく、2000年と2019年に私が受けた放射線治療ほど、ピンポイントにがんだけに放射線を当てることができませんでした。彼の日常生活は、毎日、放射線治療に行き、家に帰り、体調が悪くなり、眠るというものでした。真夜中に起き、午前2時までの数時間に1日分の食事をとりました。私はそのために料理をしました。だいたいは

左から、マーティン・ギンズバーグ、ジェーン・ギンズバーグ、ルース・ベイダー・ギンズバーグ。1958年に撮影された家族写真。（写真提供：連邦最高裁判所）

ハンバーガーです。もしかしたら、そのことは私を台所から追い出そうという彼の気持ちを駆り立てたのかもしれません[9]。とにかく、食事の後、彼は私が集めたノートを確認し、赤字法人についてのシニアペーパーを口述しました。

タイラー　やっぱり、租税法のことですよね。

ギンズバーグ　マーティが十分よくなってからは、家庭教師を頼みました。彼の同級生がアパートに来て、必要な情報を教えてくれました。最終学期の2週間、彼は授業に出席し、在学中で最もよい成績を収めました。同級生という最良の教師から学んでいたからです。私たちはただ1日1日を受け入れて過ごし、病気を克服することに一生懸命でした。厳しい数カ月の後、何が起きても上手くやっていけると思うようになりました。

タイラー　振り返ってみて、マーティが病気になった経験から学んだことはありますか？

ギンズバーグ　私自身の経験からも分かることですが、がんから生還すると、それまで持っていなかった生きる気力が湧き、毎日を大切に過ごすことができるでしょう。

タイラー　さて、マーティが1年早く修了し、ニューヨークで就職したので、一家揃ってニューヨークに引っ越します。あなたはコロンビア・ロースクールへ移り、そこで最終学年を過ごし、学年トップの成績で修了しました。ハーバード・ローレビューとコロンビア・ローレビューの編集委員を務め、優秀な成績で修了したにもかかわらず、就職活動は極めて厳しいものでした。しかし、ロークラークの仕事を得ることができましたね。メンターのジェラルド・ガンサー［i］のおかげでした。どういった経緯だったのでしょうか？

ギンズバーグ　1959年にロースクールを修了しました。当時、市民権法第7編はまだありませんでした。雇用法における差別禁止もなく、雇用者は女性の法律家を雇いたくない、ということを隠しませんでした。コロンビア大学で掲示されていたいくつかの求人票には「男性のみ」と書かれていました。ごくわずかな弁護士事務所は女性に機会を与えることに前向きでしたが、母親となると話は別です。後にスタンフォード大学で卓越教授［ii］の称号を得るジェラルド・ガンサーは、私がロークラークの職に就けるよう尽力してくれました。彼は連邦高裁や連邦地裁のあらゆる裁判官に声を掛けてくれました。すると、コロンビア大学卒、同校のロースクール修了で、母校から最も多くのロークラークを受け入れ

i…アメリカの著名な憲法学者。コロンビア・ロースクール在職時、彼はギンズバーグ裁判官のメンターだった。
ii…ノーベル賞受賞など優れた業績をもつ者に与えられる称号。

ハーバード・ローレビュー71巻（1957-58年）より。ルース・ベイダー・ギンズバーグ（右端、下から4列目）はクラスに2人しかいない女性の1人だった。（写真提供：ハーバード・ロースクール図書館）

ている連邦地裁裁判官がそれに応じてくれました。ガンサーは言いました。「パルミエリ裁判官、本年度の推薦者はルース・ベイダー・ギンズバーグです」。パルミエリ裁判官は答えました。「とても素晴らしい経歴ですね。女性のロークラークを受け入れていたこともあるので、問題はありません。しかし、これは厳しい仕事ですよ。時には夜遅くや日曜にも出勤しなければなりません。必要なとき、彼女がオフィスにいなくては困ります」。そこで、ガンサーはパルミエリ裁判官が拒絶できない提案をしました。それは、「機会を与えても、彼女の働きぶりがよくないなら、商業地区の弁護士事務所で働いている彼女の同期の若い男性がいます。彼を紹介しましょう」というアメと、「機会を与えなければ、今後、コロンビア・ロースクール生を推薦しませんよ」というムチでした。

非常に険しい最初の一歩を踏み出し、初めての職を得ました。曲がりなりにも男性と同じように仕事をこなせば、次の職へのハードルはそんなに高くありません。私の経験とサンドラ・デイ・オコナー裁判官〔iii〕の経験を比較してみましょう。彼女はスタンフォード大学に入学し、優秀な成績を収めましたが、誰も彼女を雇いませんでした。彼女はどうしたでしょう? サンドラは4カ月間、無給で郡検事として働きました。彼女の提案は「4カ月後、価値があると感じたなら、私を雇ってください」というものでした。こうして彼女は、初めて法律職に就きました。最初の職を得ることは非常に困難

iii…サンドラ・デイ・オコナー裁判官は1981年に女性として初めて連邦最高裁裁判官となり、1993年から2006年までギンズバーグ裁判官の同僚だった。

です。私はサンドラとの会話をよく思い出します。「昔、私たちがロースクール生だった頃、女性が法律家になることに対する障壁がなければ、今、私たちは何をしているでしょうね？」「大きな法律事務所のパートナー弁護士を引退しているでしょうね。でも、その道を選ぶことができなかったから、私たちは他の道を見つけなければなりませんでした。そして2人とも、こうして連邦最高裁にたどり着いたのです」

タイラー　あなたの味方をしてくれたガンサー教授は、素晴らしいメンターだったに違いありません。連邦最高裁裁判官の承認手続で、彼があなたと偉大なラーニッド・ハンド裁判官[iv]を比較する証言をしたことも伝えねばなりません[10]。これはメンターからのかなりの賞賛ですね。彼は、最終的にあなたが法学者になることを期待していたのだと思います。先述の通り、この国であなたは19人目の女性の法学教授で、ヘルマは15人目でした。

続いて、ラトガーズ大学在職時のことを聞かせてください。1963年に、あなたはそこのロースクールの教授陣に加わりました。これは重要な年です。というのも、同一賃金法が制定され、同じ仕事内容なら、男女の法定賃金は同一とされた年だからです。しかし、依然として、あなたの賃金は同じ立場の男性と異なりました。なぜですか？

ギンズバーグ　同一賃金法は制定されましたが、社会に浸透してはいませんでした。ラトガーズ大学の優秀な学部長――彼は本当に優秀な学部長でしたよ――は、私に賃金の相当な引き下げを受け入れるように言いました。「そうするつもりです」と私は答えました。ラトガーズ・ロースクールが州立大学の一部であり、大きな予算がないことを知っていたからです。しかし、いくら引き下げられるかを聞いて、私はあっけにとられました。私と同じ年にロースクールを修了し、似たような経歴を積んだ男性の賃金を尋ねると、学部長はこう答えました。「ルース、彼には養わねばならない妻と2人の子供がいるんだよ。君にはニューヨークの弁護士事務所に稼ぎのいい夫がいるだろう」。これが1963年の雇用者たちの考え方でした。そこで、ラトガーズ大学ニューアークキャンパスで働く女性たちは、同一賃金を求めて訴訟を起こしました。1969年に、この訴訟は解決しました。年次昇給額が最も低い女性でも、6000ドル昇給しました。当時、6000ドルで買える物は今よりずっと多かったものです。アカデミックな世界を含め、雇用者たちが、同一賃金法が法であり、市民権法第7編が性差別を禁止していることを理解するまで時間がかかりました。

タイラー　それに関連して、ラトガーズ大学在職2年目に起きたことについてお聞きしたいと思います。あなたが1年ごとの雇用契約について意識したときです。あなたはまだ終身在職権を持っていませんで

iv…連邦高裁の伝説的な裁判官。ガンサー教授は1953年から1954年にハンド裁判官のロークラークを務め、1994年にハンド裁判官に関する大著を執筆している。

したが、第2子である息子のジェームズを妊娠していました。周囲には女性はほとんどおらず、おそらく、出産休暇に関する規定や、現在では当たり前になっている制度はなかったでしょう。どうやってこの状況を切り抜けたのでしょうか?

ギンズバーグ 同僚には妊娠を告げず、学期の最後の2カ月間、義母の服を着ていました。彼女の服は、私のものより1サイズ大きかったんです。そして、契約が更新されてから、「秋学期に戻ってくるときには、新しい家族が増えているでしょう」と伝えたのです。この経験は、私を最初の性差別訴訟へと導きました。その事件では、公立学校の妊娠した教員の訴訟代理人を務めました。学区側は〝産休〟を取得すればよいと主張しましたが、実際にはそういった制度はありませんでした。産休は無給で、復職の権利が保障されていなかったのです。妊娠の兆候があった場合、女性は教室から去るように命じられました。学校は、小さな子供に先生が妊娠したという考えを抱かせたくなかったからです。妊娠した教員は正当な報酬を受けられる正当な労働を望み、そうするだけの能力もありました。私自身の経験もあり、妊娠による差別は性差別だと、はっきりと気づきました。そのことを連邦最高裁が認識するまでには、しばらく時間がかかりました。連邦最高裁で争われた最初の事件で、法廷意見は、妊娠した労働者に対する異なる取扱いは性差別ではないと判示しました。世界が2種類の人に分けられていると考えてしまったからです。まずは妊娠していない人です。このグループには男性だけでなく、女性も含まれます。次に妊娠している人。このグループは女性だけで構成されます。そこに男性は含まれないので、性差別

1969年、ラトガーズ・ロースクールの教壇に立つルース・ベイダー・ギンズバーグ教授。
（写真提供：ラトガーズ・ニュージャージー州立大学ロースクール）

にはならないと考えたのです。連邦最高裁がこうした理論で、憲法と市民権法第7編の両方に違反してしまったとき、あらゆる主義主張の人々によって、広範なロビー活動が行われました。ほどなくして、連邦議会は市民権法第7編を修正する法律を制定しました。それにより、妊娠による差別は性差別であると規定されました。

タイラー　そろそろ、弁護士としての経歴について聞かせてください。最初に聞きたい質問があります。あなたは法律を教えており、ロースクールのカリキュラムに詳しい。振り返ってみて、とりわけ1年生のカリキュラムについて、後の重要事件で特に役立った授業はありますか？

ギンズバーグ　ロースクールのあらゆる授業の中で、1年生向けの民事訴訟法が最も役に立ちました。おかげで、私は連邦裁判所で上手く振る舞うことが得意です。

タイラー　そうおっしゃるだろうと思っていました[11]。

1972年に、コロンビア大学初の女性の終身在職権付教授として、ラトガーズ大学から引き抜かれましたね。このタイミングは重要です。市民権法第7編が――最終的に――高等教育機関にも適用されるようになったからです。この頃、あなたは訴訟に関わり、教鞭をとり、2人の子供を育てていました。ジェンダーロールに関する先駆的な訴訟に参加すると同時に、他のすべてのこともこなしていたのです。

あなたが話されたように、また、私たちが知っているように、当時の社会は働く女性に対して特別な支援をしていなかったと言えます。オフィスアワーに――男女両方の学生から――よく聞かれる質問があります。「どうすれば仕事を上手くこなせるでしょうか？　どうすれば仕事と私生活を両立できるでしょうか？」というものです。特に、学生から寄せられる多くの質問は、この極めてきつい職業と子育ての両立に関するものです。この点について、経験上のアドバイスがあれば教えてください。

ギンズバーグ　一番のアドバイスは、自分の仕事と同じくらい、あなたの仕事を大切に考えてくれるパートナーを選びなさい、ということです。マーティは、常に私の最大の支援者でした。子育てにおいても平等なパートナーであることを望んでいました。彼は、子供の人格は生後1年以内に形成されると考えていて、フォートシルで服役中だったときでさえ、娘の面倒をよくみる親でした。

タイラー　マーティは「大昔から、私は妻の支援者であり、彼女は私の支援者でした。犠牲ではなく、それが家族なのです」と言っていましたね。これはとても特別なことのように思えます。ただし、彼は伝説的に面白い人物でもあり、一緒に過ごしてきた年月、油断できなかったのではないですか？

ギンズバーグ　その通り。マーティは素晴らしいユーモアのセンスの持ち主でした。たとえば、連邦地裁着任時の歓迎会で、皆に〝ギンズバーグ裁判官〟と紹介されたときのことです。たいてい、握手を求める手は彼に向けられました。すると彼は、「彼女がギンズバーグ裁判官です。私はまだ志願中です」と答えたものです。別の例もあります。ブッシュ対ゴア判決[12]が下された後、私たちはニューヨークの劇場に足を運んでいました。休憩時間から戻ると、誰もが立ち上がり拍手しました。突然、彼が言いました。「あれ、言ってなかったっけ。町の税務弁護士の会合があるって」[13]

タイラー　多くの理由から、マーティはあなたの人生にとって、とても重要な人物でした。連邦租税裁判所に関する書類をあなたに手渡したことは特筆すべきでしょう。その書類は、あなたを一連の性差別訴訟へと導く最初の訴訟に関するものでした。

ギンズバーグ　モーリッツ判決ですね。

タイラー　そうです。モーリッツ判決では、大儲けしましたね。600ドル以上の税額控除です。あなたたちは一緒に訴訟に参加し、最終的に連邦高裁で勝ちました。この話は、最近公開された映画『ビリーブ 未来への大逆転』で描かれています。

ギンズバーグ　この映画の脚本は甥が書きました。彼は脚本家なんです。「なぜ、モーリッツ判決を題材にしたの？　この事件は連邦最高裁で争われていないでしょう」と尋ねたところ、法廷戦術の進展と結婚生活の両方を描きたかったんだ、と彼は答えました。
チャールズ・E・モーリッツには高齢の母親がいました。母親は93歳でしたが、彼は熱心に介護していました。もっとも、彼は書籍販売員だったので、日中や街に出るときに母親を介護する看護師を雇っていました。当時の租税法では、子供、高齢の親、あらゆる年齢の病気の親族がいる者に対して——あまり役に立つ額ではありませんが——、600ドルの税額控除が認められていました。しかし、この控除を受けられるのは、女性または寡夫、あるいは離婚した男性に限られていました。彼は未婚の男性で、この要件を満たすことができませんでした。そこで連邦租税裁判所に対して、訴訟を起こしたのです。その主張書面は、お手本のように簡潔なものでした。「もし私が親孝行な娘だったら、税額控除を受けることができたでしょう。私は親孝行な息子です。そこに何も違いはないはずです」

タイラー　この主張書面に対するマーティのコメントを目にしたことがあります——もしかしたら、聞いたのかもしれませんが——。それによると、それは彼がそれまでに読んだ主張書面の中で最も優れたものの1つでした[14]。連邦最高裁で争われなかったとしても、この事件は重要なものでした。しかし、政府は裁量上訴によって、連邦最高裁に事件を持ち込もうとしていました。司法長官が政府の上訴申立てに関わったことが、アメリカ自由人権協会の女性の権利プロジェクトの立ち上げに大いに役立ちました。どうしてでしょうか？

ギンズバーグ　すでに連邦議会はすべての介護者が税額控除を受けられるように法律を修正していたので、解決しなければならない問題はありませんでした。しかし、それでもなお政府は、連邦最高裁で本件を争おうとしていました。連邦高裁の判決によって、多数の連邦法が違憲となる可能性があったからです[15]。パソコンが普及する前の時代でした。しかし、国防総省のコンピュータは、合衆国法典内で性別に基づく区別を行うすべての条文を印刷して提供しました。そういうわけで、可能であれば立法によって、それが難しければ訴訟を通じて、修正ないし削除しなければならない法律がすべて、すぐ目の前にありました。性別に基づく区別を行う連邦法のリストは、かけがえのない指針となりました。合衆国法典には、当時の典型的な法律の多くが収められていました。それらは男性を扶養者とみなしていました。妻または寡婦は、男性の扶養家族として税額控除を受けていましたが、女性が扶養者の場合、税額控除を受けることができませんでした。女性は単なる小遣いの稼ぎ手だと考えられていたからです。彼女らの主な領域は家庭と家族でした。私たちがなすべきことは、性別役割分業を廃止し、「男性」ではなく、「扶養者」というように、子供の養育に関しても、連邦議会に性別に中立的な文言を使わせることでした。

お気に入りの1つにワイゼンフェルド判決[16]があります。この事件は、出産時に妻が亡くなった男性に関するものでした。連邦議会は、幼い子供をもつ寡婦に児童扶養手当を支給していましたが、同じ状況の寡夫に対しては支給しませんでした。依頼人のスティーブン・ワイゼンフェルドは、子供が就学するまでは常勤職には就かないと決めていました。所得が限られているので、児童扶養手当が支給され、それによって生活を維持することができるだろうと考えていたのです。しかし、寡夫は受給対象者ではありませんでした。連邦最高裁はこの事件の処理に頭を悩ませました。全員一致の判決を下しましたが、その理由は3つに分かれてしまいました。法廷意見を執筆したブレナン裁判官は「ワイゼンフェルドは損害を受けているが、差別は賃金所得者としての妻に対するものである」と判示しました。彼女は男性と同額の社会保障税を支払っていましたが、男性と異なり、その家族は保護されないからです。他の裁判官たちは、差別は親である男性に対するものだと考えました。彼は自ら子育てをする機会を得ることができず、家族を支えるために常勤職に就かねばならないからです。後に長官となるレーンキスト裁判官は言いました。「このことは赤ん坊からすると全く不合理である。生き残った親が女性であればケアを受けられるが、男性であればそうではない。それはなぜか？」。連邦最高裁はメッセージを受け取ったのです。連邦議会も同様です。性別役割分業はもはや権勢を振るうことができなくなりました。

タイラー　やっとあなたとヘルマの話にたどり着きました。あなたは数年前、性差別に関する本の序文に、歴史上、男性が権力を握ってきたにもかかわらず、彼らも与えられた役割に追い詰められている、と書かれました。裁判官たちに決定的に差別というものを理解させるための訴訟にとって、こうした考えが役立つと見越していたのですね。

1970年代の連邦最高裁における口頭弁論を振り返ると、中断されることなく10分以上続けられた弁論が2件あります。今日の連邦最高裁では考えられないことです。なぜそうなったのでしょうか？　裁判官を納得させることが難しかったからですか？

ギンズバーグ　暗中模索でした。1件目はフロンティエロ対リチャードソン判決[17]の口頭弁論です。弁論中、裁判官は私が話す価値のないことを話しているので中断しないのか、それとも、本当に聞いていないのか、と気になりました。本件では裁判官に新しい思考方法をとってほしいと思い、何か関心を引くことがその手助けになるだろうと考えました。そこで、先駆的な奴隷制廃止論者でフェミニストでもある、サラ・グリムケの一節を引用しました。「私は自分の性を優遇するよう頼んでいるのではありません。ただ、男性の皆さん、私たちの首を踏みつけている、その足をどけてください」。当時の通説によると、女性は法によって優遇されていました。例えば、多くの州では女性は陪審資格がないか、陪審義務を免除されていました。私の住むニューヨーク州でも、女性は陪審義務の免除対象者でした。そこで、この種の優遇措置は女性に対する社会の評価を示している、と指摘しようと試みました。男性は陪審をしなければならない。それは司法に参加するという男性市民に課せられた義務です。しかし、女性はその義務を免除されている。市民は権利を有し、義務を負います。それが投票と陪審なのです。女性の陪審免除は屈辱的なものでした。それは社会が女性の司法参加を必要としていないことを示しています。

あるいは、1948年のゴーサート対クリアリー判決[18]の口頭弁論も同様です。第二次世界大戦の間、男性が戦争に駆り出されたので、それまで男性が占めていた職業に女性が進出しました。当時、女性に人気の職業の1つがバーテンダーでした。終戦後、ミシガン州は、男性のバーオーナーの妻か娘でない限り、女性がバーテンダーになることを禁じる州法を成立させました。この事件の原告であるゴーサートはバーを所有する女性で、娘はバーテンダーでしたが、ミシガン州法によれば、母と娘はすぐにその職業から締め出されてしまいます。同法を支持した連邦最高裁判決は、これを女性保護だ、と捉えました。バーは不健全な場所で、乱暴者が集まるので、州はこうした環境から女性を保護することができる、というのです。もっとも、連邦最高裁はその規制がバーカウンターで働くバーテンダーのみを対象としていることには言及しませんでした。つまり、バーメイドが粗暴な男性のテーブルに飲み物を運ぶことはできたのです。

かつてブレナン裁判官は、そのことを上手く表現しました。女性が大切にされ、保護されていると考えられている根拠は、たいていは後に、女性の才能がいかなるものであっても、彼女がそれを活かし、社会に貢献することを阻害する鳥かごだと判明する、と。このことを連邦最高裁に理解させることが使命でした。つまり、女性は法に優遇されているのではなく、法の規制に取り囲まれているのだ、と。他の例もあります。女性は夜に給仕することができませんでした。しかし、夜には最高額のチップを稼ぐことができます。女性保護だと考えられてきた制度は、実際には、男性の仕事を女性の競争者から保護していたのです。

タイラー　あなたは弁護士としても裁判官としても大成功しました。生涯を通じて性差別と闘った過程をじっくり考えた上で、将来を見据えたとき、残された課題は何でしょうか？

ギンズバーグ　１９７０年代の私たちの目的は、明らかな性別に基づく区別を法の中から取り除くことでした。この仕事はその後の10年間でほとんど達成できました。残された課題は、捉え難い、無意識の偏見です。ニューヨークタイムズの有名な音楽批評家であるハワード・トーブマンは、「目隠しをしても、女性が弾くピアノの音は当てられる」と言いました。しかし、実際に目隠しテストを行うと、彼は間違えました。男性がピアノを弾いているときに、演奏者は女性だと答え、女性がピアノを弾いているときに、演奏者は男性だと答えたのです。彼は女性を目にしたとたん、たいした演奏ではないと思ってしまう自分の偏見に気がつきました。

70年代からの市民権法第7編の事件も適例です。この事件では、女性だけを中間管理職から排斥するＡＴ＆Ｔに対して訴訟が起こされました。トータルパーソンテストという最後の関門を除いて、男女は全く同じ基準で審査されていました。トータルパーソンテストでは、審査員が昇進希望者と面接しますが、昇進希望者が女性である場合、不合格とされました。それはなぜでしょうか？　審査員が、中間管理職から女性を排除しようと躍起になっていたからではなく、自分と似ていない人とうまくやっていけるか不安に感じたからです。彼は白人男性と対面するときはしっくりきますが、他人種や女性と対面すると、やや落ち着かないのです。審査員本人はこの個人的な動機に気づいていません。こうした不快感が女性の低評価につながっているのです。
欧州司法裁判所でも、無意識の偏見に関する類似の事件がありました。この事件はドイツのある州で争われました。その州には、おおむね同等の能力をもつ2人の候補者がいる場合、女性を優先する、という公務員に関する規定があり、この規定がEU発足の端緒となったローマ条約の平等条項に違反していると訴えられたのです。本件で問題となったのは、女性に対する優遇措置ではなく、無意識の偏見を是正することを目的とした措置でした。採用時に男女両方の候補者がいる場合、女性は不利に扱われてきたからです。無意識の偏見は重要な問題です。今日ではコンサートに行っても、オーケストラの団員に女性がいるので、とても嬉しいです。女性の指揮者も活躍しています。私の若い頃なら、想像すらできなかったことです。

タイラー　残り時間がわずかとなったので、先に進みましょう。今では当たり前に、予定時刻を過ぎると、「タイラー教授、時間を超過していますよ」と学生から文句を言われます。もっとも、今日は少しばかり過ぎても、文句を言われないでしょう。
1980年に、カーター大統領はあなたを連邦高裁裁判官に指名しました。1993年に、ヘルマ・ヒル・ケイはバークレー・ロースクールの学部長であり、あなたは連邦最高裁裁判官でした。閉会まで残り時間が少ないので、連邦最高裁で過ごした時間について聞かせてください。今月で27年目が始まりますが、26年経っても、まだまだこれからですね。過去の出来事を振り返ることはありますか？　特に、最も誇りをもって書いた判決はありますか？

ギンズバーグ　それは、４人の孫、２人の義理の孫、１人のひ孫について、誰が一番好きかを尋ねるようなものですね。ただし、印象に残るものもあります。１つはＶＭＩ判決[19]です。この事件に対するマーティのコメントは、「フォルヒハイマー事件で勝利するまで20年間かかったけど、最後にはやりとげたね」というものでした。フォルヒハイマー事件とは、どのような事件だったでしょうか？　フィラデルフィアに天才児のための高校が２校あります。セントラル高校と女子高校と呼ばれる高校です。女子高校と比べ、セントラル高校では理系向けの設備が充実しており、はるかに優れた教育環境でした。本件で連邦地裁は原告の主張を認める判決を下しました。連邦高裁は１対２で原審を破棄したので、裁判官の内訳はトータルで２対２でした。その後、連邦最高裁で、裁判官の意見が均等に分かれたことにより、連邦高裁の誤った判決が維持されることになりました[20]。

ＶＭＩ判決の争点も同じです。バージニア州には、女性にはない、男性にのみ得られる機会がありました。私はときどき、女性がバージニア軍事学校（ＶＭＩ）に通い、厳しい訓練を経験することについて聞かれました。私の答えはこうです。「私ならしません。おそらく、あなたも。でも、ＶＭＩに通いたくて、すべての条件を満たす女性がいます。州は彼女たちを除外することはできません」。数年前、この判決の21周年を祝いにＶＭＩを訪れました。ＶＭＩは女性の士官候補生たちを誇りに思っていました。彼女たちの中にはエンジニアや原子科学者を目指している者もいます。彼女たちは男性と同じように厳しい訓練を受け、男性と同様に質素な部屋に住んでいます。士官候補生司令官はＶＭＩの変化を喜んでいました。１つの理由として、ＶＭＩが女性に出願資格を認めたことによって、受験者の総数が増えたからです。

レッドベター判決[21]も好きです――反対意見にもお気に入りはあります――。リリー・レッドベターはグッドイヤー・タイヤ＆ラバー会社のエリアマネージャーでした。ある日、彼女は郵便受けで数字の羅列が書かれた紙切れを見つけました。彼女はすぐにその数字の意味を理解しました。それはエリアマネージャーに支払われる賃金を示していました。仕事を教えた若い男性よりも、自分の賃金が低いことに気づいたのです。そこで、彼女は決めました。「これまでよく働いてきたし、市民権法第７編について聞いたことがある。裁判所に訴えよう」と。彼女は陪審員の評決の大半を得て、連邦地裁で勝ちました。事件が連邦最高裁に受理されたとき、法廷意見は異議申立てが遅すぎると判示しました。市民権法第７編は、差別行為から１８０日以内に雇用機会均等委員会に異議を申し立てることを求めていますが、彼女は差別に気づくことなく何年も働いていたからです。時間切れということです。

早い段階でレッドベターが訴訟を起こしたとして、どうなっていたでしょうか？　だいいち、雇用者は賃金表を配らなかったので、どうやって差別に気づくことができたでしょう？　しかし、彼女が気づいたと仮定しても、男性のように働いていなかっただけだ、という抗弁がなされたでしょう。それが彼女の賃金が低い理由だ、と。しかし、そこで数年間働き、雇用者からよい勤務評定を得られれば、働きぶりがよくない、という抗弁は意味をなしません。男性優位の分野に初めて進出する女性は、トラブルメーカーになることも、波風を立てることも望んでいません。180日の異議申立期間について、どう思いますか？　私の考えでは、彼女が受け取ったすべての給与に賃金格差が含まれています。ですので、直近の給与に対する180日以内の異議申立ては時宜にかなっています。この事件における私の反対意見の最後の言葉はこうでした。「同僚たちが犯した過ちを是正するために、今、ボールは連邦議会に投げ返された」。すぐに法廷意見は打ちのめされ、共和党と民主党によって、連邦議会は給与理論を採用し、市民権法第7編を修正しました。これは、オバマ大統領が就任して最初に、署名した法案です[22]。

タイラー　裁判官、ずっとお話を聞いていたいのですが、そろそろ終わりにしなければなりません。残念ながら、閉会時刻です。そこで、あなたに感謝を述べ、この会をずっと見守ってくれているヘルマの話に戻って、結びとしたいと思います。彼女がここバークレー校に残した素晴らしい遺産は、後世に引き継がれるでしょう。この講演会は、彼女を称え、その遺産を継承するための第1回のイベントです。そこで、彼女の言葉、特に、連邦最高裁裁判官の承認手続の際の宣誓証言を引用して、彼女をしのび、閉会するのがよいでしょう。

1993年当時、本校学部長だった彼女は、上院司法委員会で、クリントン大統領によるあなたの指名は「賢明かつ傑出」しており、あなたは「深く考え、慎重に言葉を選びます」と証言しました。さらに、「彼女の理性が卓越しているのと同じく、彼女の思いやりもまた深いものだと言うことができます。

ルース・ベイダー・ギンズバーグの名を挙げることで、大統領はこの国のために、正義の名にふさわしい人物を示しました」[23]と続けました。全くその通りですね。

裁判官、今日ここであなたと一緒にヘルマを追悼することができて、大変光栄でした。本校を代表して感謝申し上げます。

ギンズバーグ　アマンダ、素晴らしい機会をどうもありがとう。みなさん、ご清聴ありがとうございました。

原註

1…対話の全体は、以下で視聴することができる。https://www.law.berkeley.edu/news/livestream-justice-ginsburg/.

2…Bryant Johnson, *The RBG Workout* (Houghton Mifflin Harcourt, 2017).

3…同書が書かれた経緯およびその出版記念パーティーについての詳細は、Herma Hill Kay, "Claiming a Space in the Law School Curriculum: A Casebook on Sex-Based Discrimination," *Columbia Journal of Gender and the Law* 25 (2013): 54 参照。

4…初期の女性の法学教授およびギンズバーグ裁判官の法学教授時代についての詳細は、Herma Hill Kay, "Ruth Bader Ginsburg, Professor of Law," *Columbia Law Review* 104 (2004): 2 参照。

5…Herma Hill Kay, *Paving the Way: The First American Women Law Professors*, Patricia A. Cain. ed. (University of California Press).

6…Editorial by Ruth Bader, Grade 8B1, *Highway Herald*, June 1946, in Ruth Bader Ginsburg, with Mary Hartnett and Wendy W. Williams, *My Own Words* (Simon and Schuster, 2016).

7…ロースクールでの慣習的な呼び方。

8…ギンズバーグ裁判官はここでマサチューセッツ総合病院のことを話している。

9…マーティン・ギンズバーグは、著名な租税法専門の弁護士兼学者であり、卓越した料理の腕の持ち主だった。息子のジェームズいわく、「母は考え、父は料理します」。以下の著作では、マーティに対する追悼文や彼のレシピの多くを見ることができる。*Chef Supreme: Martin Ginsburg — Created by the Justices' Spouses In Memoriam* (Supreme Court Historical Society, 2011).

10…ガンサー教授の証言は以下の通り。「偉大な裁判官であるラーニッド・ハンドは、『忍耐、勇気、洞察力、謙虚さ、理解力、想像力、そして学識をもって行動しなさい』と言いました」「ルース・ベイダー・ギンズバーグは、まさにそうした〝道徳的〟資質をもっています。ハンドが偉大さの要素と考えたものです」。ガンサー教授が事前準備した証言については、Gerald Gunther, *S. HRG. 103-482, Hearings Before the Committee on the Judiciary of the United States Senate, 103rd Cong., 1st Sess., The Nomination of Ruth Bader Ginsburg, to be Associate Justice of the Supreme Court of the United States*, July 20-23, 1993, (U.S. Government Printing Office, 1994), 400 参照。

11…目前のギンズバーグ裁判官のように、私（タイラー）も1年生を対象とした民事訴訟法を教えているので、学生たちに彼女の答えを聞かせる機会を逃せなかった。

12…Bush v. Gore, 531 U.S. 98 (2000).

13…ここでギンズバーグ裁判官は教えてくれなかったが、マーティによると、その後、すぐに彼女に「腹の右側を軽く叩かれた」。こうしたことに「50年近い幸せな結婚生活が表れている……」と彼は語っている。Martin D. Ginsburg, "Introduction by Martin Ginsburg of Ruth Bader Ginsburg," September 25, 2003, reprinted in Ginsburg, *My Own Words*, 27.

14…数年後、事件を回顧したマーティは、モーリッツ判決の1頁の主張書面が「いまだに、これまで読んだ中で最も説得的な書類である」と書いた。Martin D. Ginsburg, "How the Tenth Circuit Court of Appeals Got My Wife Her Good Job," 2010, reprinted in Ginsburg, *My Own Words*, 126. また、彼はどうやって妻の目を事件に向けさせたのかについても書いている。

　隣の広い部屋に行き、連邦租税裁判所の速報を妻に手渡した。「読んでみて」と言った。ルースは冗談っぽく軽蔑した声で答えた。「租税法の事件は読まない」。私は、「こいつは読むんだ」と言い残して、私の狭い部屋に戻った。わずか5分後――短い意見だった――ルースは私の狭い部屋に入り、満面の笑みで「やりましょう！」と言った。そして、私たちは訴訟に参加した。

15…Moritz v. Commissioner of Internal Revenue, 469 F.2d 466 (C.A.10 1972), cert. denied, 412 U.S. 906 (1973). ギンズバーグ裁判官とマーティの筆による主張書面は本書第2章に掲載。

16…Weinberger v. Wiesenfeld, 420 U.S. 636 (1975). この判決のギンズバーグ裁判官の口頭弁論調書は本書第2章に掲載。

17…Frontiero v. Richardson, 411 U.S. 677 (1973). この判決のギンズバーグ裁判官の口頭弁論調書は本書第2章に掲載。

18…Goesaert v. Cleary, 335 U.S. 464 (1948).

19…United States v. Virginia, 518 U.S. 515 (1996). ギンズバーグ裁判官が言及していた通り、この事件はＶＭＩとして知られるバージニア軍事学校に関するものであった。

20…Vorchheimer v. School District of Philadelphia, 532 F.2d 880 (C.A.3 1975), affirmed by an equally divided Court, 430 U.S. 703 (1977). ギンズバーグ裁判官は連邦最高裁に対する上訴趣意書の主たる執筆者だった。

21…Ledbetter v. Goodyear Tire & Rubber Co., 550 U.S. 618 (2007).

22 … the Lilly Ledbetter Fair Pay Act of 2009, Pub. L. No. 111-2, 123 Stat. 5.

23 … 上院司法委員会におけるケイの証言は、本書第3章および以下の刊行物に掲載されている。*Hearings Before the Committee on the Judiciary of the United States Senate*, 402.

2019年10月21日、カリフォルニア大学バークレー校で開催されたヘルマ・ヒル・ケイ記念講演で対談するルース・ベイダー・ギンズバーグ裁判官とアマンダ・L・タイラー教授。（写真提供：カリフォルニア大学バークレー校ロースクール）

COLUMN 02

ギンズバーグとハーバード

ハーバード大学は、北東部の名門私立大学の一群であるアイビーリーグを代表する、全米最古の大学である。当然、そのロースクールもT14と呼ばれる全米で特に評価が高いロースクールの一校に数えられている。現在の連邦最高裁裁判官の4名がハーバード・ロースクールの修了生であることからも分かるように、同校への入学はアメリカ司法界での成功を目指す者にとっての登竜門である。

しかし、1950年秋までその門は女性には閉ざされており、やっと入学が認められた際も、入学者のうち女性は約2パーセントだった。マーティンが入学した1955年には5名、ルース・ギンズバーグが入学した1956年には9名の女性が入学したが、彼女や同級生らの証言によると、女性用トイレが十分整備されておらず、大学職員に図書館の利用を拒まれるなど、授業を受ける以前のハード面での障壁があったらしい。

また、ソクラテスメソッドというハーバード・ロースクールの伝統的な授業方式は女性に対するソフト面での障壁となった。1870年代に同校で開発されたこの授業方式では、教員が学生に質問をし、学生がそれに答える中で、法に対する理解を深める。そこでは質疑応答がポイントとなるが、ルースの在学時、教員は基本的に女性には質問しなかったので、女性は学修と成績評価において不利だった（ソクラテスメソッドでは、授業参加態度が成績評価で重要となる）。著作権法と民事訴訟法の大家であるベンジャミン・カプランとの質疑応答を除いては、ルースもよい思い出はないようだ。

こうした状況でも、ルースは561人中25位以内という好成績を得て、ハーバード・ローレビュー初の女性の編集委員となった。歴代の連邦最高裁裁判官がローレビューの編集委員を経験しているように、この経歴はロークラークの経歴と並び、優秀さを証明するものであり、その後のキャリアにとって重要な意味をもつ。

もっとも、後に両方の経歴をもつことになるルースに対して、ハーバード・ロースクールは法学博士号を与えなかった。マーティンの就職に伴い、ハーバード・ロースクールを2年生で離れ、コロンビア・ロースクールに移ったルースは、そこでの学修をハーバード・ロースクールの最終学年の学修に代えることで学位を得ようと交渉したが、拒絶された（ただし2011年に名誉法学博士号が授与されている）。

先述の通り、ハーバード・ロースクールは伝統校であり、その初期の女子学生という意味でも、両親が大卒でないという意味でも、〝ファースト・ジェネレーション〟のルースにとって、そこでの苦労は計り知れない。最終的に、ハーバード・ロースクールの学生が男女同数となるまでに、創立から200年が必要だった。奇しくもその年は、ルースの孫娘のクララが同校を修了した年であり、娘のジェーンもまた修了生の1人である。

（菅谷麻衣）

第2章

弁護士時代

本章で紹介するのは、ルース・ベイダー・ギンズバーグが弁護士時代に男女平等を求めて闘ったことを示す3つの事件である。これらは1970年代にギンズバーグが性差別を失くすために尽力した多くの裁判の一部で、いずれも勝訴した。

最初に挙げたのは、ルースと彼女の夫マーティン・ギンズバーグが起こした裁判、モーリッツ対内国歳入庁長官事件の控訴趣意書（1971年）だ。チャールズ・モーリッツは、生涯独身で母親の介護をしており、同じ境遇の女性なら受給できたはずの介護費用について税額控除が認められなかった。連邦租税裁判所において彼は自分自身で訴訟を起こし、その主張は、ストレートで分かりやすい内容だった。「もし私が親孝行な娘だったら、税額控除を受けることができたでしょう。私は親孝行な息子です。そこに何も違いはないはずです」。ギンズバーグ夫妻は裁判を引き受け、連邦高裁に控訴した。そして、税額控除に関する差別的な内容の条項は憲法違反だと主張した。この裁判は、1970年代を通してギンズバーグが提起した性差別に関する多くの裁判の最初のものである。ここでギンズバーグ夫妻は、現在の基準の下でもモーリッツは勝訴すべきと主張しつつ、さらに、連邦高裁がこれまで一度も使ったことがない基準ではあるが、性差別に関する法律の判断には、現在適用されている基準よりも厳格な基準を使うべきであることも合わせて主張した。とりわけ、判決を行うに際しては、憲法に違反するという理由で当該法律が使い物にならないとするのではなく、当該法

1978年11月1日、ルース・ベイダー・ギンズバーグが連邦最高裁で最後に弁論したデュレン対ミズーリ州事件の口頭弁論を終えて、裁判所の階段に立つ。右は息子のジェームズ・ギンズバーグ、左は義弟のエド・スティープルマンと甥デイビッド。（ギンズバーグ裁判官の個人コレクションより提供）

律が類似の立場のすべての人に平等に適用される結果として、モーリッツにも税額控除が認められるべきだと主張した。

第1章の対談でギンズバーグが語った通り、彼女とマーティンが連邦高裁でモーリッツ事件を進めている間に、議会はすべての介護者に税額控除を認めるための法改正を進めていた。それにもかかわらず、政府はこの連邦高裁の判決が先例となってしまうことを恐れ、連邦最高裁に対してモーリッツ事件を審査するように促した。そんな中で、政府は、性別による区別を設けているアメリカ法のすべての条文リストを裁判所に追加提出した。ギンズバーグは、「私たちの目の前にあるそのリストは、これらすべてが、望むらくは連邦議会による立法手続により、それが難しければ裁判手続により、改正または削除しなければならない法律です。性別による区別を規定した連邦法のリストは、私たちのロードマップ、すなわち、解決すべき重大な課題リストなのです」と説明した。

次に紹介するのが、フロンティエロ対リチャードソン判決（1973年）およびワインバーガー対ワイゼンフェルド判決（1975年）の2つの事件である。これらはギンズバーグが連邦最高裁で行った口頭弁論の記録であり、モーリッツ事件に続き、再び性差別を内容とする法律に挑んで成功した。

フロンティエロ判決は、ギンズバーグが初めて連邦最高裁で争った事件であり、11分間にも及ぶプレゼンテーションを一度も遮られることなく話し終えた。この事件は、米国空軍中尉のシャロン・フロンティエロにより起こされた裁判で、空軍の顧客サービス係が女性だった場合にその配偶者（男性）が受け取れる手当が、係が男性だった場合にその配偶者（女性）が受け取れる手当よりも少ない金額しか連邦法により認められていないことを争ったものである。ギンズバーグは、この法律は性別による差別をしており憲法修正5条［i］に違反するとして、連邦最高裁裁判官の9人中8人を説得した。

ウィリアム・J・ブレナン・ジュニア裁判官は、4人の相対多数意見［ii］を代表して意見を記載した。彼は、人種による区別を規定する法律を連邦最高裁が審査する際に用いる厳格な審査基準と同レベルの基準を、性別による区別を規定する法律にも適用すべきと考えた。しかし、他の4人の同意意見［iii］の裁判官はそこまでは考えなかった。ルイス・F・パウエル・ジュニア裁判官は、争点になっている法律は、いずれの判断基準を使っても問題があるため、性別による区別に対して厳格な審査基準を適

i…合衆国憲法上保障される適正手続（デュープロセス）の保障のこと。国や州が市民の生命・自由・財産を奪うときや市民に不利益が生じる場合に守るべき手続と実体は適正な内容の法律によって定められなければならないという法の原則。

ii…裁判官の過半数の支持を得ることはできなかったものの、反対する裁判官を除いて、他のどの意見よりも多くの裁判官の支持を得た意見のこと。

iii…過半数の意見の結論部分には賛成であるものの、異なる理由を有する裁判官の意見のこと。

用すべきか否かを判断する必要性がないとした。それなのに、そのような結論を出すことは、必要のない争点についてまで判断を下すこととなり、その当時検討されていた男女平等憲法修正条項案を批准することが不要になったと思われかねないため、同意意見を支持すると記載した。ギンズバーグは、性別という分類に対しても、人種という分類と同じく厳しい判断基準が適用されるべきであるということについて、連邦最高裁裁判官の過半数となる5人を説得することは一度もできなかった。1982年のミシシッピ州立女子大学対ホーガン判決でも同様で、性別による区別を規定する法律は、政府がそのような区別を設けていることについて「極めて説得的な正当化根拠」を証明できない限りは、本質的に疑わしいと結論づけられた。

ワイゼンフェルド判決で、ギンズバーグはまたも連邦最高裁で勝訴した。モーリッツ事件と同様、依頼者は男性のスティーブン・ワイゼンフェルドだった。彼の妻ポーラは、息子ジェイソン・ポールを出産する際に死亡した。妻の死をきっかけに、ワイゼンフェルドは息子を育てるために家庭に入ることを望んだ。彼自身と息子のために遺族給付金の受給を申請した際、生前の妻の何年間にもわたる教師としての業績を引用したが、遺族である配偶者が女性である場合にのみ受給できるとして、給付金の支給を拒絶された。ワイゼンフェルドは、地元新聞社の編集者に手紙を書き、「グロリア・スタイネム[iv]はこのことをご存じだろうか?」と苦境を訴えた。この手紙の存在を知ったギンズバーグは、ワイゼンフェルドの弁護士となることを申し出て、事件を引き受けた。ギンズバーグは、最終的に全裁判官が男性である連邦最高裁に到達する以上、彼らに男性の顔を見せることで当事者意識を持たせ、性別による区別が女性だけでなく男性をも害するということを示すことが重要な訴訟戦略になると考えた。そのため、連邦最高裁の弁論においてはとても珍しいことだが、ギンズバーグは依頼者を自分の横の原告席に座らせた。

その結果、8対0の全員一致で勝訴となった。連邦最高裁は、ここで問題となっている社会保障制度は、フロンティエロ判決で無効とされた区分と同様に問題があると判断した。判決文中、ブレナン連邦最高裁裁判官は、「働く女性の努力や収入の家計に対する大きな貢献を過小評価したことを、性別による役割の固定化を理由に正当化することはできない」とした。第1章の対談でギンズバーグが語った通り、ワイゼンフェルド判決でついに当時のウィリアム・H・レーンキスト連邦最高裁裁判官（のちの連邦最高裁長官）の票を勝ち取った。彼は、「育児をしていた親が死亡した場合、子供には生き残った親のフルタイムのケアを受ける機会が保障されなければならないということが論点だとすれば、生き残った親が母親か父親かで差を設けることは不合理である」として、判決の結論に同意した。

iv…アメリカで有名なフェミニズム運動の活動家。

モーリッツ対内国歳入庁長官事件　控訴趣意書（1971年）

第10巡回区控訴裁判所

申立人・控訴人――チャールズ・モーリッツ
被申立人・被控訴人――内国歳入庁長官

申立人・控訴人側控訴趣意書

ルース・ベイダー・ギンズバーグ、マーティン・D・ギンズバーグ（申立人・控訴人代理人、ニューヨーク州ニューヨーク市　10022　5番街767）
メルビン・L・ウルフ（アメリカ自由人権協会財団、ワイル・ゴッチェル・マンジズ法律事務所、弁護士）

［目次は省略］

争点の陳述

1. 内国歳入法214条(a)は、給与所得者を男女の生物学上の違いや機能上の違いとは関係がない目的で性別により区別している点で、修正5条が禁ずる「不当な分類」を行っているか。

2. 給与所得者が生計維持のために身体障害者または精神障害者である扶養家族の介護に費用を支払わなければならない場合、費用の税額控除を認めるとした議会の立法目的に対して、給与所得者がいずれの性別か、または未婚か既婚かといった214条(a)の分類は、憲法が求める「公正かつ実質的な関連性」を欠いているか。

3. 病気の親を扶養する者が立法上の恩恵として税額控除を受ける場合、議会は、誰にその恩恵を与えるかを恣意的に選ぶことを許されているか。また、連邦租税裁判所は、どの納税者が税額控除を受けられるかという区分について、立法目的に対する合理的な関連性を求められないと誤解したのか。

4. 214条(a)が修正5条に違反していると判断するに際して、裁判所は議会の主たる立法目的に沿うべく、類似の立場に立つすべての納税者が税額控除を受けられるようにすることで、法律の欠陥を是正することができるか。

事件の陳述

本件は、1970年10月22日に連邦租税裁判所の事件番号55T.C. No.14の判決に対する控訴審で、納税者／申立人は、結婚歴のない独身男性で、彼に依存する病気の母親の介護のために支払った費用が、法の適用の問題として内国歳入法214条の税額控除を受けられないと判断されたものである。申立人への課税が問題となったのは1968年であり、争点となった課税額は296・70ドルであった（追加の支払いが必要とされた32・10ドルは、本件と関係のない争点に関するもので、申立人は訴訟前に支払義務があることを認めている）。

以下の通り、すべての関連事実は明記されている。事実関係についての争いはない。

申立人チャールズ・E・モーリッツ（納税者）は、独身で一度も結婚歴はない。問題となった期間、彼は89歳の母親と暮らしており、関連する課税すべてについて母親は彼の扶養家族としての資格を有すると認められ、自律的に生活するには肉体的にも精神的にも不可能な状態にあった。モーリッツは、給与所得を維持するために看護師を雇い、600ドル以上の費用を支払った。モーリッツは1968年の所得税申告において、病気の母親の介護費用として600ドルを税額控除した。被控訴人である内国歳入庁長官は、その税額控除を認めなかった。

連邦租税裁判所は、本件納税者に内国歳入法214条(a)による600ドルの扶養手当控除がその他のすべての点では認められるものの、独身で一度も結婚歴がない男性という一点のみを理由に、控除を受ける資格がないと結論づけた。納税者が独身女性、寡婦、寡夫もしくは離婚歴がある場合であれば、親の介護費用の税額控除が認められたのは明らかである。

関連条文

214条 一定の扶養家族の介護のための費用支出

(a) 一般原則 納税者が女性もしくは寡夫、または納税者が夫でありその妻が病気もしくは入院中である場合、自らの雇用を維持するという理由に限り、課税期間に1人または複数の扶養家族(サブセクション(d)(1)で定義される)のために依頼した介護費用の税額控除が認められる。

(……)

(d) 定義 本章では、

(1) 「扶養家族」という用語は、151条(e)(1)で認められる税額控除を受ける資格がある納税者にとっての被扶養者のことを意味する。

(……)

(B) 身体障害または精神障害があるために自身の世話ができない者。

(2) 「寡夫」という用語は、離婚判決や別居判決により、配偶者と法的に別れて独身となった者を含む。

弁論

A

デュープロセスに関する修正5条は、恣意的な法の適用からの保護および法の下の平等を保障している。申立人の事件は、これらの基本的人権の保障に基づくものである。

修正5条はデュープロセス条項を介して連邦政府の行為や立法を規制し、何人にも恣意的な法の適用からの保護および法の下の平等を保障している。この点に関して、修正14条が州政府に課す義務ほどには、修正5条は連邦政府に義務を課していない（先例によれば、修正5条において平等の概念は明示されていないが、政府は連邦議会が恣意的な法の適用を行うことや不当な差別に関わることを禁止していると認めている）。

独身で一度も結婚歴がない申立人のチャールズ・モーリッツは、雇用を維持するために、扶養家族である病気の母親のために介護費用を負担した。仮に、申立人に離婚歴がある場合や寡夫であった場合、または、離婚歴があるか寡婦であるかにかかわらず独身女性であった場合、内国歳入法２１４条(a)によって認められる扶養手当の控除が認められたはずである。単に彼に一度も結婚歴がないということだけで、当該法令の条項による税額控除が否定された。親が病気であるために、その親から扶養してもらえない場合もありうることからすれば、本件における最重要の争点は、申立人が主張しているところの、結婚歴がない場合のみに214条(a)の適用が否定されるとすれば、憲法が禁じる恣意的で不平等な取扱いに該当するのではないか、ということである。

特定の法令や政府の決定によって設定された区分が類似の立場の者には類似の取扱いを保障しなければならないとする憲法の要請については、裁判所は2つの審査基準を設けている。「法と平等保障の発展」（ハーバード・ローレビュー82巻1065頁、1969年）参照。

一般的な事件においては合理性の基準が適用される。法律によって設定された区分に合理性があり、その法律の立法目的と関連性が認められるか。この一般的な審査基準の下では、法令の立法目的が許容される範囲のもので、法令による区分がその立法目的との関係で必要とされる公正な関連性が認められるならば、憲法上要求される基準を満たすといえる。F・S・ロイスター・グノア会社対バージニア州判決（1920年）は「しかしながら、類似の立場に立つすべての人に同様な取扱いが求められるのであるから、区分は合理的で、恣意的であってはならず、立法目的と公正で実質的な関連性のある区分に基づかなければならない」としている。

2つの状況下では、より厳格な審査基準が適用される。法制化によって、「基本的人権や利益」が影響を受ける場合、たとえば、州選挙における人頭税［i］、または、法令が本質的に疑わしい根拠に基づき

i…アメリカ南部で、人頭税（能力に関係なく、1人につき一定額を貸す税金）の支払いを投票の資格とすることで、黒人の選挙権を奪う手段としていた。

定めた区分に対しては、裁判所は最も厳格な審査基準を適用することになる。したがって、法令が人種や家系によって区別を設けている場合には、極めて説得的な正当化根拠によって説明できない限り、疑わしいまたは不当な区別と判断され、審査をパスできないだろう。

申立人の立場は2つ考えられる。(1)214条(a)は、性別を根拠とした区分である。もしも彼が独身男性でなく、独身女性であったら、彼にも税額控除は認められただろう。これは、説得的な正当化根拠を見出すことはできないので、疑わしい区分、と位置づけられる。(2)疑わしいまたは不当な区分ということを抜きにしても、一度も結婚歴がない男性を、寡夫や離婚歴のある男性、結婚歴の有無に関係なく独身の女性と区別するという議会による線引きは、生計を維持するために身体障害または精神障害をもつ扶養家族の介護費用を支出しなければならない納税者に税額控除を認めようとする立法目的に対し、憲法上要求される公平性や合理性を欠いている。

B

立法経緯からすれば、214条の主たる立法趣旨は、納税者が雇用を維持するために子供または子供以外の身体障害者または精神障害者である家族の介護に支払った費用について、税額控除を受けることができるようにすることである。

214条の立法経緯によると、最も主要で正当な議会の立法目的が、制定された法令中に具体的に表現されていることが分かる。この立法目的は、憲法適合性や本件における救済の最終的な争点と関わる問題である。

1939年の内国歳入法には214条と同様な規定はなかった。1955年の会計年度に向けたアイゼンハワー大統領の1953年予算教書における税法に関する提案部分に答えるべく、下院歳入委員会が1954年に策定し、下院が可決した以下の214条の当初案を含む下院8300号法案が第83議会第2会期の上院に対して送られた。

214条 育児費用

(a) 一般原則 以下の納税者には、課税年度に支出した費用に関して税額控除が認められなければならない。

(1) 寡婦もしくは寡夫、または

(2) 精神障害または身体障害により自活できない夫を持つ母親で、その課税年度中の子供（サブセクション(c)(1)により定義される）の養育のため、しかも、その育児費用が納税者の雇用を維持するための場合に限られる。

(b) 制限 サブセクション(a)に基づく税額控除

(1) 課税年度につき、600ドルを超えないこと。

(2) 151条（個人の免除に対する税額控除が規定されている）による税額控除が認められる納税者に

対してはその金額分についての税額控除は適用されない。

(c) 定義　本章においては、

(1) 「子供」という言葉は、納税者の（152条の意味の範囲内で）息子、義理の息子、娘、義理の娘であることを意味する。そして

(A) 10歳に達していないこと、

または

(B) 精神障害または身体障害のために就学できない者で、16歳に達していないこと。

(2) 「寡婦」および「寡夫」という言葉は、離婚判決または別居判決により、配偶者と法的に別れて独身となった者を含む。

下院歳入委員会の本条項に関する一般的説明は、適切で簡潔である。

育児費用（214条）

貴委員会の法案は、働く寡婦、寡夫、離婚歴のある人、または、病気の夫を持つ働く母親が支出した育児費用につき、新たに税額控除を認めるものである。子供の年齢は、10歳未満であること（または、子供が身体障害または精神障害により普通学校に行くことができない場合には16歳未満であること）。税額控除は実費額に限定されること。ただし、600ドルを超えてはならない。費用の

支出は、納税者にとって雇用維持のためでなければならない。扶養される者に対して支払った費用については、控除の対象とはならない。これらの税額控除を受ける者は、標準の税額控除を利用してはならない。

貴委員会は、小さな子供を持つ寡婦や寡夫が生計を立てるためにこれらの費用を支出しなければならず、それゆえ、これらの費用は従業員にとって不可欠な業務上の経費に相当するといえるため、税額控除規定を法律に追加した。

下院報告書1337号第83議会第2会期30頁(1954年)

以上より、当初の立法の構想では、おそらく非嫡出子のことは純粋に除外し損なっただけのようだが、起草者は税額控除を受けることができる育児の対象を10歳未満の子供や16歳未満の障害をもつ子供に狭く限定し、納税者の範囲から未婚男性だけでなく未婚女性までも除外していたことが分かる。

多様な情報源から書面と口頭による証言を受け取った後、上院財務委員会は、下院8300号法案の214条の関連部分を以下の通り修正した。

214条　一定の扶養家族の介護費用

(a)　一般原則　1人またはそれ以上の扶養家族(サブセクション(c)(1)で定義する)を介護するために、納税者である女性または寡夫が、納税年度に支出した介護費用について税額控除を認める。ただし、この介護が納税者の雇用維持のためになされた場合に限る。
（……）
(c) 定義 この章においては
(1) 「扶養家族」という言葉は、151条(e)(1)の下で免除を受けることができる納税者にとっての「扶養家族」という意味で、
(A) 12歳に達していない者、およびその者（152条の範囲の者）は、納税者の息子、義理の息子、娘、義理の娘であること。または、
(B) その者が、身体的または精神的に自身の世話をすることができない者であること。
(2) 「寡夫」という言葉は、離婚判決または別居判決により、配偶者と法的に別れて独身となった者を含む。

上院財務委員会により2つの重要な修正が提案された。(1)214条が単なる育児のための条項から、年齢不問の病気の扶養家族の介護を含めるものに変化した。そして、(2)税額控除を受けられる納税者の範囲を、結婚歴の有無に関係なくすべての女性を含めるように拡大した。委員会の報告書が述べているところでは、

貴委員会は、下院で提案された新しい税額控除の原則を承認しつつも、以下の変更によって

(a)

実質的にその原則を緩めたといえる。

働く女性や寡夫は、扶養家族が精神障害者または身体障害者で自分の世話をできない場合、その者たちのために支出した介護費用について税額控除を認められる。

(……)

下院の法案は、小さな子供のいる寡婦や寡夫が、生計を維持するために育児費用を支出しなければならず、ちょうど従業員の経費と同様の不可欠な支出といえるため、税額控除を認めたものである。貴委員会が税額控除の範囲を拡大したのは、納税者が自分の子供以外に身体障害または精神障害をもつ扶養家族の介護をしなければならない場合にも、類似の財政的問題が起こるであろうことを理解したためといえる。

上院報告書1622号第83議会第2会期36頁(1954年)

貴委員会は、下院の214条の法案を、すべての働く女性および寡夫が扶養家族の介護をする場合に税額控除を受けられるように修正した。

この章では、納税者が雇用(自営業も含む)を維持するために支出した扶養家族の介護費用について税額控除(一課税年度につき、600ドルを超えない範囲)を認めている。

この控除を受けるためには、納税者は、(1)女性であること、または、(2)寡夫であることが要件となる。

寡夫とは、通常の意味で定義されており、配偶者を死亡により失くし、再婚していない男性とされている。また、その言葉の意味としては、結婚したが、離婚判決または別居判決によって法的に配偶者と別れた者も含むものである。税額控除が認められるのは、152条で定める通り12歳未満の納税者の息子、娘、義理の子供の養育のための場合、または、152条が定める扶養家族である自活できない身体障害者または精神障害者のために151条(e)(1)により税額控除を受けられる場合である。

上院報告書1622号第83議会第2会期220頁（1954年）

上記で引用された財務委員会による修正は上院を通過し、両院協議会で承認され、1954年法[1]として施行された。

上院財務委員会が、介護費用の税額控除について、年齢に関係ない身体障害者または精神障害者まで扶養家族の対象を拡大した際に、なぜ結婚歴のない独身女性のみに税額控除を認め、結婚歴のない独身男性には認めなかったかについて、214条の立法経緯は何も示していない。連邦租税裁判所は、申請したすべての納税者に税額控除を認める修正案が委員会に提出されたことに着目し、委員会がその修正案を承認しなかったことから、結婚歴のない男性を差別する意図があったのだろうと考えた。しかし、下院8300号法案の公聴会にて提出された数千頁の証言や数百の変更を求める修正提案に鑑みると、上院財務委員会は、どの納税者に対しても税額控除の対象を拡大しないという判断をしており、単に下院の法案が修正された過程で生じた差別に気がつかなかっただけという可能性が高いと思われる。介護の対象としては、育児だけでなく病気の親も含めるように法案を修正していたが、納税者の範囲については、育児の責任は負いそうにないが、親の介護の責任を負うであろう人たちを加えるのを忘れていた。確かに、上院での修正の目的は、結婚歴のない男性を差別することでなく、「小さな子供がいて育児に費用がかかる」納税者、または、「雇用を維持するためには、自身の子供以外に身体障害または精神障害をもつ扶養家族を介護しなければならない」納税者に控除を認めるためであったことは明らかである。

C

214条(a)は、給与所得者を男女の生物学上の違いや機能上の違いとは関係がない目的で性別により区別している点で、修正5条が禁ずる「不当な分類」を行っていることになる。

214条(a)は、「雇用を維持するために身体障害または精神障害をもつ扶養家族の介護が必要となる納税者」の財政的負担を軽くするためというのが、議会の立法目的だといえる。したがって、特に議会が想定した扶養家族の1つは、病気の親である。どんな納税者でも病気の親をもつ可能性はあるが、議会は納税者一般に対しては税額控除を認めず、結婚していない人〔2〕のうち独身女性、また、寡婦および寡夫に対してだけ税額控除を認めていた。

つまり、214条(a)は、性別という点だけで境界線を引いているということだ。給与所得者である独身女性が病気の母親や父親を介護している場合は対象とし、給与所得者である独身男性が病気の母親や父親を介護している場合は対象から除外しているのである。214条(a)による息子と娘にもたらした取扱いの違いについて、立法経緯や社会常識からは合理的根拠を導くことはできない。

1世代前の時代には、司法の領域において、議会が「男女の間にはっきりとした線を引く」ことが可能であるという考えは、正当化根拠は薄いものの有力であった（ゴーサート対クリアリー判決、1948年）。ほんの1世代前のことだが、人種を「分離しているが平等」に取り扱っているからよいとして、安定的に適用されていた法律を合憲と認めていた（プレッシー対ファーガソン判決、1896年）。今日では、人種、信条、または国籍などに基づく区別は当然に「疑わしい」または「不当」であるとされ、法律でこのような区別を設ける場合には、正当化するために非常に重い立証責任が課される。

性差別が憲法上の問題として注目されるようになってから、まだほんの6年弱しか経っていない。社会の態度が大きく変わる中で生まれた性差別に関する新しい検討[3]によって、「疑わしい分類理論」が前提とする考え方がより理解されるようになった。すなわち、法律は、能力や市場価値を理由に個人を区別することはあるかもしれないが、自ら変えることができない生まれつきの生物学的な特性によってペナルティや報酬を付与されるべきでないし、それらを理由に区別することはおそらく認められないだろう。「疑わしい分類理論」として議論されるべき生まれながらの身分には、人種だけではなく、性別も含むのである。

生物学的性差が問題となる活動と関係がない場合、性別による差別は、現代的な公正さや平等な取扱いに反していることになる。息子と娘の生物学的な性差が病気の親の介護に何らかの違いをもたらすとは、議会はこれまで一度も主張していないし、合理的な人なら、性別によって違いがあるとは考えもしないだろう。もはや古い時代の社会条件や経済条件、または法的・政治的理論を反映した決定に縛られる必要はない。連邦裁判所および州裁判所は、政府が性別に基づいて課した線引きや制裁に対して、痛烈で懐疑的な目で見るようになってきており、これらの線引きはそれを肯定するに足る強い正当化根拠なしには憲法上の審査に合格することはできないだろう。「性別による差別は、アメリカ民主主義の基本原理に反するものとして非難されるべきである」と示した判例が多数ある。また、異なる社会情勢や法的状況に基づき判断されたことを示すものとして、メンゲルコッホ対産業福祉委員会判決参照。

トレンドは明らかで分かりやすい。立法目的が生物学的または機能的な差異とは関係がない性差別に基づく法律は、生まれながらの身分である人種による法的差別に匹敵する。そして、そのような法律は、司法によって尊重される価値がない。それぞれ、「疑わしい」または「不当な」分類の例となっている。女性差別については判例法が急速に集積すると同時に、憲法上の武器としては必ず2つの性を意味する。女性に対して公正と平等を保障するという場合、女性に対してだけでなく、両方の性に対して公正と平等を保障することまでを意味する。アメリカの民主主義の基本原理の下では、デュープロセスと平等はすべての人に憲法上保障されねばならず、「人」というカテゴリーでは男性も女性も分け隔てなく完全なメンバーシップを有する。

D　給与所得者が生計維持のために身体障害者または精神障害者である扶養家族の介護に費用を支払わなければならない場合、費用の税額控除を認めるとした議会の立法目的に対して、給与所得者がいずれの性別か、または未婚か既婚かといった214条(a)の分類は、憲法が求める「公正かつ実質的な関連性」を欠いている。

214条(a)による差別は、非常に明らかである。214条(a)による結婚歴のない男性に対する差別的取扱いは、性別による区分が疑わしいかどうかを考えるまでもなく、伝統的憲法判断の下で簡単に攻撃することができる。法律によって定められた区分は、立法目的と合理的かつ公正な関連がなければならない。

連邦租税裁判所は、214条(a)は、「申立人を現在または過去に未婚であった他の男性と同じように取り扱っているため、恣意的で不合理とまでは言えない」と結論づけた〔4〕。したがって、連邦租税裁判所は、214条(a)は、結婚歴のない男性を他のすべての納税者から区別していることを分かっていたのである。憲法上の問題点がすでに何度も提起されていたのに、連邦租税裁判所は次に掲げる非常に重要な問いに答えられていない点が不可解である。すなわち、「雇用を維持するために身体障害または精神障害をもつ扶養家族の介護が必要となる納税者」に介護費用の税額控除を認めようという立法目的との関係において、給与所得者のうちのすべての独身女性、すべての寡婦と寡夫、離婚歴のある者には税額控除を認めるが、独身で結婚歴のない男性のみを除外するという区分が合理的といえるのか、という問いである。このきわどい問いに対して、連邦租税裁判所は、明らかに反対の立場をとる連邦最高裁の要請を無視してしまったのである。

連邦最高裁は、対象となる全員に法律が平等に適用されることによって平等という要請が満たされるという主張をことごとく否定してきた。たとえば、1964年のマクラクリン対フロリダ州判決は次のように述べる。

司法審査においては、法律で定められた区分に該当するメンバー全員に法律が平等に適用されたと証明しただけでは不十分である。裁判所は、立法目的との関係で、法律が決めた区分自体に合理性があるかどうかというところまで判断しなければならない。

つまり、類似の状況下におかれた大きなグループ内の一部の人にしか法律が適用されないとすれば、その法律は立法目的との関係で平等を保障しているとはいえないのである。したがって、ここでの争点は、結婚歴のない男性が、女性、寡夫、離婚歴のある男性らと違うのかどうかではなく、除外された人たちと対象とされた人たちとの違いが、区分を設けた理由と関連するかどうかという点である。レガトス資産事件(1969年)によれば、平等の保障は恣意的な税区分を禁止している。

疑わしいとは思うものの、214条(a)にいくぶん合理的な目的を認めることができるとすれば、育児のためについてのみ税額控除を認めようとしたために対象者を限定した、という言い訳が考えられる[5]。

そのような場合であっても、非嫡出子の子供の親権を持つ親について、未婚の給与所得者である母親が税額控除を受けることができて、他方、未婚の給与所得者である父親には税額控除を認めないことを正当化する根拠は見当たらないだろう。214条(d)(1)(B)で親が身体障害者または精神障害者で自立できない場合にその介護費用について税額控除を認めていることについて、親孝行の娘、結婚歴のある息子、と親孝行で結婚歴がない息子との間に違いを設ける合理的な理由は見出せない[6]。

独身の息子と娘を区別することはまったく不合理だが、それに加えて、法律が寡夫や離婚歴がある息子を生涯独身の息子よりも恣意的に優遇していることに着目すべきである。もしチャールズ・モーリッツが問題となった時期より以前に、家政婦かその他の女性と結婚し離婚していたら、結婚による冒険がここでの争点である介護費用とはまったく関係ないとしても、税額控除は問題なく認められていただろう。扶養家族が親である場合に、独身の息子よりも独身の娘を優遇することに説得力がないのと同様に、一度も結婚歴がない男性よりも離婚歴がある男性または寡夫を優遇することにもまったく説得力がない。

214条の立法経緯からすれば、1つのグループ、すなわち一度も結婚歴がない男性たちを、法律が定めた税額控除を受けることができるグループから完全に除外することに正当化根拠は見出せない。何の政策にも基づかずに除外してしまっており、単に連邦議会や財務省の検討が不十分だったという結論にならざるをえない。実際、財務省自身が法律は独身男性を除外していたと認めた点は、法律の不合理性を認定する上で最も説得的といえる。本件について連邦租税裁判所に申立てを行う前に、モーリッツは自分自身で審理に参加し、直接およびピーター・ドミニク上院議員を通じて214条(a)について財務省にコメントを求めた。1969年12月23日の質問状で、ジョン・ノーマン次官補代理が署名した上で、財務省が回答している以下の部分である。

私たち財務省は、214条の税額控除のために、結婚歴のない独身男性か、または一度は結婚していたことのある独身男性かを区別するのは難しいのではないか、というモーリッツ氏の意見に賛同する。

仮に議会がわざと214条(a)に不当な差別を含めたのだとしたら、立法目的に合理性や正当性が認められない以上、裁判所は恣意的区分を設けたことを非難すべきである。214条(a)に設けられた不当な区分は、実際にそうなっているが、議会側が軽率なミスを犯したときよりも非難が少なくなるということはない。

E

病気の親を扶養する者が立法上の恩恵として税額控除を受ける場合、議会は、誰にその恩恵を与えるかを恣意的に選ぶことを許されていない。連邦租税裁判所は、どの納税者が税額控除を受けられるかという区分について、立法目的に対する合理的な関連性を求められないと誤解した。

連邦租税裁判所は、内国歳入法の規定は憲法適合性の審査から特別に免責されるものと信じて、判決のほとんどの部分について内国歳入庁長官側に賛成する内容の判決を下した。連邦租税裁判所は、「税額控除は法律による恩恵の問題にすぎない」という伝統的な考え方を主張した。連邦租税裁判所はこれで大丈夫だろうと考えて、214条(a)で実現しようとした立法目的と法律で定められた区分の関係をきちんと精査しなかった。

修正5条のデュープロセスは、法律によって定められた区分は立法目的と合理的かつ公正な関連がなければならないとしている。そのため、連邦租税裁判所の採った立場は連邦税法上通用しない。この立場が認められない無効なものであることは、仮に内国歳入法214条(a)に、以下のような人種に基づき税額控除を受けられたり受けられなかったりするという類似の区分があったと考えれば証明できるだろう。

白人の納税者が、課税年度中に1人またはそれ以上の扶養家族の介護のために支出した費用につき、その費用が雇用維持のための支出であれば税額控除が認められる〔7〕。

以前の時代には認められた考え方に反するが、もはや議会は法律で何らかの区分を設けたいとしても、「特権」を好きに与えることは認められない。ヴァン・アルスタイン「憲法における権利と特権の区分の終焉」（ハーバード・ローレビュー81巻1439頁、1968年）は、「憲法を遵守する方針の政府の下では、公的な援助の管理については最低限統一的な合理性のルールの遵守が求められるのは、当然の要求である」と述べている。

今日では、議会が税額控除の特権を付与する場合には、誰にその利益を与えるか、与えないかという判断を恣意的に行うことが許されないことは明らかである。適切な立法目的とはっきりとした関連性が認められないような恣意的区分の規定については、それが税額控除の規定であっても他の受益に関する法律と同様に憲法上の審査を受けなければならない。レガトス資産事件は、特定の財産に課される相続税が、夫から妻に遺贈された場合は課税され、妻から夫に遺贈された場合には課税されないのは平等原則に反するとしている。

連邦租税裁判所は、別の場面では、この問題をより理解していたこともあった。「税額控除のような支払免除というものは、法律による恩恵という問題に過ぎないというものの……、それにもかかわらず、本質的に同じ区分に属する人に同じ利益が与えられないとすれば、それは憲法違反の差別というほかない」（黄金律教会連盟事件、1964年）

この税額控除の問題が、「法律による恩恵の問題」であることは疑う余地はない。議会は、内国歳入法で認める必要があったその他の税額控除に加えて、さらに扶養家族の介護のために支出した費用の税額控除を認める必要はなかったのである。疑いの余地がないというほどの相関関係があることまで立証する必要はないが、税額控除に関して合理性のある法律が規定されている場合、納税者はその要件に当てはまることを示す事実資料などを提出しなければならない。しかしながら、その法律が憲法違反の差別を含むものであった場合には、修正なしには法律として認められないだろう。すなわち、類似の立場にある納税者全員にその利益を与えることを取り消すか、または、類似の立場にある納税者全員にその利益を与えるか、いずれかの措置をとらなければならないだろう。病気の親を持つ独身男性、病気の親を持つ独身女性、病気の親を持つ寡婦や離婚歴のある人たちは、ここでの争点との関連では、皆ほぼ類似、いや、まさに同一の立場に立たされていることは明らかである。もし214条(a)の区分が独身男性を含んでいたら、提示した事実からすれば、モーリッツに対して渋々でも税額控除を認めることになる。

裁判所にとっての最終的な争点は、一度も結婚歴がない男性を憲法に違反して除外したことに対する救済についてであり、次に述べることにする。

F

214条(a)が修正5条に違反していると判断するに際して、裁判所は議会の主たる立法目的に沿うべく、類似の立場に立つすべての納税者が税額控除を受けられるようにすることで、法律の欠陥を是正することができる。

法律が憲法違反の区分を有することで平等原則を否定している場合、裁判所は、類似の立場に立つすべての人に対してその法律を平等に適用するか、または、類似の立場に立つすべての人にその法律を適用しないかのいずれかの立場に立つことによって、その法律の欠陥を是正することができる。以上について214条(a)に当てはめてみると、214条(a)がその言葉どおり結婚歴のない男性に適用されないことが平等原則に反するかどうかの判断に際しては、裁判所は、その欠陥を是正するためには、(1)結婚歴のない男性に対しても扶養家族の介護のための費用控除を拡大して認めるか、または、(2)その条項が全体として無効であるとの結論にするか、のいずれかの判断をしなければならない。法律を拡大して適用すべきか、または、全体として無効とすべきかについて、裁判所は214条(a)に込められた、連邦議会の最も主要な立法目的に沿うように判断しなければならない。

「納税者が生計を維持するべく働きに出るため、身体障害者または精神障害者である扶養家族の介護を他人に依頼しなければならない場合」、または「納税者が生計を維持するべく働きに出るため、育児を他人に依頼して費用がかかる場合」、それらは「ちょうど従業員の経費に相当する」と考えられるために税額控除を認めたいというのが、214条(a)に関する議会の最も主要な立法目的であった。議会が1954年に憲法違反の法律の区分が無効であることを知っていれば、税額控除の対象から女性、寡夫、離婚した男性を除外するという結論ではなく、税額控除の対象に結婚歴のない男性を含めるという結論を優先したであろうことは明らかである。財務省は、214条の税額控除の目的上、独身男性と一度でも結婚歴のある男性を区別することは不可能であると自らも認めている。主要で適切な立法目的について裁判所が適切な判断をするためには、214条(a)を拡大して結婚歴のない男性も含めなければならず、法律を無効にしてしまうと議会の意図を無視することになりかねない[8]。

直接に参考になる好例は、連邦最高裁のレビ対ルイジアナ州判決（1968年）である。そこで争点となった法律は、母親が不法行為により死亡した場合の救済を嫡出子にだけ認めて非嫡出子には認めていなかった。裁判所は、そのような場合に非嫡出子を除外することは、平等原則の違反となり憲法上認められないと判断した。嫡出子に対して法的救済を受ける権利を否定するのではなく、むしろ非嫡出子に対して権利の拡張を認めたのである。

レビ判決によれば、連邦議会は、不法行為による死亡に関する法律を無効にして非嫡出子の保護を否定する意図でなかったことは明らかである。同様に、ここでの問題にも答えがすでに出ている。連邦議会は、病気の親を持つ独身男性に税額控除を認めたくないという意図はなかったので、214条を無効とせずにむしろ憲法に適合するように読む方が望ましいと考えるであろう。今回のように立法が平等原則に反する間違いを犯した場合、連邦議会は214条が有効と考えるであろうことにつき議論の余地はない。被申立人も、連邦議会が214条が有効に存続することを望むであろうという意見に賛同して頂けるだろう。同旨の判決として、オーウェン対イリノイ・ベイキング会社判決（1966年）では、夫から権利を奪うのではなく、妻にも権利を付与することで、憲法的に問題がある一方向であった国際協会の規定の欠陥は是正された。シムキンス対モーゼス・H・コーン記念病院判決（1964年）は、憲法に違反した人種差別の条項は取り除き、残りの法律は有効とした。イェール&トーン製造会社対トラビス判決（1920年）は、ニューヨーク州の市民にのみ税金の免除を認める法律は、他州の市民にも拡張して適用されなければならないとした。バーロー対カッファンマー判決（1940年）では、原告は除外されたクラスを付け加えることによって、憲法違反の部分を是正した。クォン・ハム・ウー会社対産業事故委員会判決（1921年）は、労働者災害補償を非居住者に拡大して適用することにより、憲法上の欠陥を是正した。

結論

上記の理由により、申立人は、1954年制定の内国歳入法214条(a)は、結婚歴のない独身男性である納税者に対して扶養家族の介護のために支出した費用の税額控除を認めるべきであると要求し、連邦租税裁判所の判決を覆すことを謹んで求めるものである。

ルース・ベイダー・ギンズバーグ
マーティン・D・ギンズバーグ
申立人/控訴人の代理人

メルビン・L・ウルフ
アメリカ自由人権協会財団
ワイル・ゴッチェル・マンジズ法律事務所
弁護士

原註

1…その後、214条は1963年に第88議会公法4の1条により、そして1964年に第88議会公法272の212(a)条によって修正された。214条のサブセクション(c)であったものがサブセクション(d)として再掲された以外では、その後になされた修正は今回の法廷に影響を及ぼすようなものではない。

2…この法律は既婚者を特別扱いしている。既婚者に付与されていた特別待遇は、この手続上は争点とならなかった。

3…Dahlstrom ed. The Changing Roles of Men and Women (1967); Montagu, Man's Most Dangerous Myth 181-84 (4th ed. 1964); Myrdal, An American Dilemma 1073-78 (2nd ed. 1962); Watson, Social Psychology Issues and Insights 435-56 (1966); Murray & Eastwood, Jane Crow and the Law: Sex Discrimination and Title VII, 34 Geo. Wash. L. Rev. 232, 235-42 (1965).

4…さらに連邦租税裁判所は、憲法上の問題として特に批判されるのではないかといった理由もあって、税法の制定につき、このような判断を下したように思われる。この立場の弱点については、弁論Eの箇所で別に議論する。

5…重要な点として、下院8300号法案第83議会第2会期（1954年）で最初に提案された214条は、育児のための費用の税額控除だけを認めていた。上院財務委員会が、上院報告書1622号第83議会第2会期36頁（1954年）により、扶養家族の範囲を子供だけでなく身体障害者または精神障害者まで含めるように追加したのである。弁論Bの議論を参照。

6…214条(a)の不合理な差別とは対照的なものとして、ラビーン対ビンセント連邦最高裁判決（1971年3月29日判決）により有効とされたルイジアナ相続法がある。ルイジアナ州法が、相続という目的のために嫡出子と非嫡出子を区別することを認めるとした判決で決定的な票を投じた連邦最高裁裁判官は、ルイジアナ州が、人が婚姻関係に入ることによりその結果として生まれる嫡出子に負う義務が、カジュアルな男女間の私通により生まれる子供に対して負う義務よりも重くすることを定めていることはまったくもって合理的であると強調した（ハーラン裁判官同意意見）。類推すると、アメリカ政府が、未婚の個人が自活能力のない扶養家族である親を世話する扶養義務を果たそうとする場合に、それが女性や結婚歴のある男性であれば費やした費用の税額控除を認める一方で、それが結婚歴のない男性であった場合には税額控除を認めないということは、明らかに不合理である。

7…この立場を支持するものとして、議会は、「1つの区分に属するすべてのメンバーが同じように取り扱われているならば」、税額控除について憲法上差別することは認められているとしている。連邦租税裁判所は、誤ってブラッシェイバー対ユニオン・パシフィック鉄道判決（1916年）とシンダー対内国歳入庁判決（1968年）を根拠とした。実はいずれの裁判所もそのような考えを支持していない。ブラッシェイバー判決では、裁判所は、1913年10月3日付施行の関税法の所得税に関する条項について、憲法上広い範囲の批判を受けながら合憲と認めたものの、税法の条項においてデュープロセス違反の差別的区分を設けたかったのだろうと特段言及しており、このような思考は判決から半世紀以上経ってよりはっきりしてきたといえる。シンダー判決では、納税者であり、賃貸マンションに住む未婚の女性（扶養家族はいない）は、内国歳入法上「世帯主」という地位が認められず、賃料の支払いのうち税額控除が認められる部分についてはマンションの家主に支払ってもらっていた不動産税に割り当てることも認められなかったという内国歳入法上の失敗を他の事項とともに批判した。控訴審は、扶養家族のいる未婚の納税者と扶養家族のいない場合を法律区分すること、そして、未婚の納税者である家主は賃貸人として直接には州の不動産税を支払う義務はないとしていることは、憲法上正当であると判断した。

8…内国歳入法には、包括的分離条項である7852条がある。

COLUMN 03

ギンズバーグと弁護士活動

ルース・ベイダー・ギンズバーグは1972年、アメリカ自由人権協会で法律顧問に就任し、弁護士活動を始めた。「女性は、以前ならば怖気づいたり、どうせ訴えても無駄だと諦めたりした苦情を、申し立てるように」なった、というのが当時の時代の空気である。2018年公開の映画『ビリーブ 未来への大逆転』の中で、ハーバード・ロースクールの教授の「判決は、その日の天気には左右されないが、時代の空気には左右される」という名言に、1970年代の時代の空気を感じて欲しい。

17歳のときに亡くなった母親の教えは「すべてに疑問を持て」「怒るのは時間の無駄」というものだった。社会常識に疑問を持ち、あるべき社会を作る職業として弁護士は最適だった。ギンズバーグは、「女性がどれほど見下されているかを世間に分からせる必要がある」、「女性が直面している障壁に関しては、女性のためを思って優しくしてあげているものだと思い込んでいたのです」と述べている。ギンズバーグが尊敬する先達の女性弁護士ドロシー・ケニオン（1888年〜1972年）らも類似の主張を繰り返していたが、まだ時代が追いついていなかった。1970年代という変化の兆しが見えた時代に、ギンズバーグが弁護士活動を始めたことはアメリカにとって幸運だった。

当時の連邦最高裁裁判官9人は全員男性だった。ギンズバーグは自分を幼稚園の先生だと考え、経験値が全く違う人に共感してもらう方法に工夫を凝らした。「自分が大切にしているもののために闘いなさい。でも他の人があなたに賛同するような闘い方をするのです」と述べ、男性の被害者を高齢の男性裁判官の前に座らせ、「自分の娘や孫娘にどんな世界で暮らして欲しいですか?」と問いかけてみた。

例えば、オクラホマ州法では、ビールの購入可能年齢を女性は18歳、男性は21歳としていた。節度ある女性は18歳で飲酒しても問題を起こさないが、若い男性は飲酒すると危険な振る舞いをするかもしれないという固定観念に基づく法律である。原告は21歳未満の男子学生で、最高裁の男性裁判官9人中7人の共感を得て、オクラホマ州法を違憲とする判決を勝ち取った。

また、修正14条の平等保護条項に注目し、この条項が「人種」だけではなく「女性」にも適用されるよう訴えた。アイダホ州では、サリー・リードという女性の代理人として、初めて最高裁上訴趣意書を書いた。息子を亡くした母サリーは、息子の父親である前夫ではなく、自分が亡き息子の財産管理人になるべきだと考えたが、アイダホ州法では、男性にしか財産管理人は認められなかった。裁判官は全員男性だったが、最高裁が初めて修正14条の平等保護条項を女性差別に適用した歴史的裁判となった。

（榊原美紀）

フロンティエロ対リチャードソン判決　口頭弁論

連邦最高裁判所
1973年1月17日
（開始後17分12秒〜28分10秒）

ウォーレン・E・バーガー長官　ギンズバーグさん、どうぞ。

ルース・ベイダー・ギンズバーグ　長官殿、申し述べます。

我々が提出したアミカスブリーフは、この事件をリード対リード判決〔1〕と同じ種類のものと見ています。どちらの事件でも立法府の判断は、同じステレオタイプに由来しています。

それは、夫婦において、男性が自立している、またはそうあるべきであり、女性はまれにある例外を除いて、男性に依存しており、生活費を稼ぐ必要はなく庇護されているというものです。

被上訴人（リチャードソン国防長官）は、本件の質問への回答において、軍人家族へのこのステレオタイプの適用に関していまだまったく無知であると述べています。つまり、軍人の中で賃金を稼いで生活を支えている女性労働者の割合が小さいのか、大きいのか、それとも中ぐらいなのかについて、被上訴人は知らないのです。

分かっているのは、性別を基準とすることで、同様の状況にある人が異なって取り扱われているということです。つまり、既婚の男性軍人は、配偶者の収入にかかわらず、配偶者とともに手当を受け取ることができる一方で、既婚の女性軍人は、たとえこの事件のように夫婦の生活費の3分の2を稼いでいたとしても、配偶者の医療給付を拒否され、配偶者はもちろん自らも営舎手当を拒否されるということです。

これらの理由から、我々は、連邦議会が採用した性別に関連した手段が合理性の基準を満たしていないと確信しています。同様の状況にあるすべての人が同様に扱われなければならず、そのためには、立法目的とその手段は公正かつ実質的な関連性をもっていなければなりませんが、ここではそれが欠けています。

それでもなお、我々は、連邦最高裁がこの事件と今日のためだけに判決を書くのではなく、他の事件でもそうしたことがあったように、この種の事件のために判決を書くことを求めます。

我々のアミカスブリーフの27頁から34頁に引用されている判決から明らかなように、州裁判所だけでなく連邦下級裁判所においても、性差別の審査基準は、控えめに言っても混乱しています。いくつかの裁判所は、性別を〝疑わしい基準［i］〟と位置づけています。

i …「疑わしい基準」とは、人々を区分する法律上の基準が憲法の平等条項に違反する疑いが強く、裁判所による厳格な審査に服するものを指す。ここでは「疑わしい区分」と互換的に用いられており、連邦最高裁の判例上、人種、出身国、宗教、外国人であることがそれにあたる。

その他の裁判所は、この事件の下級審もそのようですが、リード判決を最低限の審査を行うように指示したものと見ているようです。そして、この両者の間に、様々なバリエーションがあります。

その結果、多くの事例において、審査の適切な厳格度に関して裁判所がどのような見解に立つか次第で、同一または同様の争点に対して、異なる判断が下されているのです。

指針の提示が大いに求められています。連邦最高裁はなかなか認めようとしてきませんでしたが、いまここで、性別を疑わしい基準であると宣言するよう、我々は要求します。

ガンサー教授が1972年11月発行のハーバード・ローレビューにおいて、前開廷期に下された平等保護に関する判決の分析で示しているように[2]、リード判決において、分類要素としての性別に対する一定の特別な疑いが連邦最高裁の分析の中に取り込まれたように思われます。

被上訴人は、厳格審査を発動させる主要な要素が、性別に基づく基準に存在していることを認めています。

性別は、人種と同じように、能力とは必然的関連性のない、目に見える不変の性質です。

性別は、人種と同じように、社会で活躍したり貢献したりする個人の潜在能力に関して、不当なあるいは少なくとも証明されていない想定の基礎となってきました。

しかし、被上訴人は、性別に基づく区別には、それを疑わしい区分にする本質的な要素が存在していることは認めながらも、人種差別とは違って、特別に不利に扱われてきた憲法上の歴史がないと指摘しています。

修正14条の核心的な目的が不当な人種差別をなくすことだったのは明らかです。しかし、なぜ修正14条の起草者たちは、人種差別を憎むべきものと見なしたのでしょうか？それは、人の肌の色は能力と何ら必然的関連性がないからです。同様に、被上訴人も認めるように、人の性別も能力と何ら必然的関連性はありません。さらに、修正14条が採択されたとき、我が国への新参者のことは国の最重要の関心事ではありませんでしたが、国籍と外国人であることは、疑わしい区分と認められてきました。しかし、性別を疑わしい基準として認めることへの反対論は、次の2点を重視しています。第1に、女性が多数派であることです。第2に、性別による立法上の区別は、反対論の主張では、女性の劣等性を意味するものではないことです。

数の議論に関しては、数的多数だったにもかかわらず1920年まで女性は投票権さえ否定されていたことを思い出してください。今日、女性は、少数者集団が被ってきた差別よりも広範で、より巧妙な雇用上の差別に直面しています。就職と高等教育において、女性は、その他の人口集団にはもはや機能していない制限的な割り当てに直面し続けています。

女性の不在は、連邦および州の立法・行政・司法機関や高級官僚のポスト、そして連邦、州および地方政府における任用ポストにおいて顕著です。

コロンビア特別区において、黒人人口が白人人口を上回るからといって、人種が同地区では疑わしい基準ではないとは誰も主張しないでしょう。

さらに、ごく最近、ダグラス裁判官がハドレー対アラバマ州判決〔3〕で指摘したように、平等保護と法の適正手続は、少数派だけでなく多数派にも適用されるのです。

被上訴人によって挙げられている性別に基づく区分は、女性が男性より劣るという判断を意味しているのでしょうか?

本件の下級審でさえ、そうであると示唆しています。そこでは、次のように述べられています。もし背景に潜んでいるものや女性軍人に負わされる巧妙な損害、多くの女性が感じている、異なって取り扱われることへの侮蔑に気づかないとすれば、それは怠慢であると。

性別に基づく分類は、ゴーサート対クリアリー判決〔4〕のように、男性の方が適切だと考えられた職業から女性を排除するときに、女性にスティグマ（恥辱）を与えることになります。

性別に基づく基準は、女性についてだけ労働時間を制限するために用いられるとき、女性にスティグマを与えることになります。

ミュラー対オレゴン州判決〔5〕で問題となったような種類の労働時間の規制は、おそらく世紀の変わり目では合理的だったかもしれませんが、今日では、女性が基準外給与やより高収入な仕事、昇進のために競争することを妨げています。

性別に基づく基準は、ホイト対フロリダ州判決[6]のように、すべての女性が家庭と子供のことに気を取られており、それゆえ陪審員になるという基本的な市民的責務を果たすことは控えるべきだと想定されているときに、女性にスティグマを与えます。

これらの区別は共通の効果を持っています。

これらは、我々の社会で男性が占めている立場よりも劣った立場に女性を固定することに役立っています。

被上訴人は、性別に基づく分類が女性という性別を劣ったものとして烙印を押すものではないという理論の今日的妥当性について、疑いがあることを認めています。

しかし、彼らは、男女平等憲法修正条項が施行されるまでは、連邦最高裁が現状維持の立場をとることを唱えています。

被上訴人は、そのような憲法修正がない限り、性別に基づく区別に対して厳密な審査を行うことは正当化されないと主張しています。

連邦最高裁は、この事件で問題となったような種類の立法、つまり、軍で働く女性に関連する規定の中で、最も不公平で、最も不快で、最も差別的だと女性軍人が考える区別を行う立法を固守しようとするでしょう。

しかし、連邦最高裁は、何が平等保護を構成するかについての観念は変化することを認めてきました。

男女平等憲法修正条項に反対する者だけでなく、その支持者も、性別に基づく基準への平等保護の適用を明確化することが必要であり、それがこの連邦最高裁によってなされるべきだと信じています。

男女平等憲法修正条項の支持者たちは、修正5条と修正14条の適切な解釈によって、男性と女性の平等な権利と責務が確保されると信じています。

しかし、同時に彼らは、そのような解釈がいまだ認められていないこと、そしていずれにしてもそのような憲法修正が、男性と女性の平等な権利が基本的な憲法原理であることに対するわずかな疑いさえも消し去る重要な機能を果たすだろうと強調しているのです。

我々は、連邦最高裁が性別を疑わしい基準と宣言することを要求することで、著名な奴隷制廃止論者で男女同権の主唱者であるサラ・グリムケが1837年に力強く述べた立場をとるように求めます。

彼女は、上品にではありませんでしたが、紛れもなく明断に、こう言いました。

「私は自分の性を優遇するよう頼んでいるのではありません。ただ、男性の皆さん、私たちの首を踏みつけている、その足をどけてください」

終わりに、上訴人（シャロン・フロンティエロ）は、連邦最高裁が下級審で下された判断を覆し、訴状で求めている救済を与える指示とともに下級審に差し戻すことを要求していますが、我々はこの要求に加わります。

ありがとうございました。

バーガー長官　ギンズバーグさん、ありがとう。

原註

1…Reed v. Reed, 404 U.S. 71 (1971). 相続財産の管理権を主張する多数の人々の中で「男性が女性よりも優先されなければならない」と定めたアイダホ州法を違憲とした。

2…Gerald Gunther, "Foreword: In Search of Evolving Doctrine on a Changing Court: A Model for a Newer Equal Protection" *Harvard Law Review* 86 (1972): 1.

3…Hadley v. Alabama, 409 U.S. 937 (1972). 裁量上訴を不受理とした連邦最高裁の判断に対するダグラス裁判官の反対意見は、「州は無資産の人に対して裕福な人よりも謄本の提出について多くの時間を与えることができるか」が争点であるとし、「州は裕福な上訴人と貧しい上訴人を区別するような方法で上訴審理の機会を付与してはならない」と主張した。

4…Goesaert v. Cleary, 335 U.S. 464 (1948). 男性の居酒屋オーナーの妻とその娘を除いて、女性にバーテンダーの免許を認めないミシガン州法について、女性の居酒屋オーナーとその娘による平等保護違反の主張を認めなかった。

5…Muller v. Oregon, 208 U.S. 412 (1908). 女性の労働時間を制限する州法を合憲とした。

6…Hoyt v. Florida, 368 U.S. 57 (1961). 男性は自動的に陪審員名簿に登録され、女性は陪審員になることを積極的に希望した場合にのみ登録されるフロリダ州の陪審員選定制度を合憲とした。

ワインバーガー対ワイゼンフェルド判決　口頭弁論

連邦最高裁判所
1975年1月20日
（開始後23分12秒～49分27秒）

ウォーレン・E・バーガー長官　ギンズバーグさん、どうぞ。

ルース・ベイダー・ギンズバーグ　長官殿、申し述べます。

スティーブン・ワイゼンフェルドの事件は、女性の稼ぎ手——女性が稼ぎ手である家族——に対して、男性が稼ぎ手である家族に与えられるのと同じ質の社会保険の資格が与えられるかに関わります。

ワイゼンフェルド家の生活状況のうち、主に4つの事実が特に注目すべき点です。死亡した被保険者であるポーラ・ワイゼンフェルドは、亡くなる直前までの7年間、常に有給で雇用されていました。

この間一貫して、彼女の給与から最大限の積立金が控除され、社会保障に支払われていました。

ポーラがスティーブンと結婚している間、2人とも雇用されていました。

どちらも就学しておらず、ポーラが家族の主たる稼ぎ手でした。

ポーラは、1972年に息子のジェイソン・ポールを出産する際に、子供の父親であるスティーブンを残して死亡し、スティーブンは、ジェイソンを養育する唯一の責任を負うことになります。

ポーラの死の直後から8カ月間と、その後7カ月間を除くすべての期間において、スティーブンは、十分な賃金を得られる仕事に就いていませんでした。

その代わりに、彼は幼いジェイソンの養育に専念していました。

争点は、社会保障法の児童扶養手当条項である合衆国法典第42編402条(g)によって引かれた、性に基づく線引きの合憲性です。

連邦議会は、1939年に社会保障を労働者のみを被保険者とする制度から家族単位で保険対象とする制度に変更する際に、その一部として、この子供の養育のための保険を制定しました。

402条(g)の固有の目的は、合衆国法典第42編402条(d)に定められた児童手当を補完することによって、死亡した被保険労働者の家族を保護することでした。

死亡した被保険労働者が男性の場合、その家族は、402条(d)に基づく児童手当と402条(g)に基づく児童扶養手当によって、完全な保護を与えられます。

しかし、死亡した労働者が女性の場合、家族の保護は半分に減少します。

この事件のように、たとえ死亡した母親が家族の主たる稼ぎ手であったとしても、被保険労働者が女性の場合、その遺族に対する児童扶養手当は完全に否定されます。

この完全な否定は、それ自体性に基づくものですが、女性労働者、遺族となった配偶者、そしてその子供に不利益に作用します。

それにより、女性労働者は、社会保険の家族保障の範囲について、男性労働者に与えられるのと同じ質の保障を否定されます。

それにより、女性労働者の遺族となった配偶者は、男性労働者の遺族となった配偶者には与えられる、自分の子供を直接に養育する機会を否定されます。それにより、母親のいない子供は、父親のいない子供には与えられる、親による養育の機会を否定されます。

この三重の差別は、ポーラ、スティーブン、ジェイソンに対して、修正5条により連邦法に関して彼らに保障された法の平等な保護を受ける憲法上の権利を侵害している、というのが被上訴人（スティーブン・ワイゼンフェルド）の立場です。

立法による性に基づく線引きに対して、司法府がどの程度の配慮をもって評価しなければならないかは、現在広がっている不確かな問題です。

最近、コロンビア特別区連邦高裁は、1974年11月20日に下されたウォルディー対シュレジンジャー判決［1］において、判例はなお発展中であり、存在する連邦最高裁の判決が下級審によって様々に解釈されていると述べています。

上訴人（保健・教育・福祉長官）は、上告趣意書において、ワイゼンフェルド家に対して不利益に作用する明らかな性差別に何らかの合理性が考えられるならば、それで十分であると主張しています。

確かに、連邦最高裁は、リード対リード判決〔2〕において、立法目的――その事件で問題となったのは、遺言の検認を行う裁判所の業務量の軽減です――は正当性に欠けるものではないことを認めました。それでも、連邦最高裁は、性それ自体に基づいて異なる取扱いがなされていることに照らして、同様の状況にある男女が同様に扱われるように、立法目的とその手段の間により実質的な関連性を要求しました。

さらに、連邦最高裁は、フロンティエロ対リチャードソン判決〔3〕での8対1の判断で、軍隊に所属する既婚の男性と女性に同じ付加給付を要求し、性に基づく区別について、現代世界への視野を持ちつつ、おおざっぱで古風で過度な一般化に警戒しながら分析することが重要であることを示しました。

本件と同様に、フロンティエロ事件の基礎にあるのは、妻は通常依存的で、夫はそうではないという想定です。

それゆえ、本件の法制度は、フロンティエロ事件のように、1つのタイプの家族をもう1つのタイプの家族よりも優遇するものであり、そして両方の事件において区別の根拠となっているのは、優遇された家族では、夫が雇用されていることが問題の手当を呼び込んでいるということです。

稼ぎ手が男性である場合、家族はより多くのものを得ることができる一方で、稼ぎ手が女性である場合、家族はより少ないものしか得ることができないのです。

カーン対シェビン判決〔4〕とシュレジンジャー対バラード判決〔5〕は、直近の連邦最高裁の考え方を示したものですが、少なくとも差別の擁護者が保護的または救済的なラベルで議論を提示する場合には、緩やかなまたはいい加減な審査基準を再確立したものと一部からは見られています。

カーン判決はフロリダ州における寡婦に対する15ドルの固定資産税の控除を認めました。

この判決は、州の税制、家族関係、ゾーニング、州内における不動産の処分のような地域的な問題に関する領域での州の政策に対する連邦最高裁の一貫した敬譲〔i〕を反映しています。

それとは対照的に、ここでは、地域的な問題ではなく、全国的な労働者の保険が問題となっています。シュレジンジャー対バラード判決において、連邦最高裁が指摘した男女の異なる取扱いは、フロンティエロ判決や本件で問題となっているような古めかしい過度な一般化を反映したものではありませんでした。

さらに、バラード大尉（男性）に有利な判断を行うことは、ある種の皮肉になっていたかもしれません。

今日まで、軍隊で職を得ようとする女性は、連邦の法律や規制によって、男性には開かれている入隊訓練や昇進の機会を阻まれてきました。

バラード判決の多数意見は、連邦法が女性軍人に訓練と昇進の機会を否定するという不平等な取扱いを命じながら——これはバラード大尉によって争われていない女性拒否ですが——、昇進と身分保障の問題について、先行する女性差別を無視するのは不整合であると考えたのです。

おそらくもっとも重要なことは、カーン判決とバラード判決のケースは、一定の女性に与えられる差別的不利益が両刃の剣、つまり主婦と母親になることを選ばず、それと同時に仕事中心の世界に完全かつ平等な個人として参加することを選んだ女性を直接攻撃する武器であると容易には言えない数少ない状況だということです。

しかし、本件ほど、同じ状況にある人に対して露骨に性だけに基づく異なる取扱いがなされ、それが両刃の剣となっていることが明らかなケースはありません。

実際に主たる稼ぎ手だったポーラは、彼女の長年の仕事が家族にとって二次的な価値しかないかのように扱われています。

実際上の育ての親であるスティーブンは、その役割を果たしていないかのように扱われています。そして、ジェイソンは、母親はいませんが、自ら養育ができてその意欲のある父親がいるのに、その唯一残された親による直接の監護を受ける資格がないかのように扱われています。

線引きは絶対的なものであり、フロンティエロ判決やスタンリー対イリノイ州判決〔6〕のケースのように、それが単に一方の性別にとって他方よりも面倒な審査であるというだけではありません。

そして、ここでの女性の締め出しは、女性と対立する男性が女性よりも被相続人との関係が弱い場合には女性が遺言執行者になることができたリード判決のケースよりもさらに徹底したものです。

本件は、連邦最高裁判所によってこれまで審理された他のどのケースにも増して、女性の救済策とし

i…敬譲とは、司法審査を行う裁判所が、立法府または行政府の判断を尊重し、厳格な審査を行わないことを意味する。

て擁護され、法律に裏づけられた性別役割の決めつけに対して、慎重な司法的評価が決定的に重要であることを示しています。

いい加減な審査でない限りは、いかなる程度の審査によっても、自動的にかつ反証の余地なく夫を主たる稼ぎ手と位置づける402条(g)の確定的な推定は、ブレナン裁判官がフロンティエロ判決で確認した類型を示すものです。このような性質をもつ法の実際上の効果は、女性を台の上に載せるのではなく、女性を鳥かごの中に閉じ込めるものなのです。

それは、労働力における女性の劣位な立場を救済するのではなく、強化するものです。

上訴人は、女性が男性と同程度に稼ぐことはないと指摘し、402条(g)は女性に対する過去と現在の経済的差別を是正することでこの状況に対応するものであると主張します。

1939年法を救済的な正当化理由で覆い隠そうとするこの試みは、伝統的な性別に基づく想定に起源をもち、それを強化しようとするものであって、強い疑いを向けられるべきです。

実際に連邦議会は、男性が主たる稼ぎ手であり世帯主である一方、女性と子供は男性に依存しているという見方をしてきました。

被保険男性労働者とその妻、子供からなる家族への連邦議会の注目は、女性労働者に対して更なる不利益を積み重ねる制度に現れています。

その制度は、女性に対する経済的差別を是正するどころか、女性の有給雇用がその家族にもたらす価値を軽視し、女性労働者を著しく差別するものです。

そして、それは法が厳格な中立性を維持しなければならない領域における私的な決定を侵害するものです。というのは、連邦法が夫の有給雇用に基づいて家族手当を支給する一方で、妻の有給雇用に基づく家族手当を完全に禁止する場合、その影響は、2つの前提、つまり第1に手当を含む労働対価は男性の特権であるという前提、第2に子供の養育のために男性ではなく女性が就労期間を減らすことが適切であるとの前提を強調することによって、男性と女性との間の伝統的な労働区分を奨励するものだからです。

上訴人は、別の機会では、402条(g)のような性による線引きが持つ有害な影響について、女性の経済的進出に対する人為的な障壁や障害を打破しようと誠実に決定したすべての政府機関と同様に、正確かつ的確に見抜いていました。

上訴人は、雇用主の付加給付と年金制度については、402条(g)のように夫が世帯主または主たる稼ぎ手であると仮定してはならないと説明しているのです。

この性別による線引きについて、雇用主の年金制度に現れた場合には女性に対する差別だと非難する一方で、それが労働者の社会保険に現れた場合には、そのような差別を是正するものだと主張するのは、明らかに不合理です。

ステュワート裁判官　あなたは、上訴人は一貫性のない立場をとっていると言っている。

私は、彼は……それはまったく彼の考えではないと思いますが……

ギンズバーグ　彼は……

ステュワート裁判官　……私的な年金制度として公布したが、連邦法についての自らの理解を公表したということですか？

ギンズバーグ　彼は、一貫性のない議会の要求を実行しました。１９７２年の教育修正第６編に基づいて彼が発したガイドラインは……

ステュワート裁判官　そう。

ギンズバーグ　……連邦政府による助成金の受領者がこの種の区別を行うことを禁じています。要するに、経済分野において女性が被っている差別を生み出す主たる要因は、いまや機能的に正当化根拠のない、女性と子供、働いている男性を一組にするという広く行き渡っている態度なのです。

この態度は、４０２条(g)のような類の法、すなわち、女性に対して彼女の雇用が男性の雇用よりも価値の劣るものであり、家族にとってより少ない助けにしかならないと伝える法によって支えられ、強化されています。

きっと、ポーラは、被保険者が男性である家族には与えられる利益が、彼女の家族には女性への補償という口実によって拒否されるこの試みを理解しがたいものと考えるでしょう。

上訴人は、本件での差別を正当化するに際して、なぜ完全な被保険労働者の遺児であるジェイソンが、亡くなった稼ぎ手の親が男性である場合にのみ、唯一残された親による養育を受けることができるのか説明しようとすらしていません。

上訴人は、女性労働者に児童扶養手当を付与するには財政上考慮すべき問題を伴うことになるだろうと主張しています。

しかし、その総計は、先ほど示されたものよりもかなり少ないのです。

彼は、添付資料の16頁において、この手当の支給に係るコストが課税対象給与の0・01パーセントであると試算しており、その他の違いは当裁判所には今のところ提示されていません。

それと同時に彼が主張しているのは……

ステュワート裁判官　ギンズバーグさん、あなたは、添付資料の15頁の上にある小さな表に詳しいですか?

ギンズバーグ　はい。

ステュワート裁判官　これらのうち、我々が話しているのはどれなのか教えてもらえますか?

ギンズバーグ　我々が話しているのは……

スチュワート裁判官　何番？　3番ですか？

ギンズバーグ　我々が話しているのは3番です、そうです。
影響を受ける人数は1万5000人で、試算される手当は……

スチュワート裁判官　2000万ドル。

ギンズバーグ　2000万ドル、そうです。それが、我々がこのケースで話題にしている唯一のものです。

スチュワート裁判官　それから、ええと……

ギンズバーグ　確かに、幾分一貫性のない主張がなされています。それは、上訴人によれば妻を亡くした父親の大半は、スティーブンとは異なり、子供の養育には専念せず有給の雇用に専念するため、結局、児童扶養手当の受給資格を満たさないという主張です。
予算上の考慮事項は……

ステュワート裁判官　子供は何歳未満でなければならないのですか？　18歳未満？

ギンズバーグ　はい。

子供は法律のもとで児童扶養手当の資格のある子供でなければなりません。

ステュワート裁判官　それは、特に18歳未満であることを意味するのですか？

ギンズバーグ　はい。

本件では、有害な差別を正当化するための予算上の考慮も、比較的大きなコスト削減が関わっていたケースと同様に、きっとうまくいかないでしょう。たとえば、原審の連邦地裁判決を簡単に覆したニュージャージー州福祉権団体対ケーヒル判決〔7〕です。

バーガー長官　子供に関する手当について、18歳未満が21歳や24歳、あるいはその他の年齢による線引きと区別される正当化根拠は何ですか？

ギンズバーグ　なぜ年齢による線引きがなされているかは分かりません。しかし、社会保障法によるすべての手当の目的のためにそうなっています。もし子供が18歳になった後も学校に通っているなら、区別がなされていると思います。しかし、その点については確信がありません。

バーガー長官　しかし、そのような子供にはベビーシッターは必要ではない……

ギンズバーグ　はい、確かに必要とはしていません。

バーガー長官　12歳、14歳、16歳、18歳の者については、必要ですか？

ギンズバーグ　はい、そうです。

連邦議会がその点に関する裁量権を逸脱したかは、ここでの問題ではありません。ジェイソンのような幼児が親の直接の養育により利益を得られる可能性があると判断した際に、明らかに連邦議会は行き過ぎた判断をしていません。

バーガー長官　それでは、被上訴人の主張の理由づけがこの年齢要素に多少とも依拠している可能性はありますか？

ギンズバーグ　理由づけは……

バーガー長官　正当化根拠は？

もし主張の正当化根拠が十分でなければ、その点は入ってきますか？

ギンズバーグ　おそらく、最も必要性が高いのは、非常に幼い子供、就学前の子供です。そして多くのケースにおいて、男女問わず、配偶者を亡くした親は、いまの法律が示しているように、子供が就学前年齢や学齢期を超えた場合、この手当を利用できなくなります。

記憶にとどめておいていただきたいのは、この手当は、何があろうとも自動的に支給されるものではないということです。所得制限があります。

2400ドルを超える所得がある場合、2ドル稼ぐごとに手当は1ドル削減されます。そのため、この手当を受け取る親は、子供を養育するという役割を果たさなければなりません。

バーガー長官　19歳の者が何らかの平等保護違反の主張をしない限り、我々はその問題には直面していないと仮定しましょう。

ギンズバーグ　はい。現在、18歳は選挙権年齢であり、それはおそらく起こりそうにないと思います。

しかし、いずれにしても、ここでのコスト分析をニュージャージー州福祉権団体判決と比較した場合、そのケースは、完全に州が支出する低収入労働者の家族への援助に関わっていました。

連邦最高裁は、そのプログラムのもとで両親が結婚している家族に手当を限定することは違憲であると宣言しました。

ニュージャージー州福祉権団体判決とは異なり、目下のケースは、州の家族法政策やその他の地域的考慮に基づく連邦政府の敬譲の問題を伴うものではありません。

そして、連邦の被雇用者保険におけるコスト削減の余地は、被保険者である被雇用者とその雇用者の積立金によってではなく、州の一般歳入によって賄われるプログラムとして完全に州の資金で運用される福祉プログラムよりも決して大きいものではありません。

予算上の方針は、行政上の便宜と同様に、同じ労働貢献度でありながら、2つのクラスの被保険者、つまり、家族が完全な保護を受ける男性労働者と、家族が縮減された保護を受ける女性労働者という2つのクラスを定める制度の公平かつ実質的な基礎とは決してなりえません。

結局、適切な救済は、下級審において正しく明示されています。

その判決は、本件での性による線引きが妻と母を失った夫と子供に対する修正5条違反の差別であると同時に、ポーラのような有給で雇用される女性に対する差別でもある点で違憲であると宣言しています。

その判決は、性別に基づく差別を行う限りにおいて、法律の執行を差し止めました。

ポーラに児童扶養手当を拡大することは、亡くなった労働者の家族を保護しようとする連邦議会の主たる目的と、残された唯一の親との緊密な関係を促進することで亡くなった労働者の子供の苦境を改善しようとする連邦議会の明示的な関心と間違いなく一致する方向性です。

男性労働者と女性労働者の不平等な取扱いは、明らかに連邦議会のプランの不可欠な部分ではありません。

現在手当を受給している母親から手当を奪うことは、被保険者の死亡による家族の損失を埋め合わせ、子供に対する親の養育を促進しようとする法律の主たる目的と衝突します。

この状況下においては、女性被保険者の生存配偶者、つまり、子供の養育に専念している父親に対して、手当を拡大することが唯一の適切な救済策です。

そうすることは、性に基づく差異を取り除く最近のすべての法案に見られる連邦議会の明示的な救済の傾向と調和し、農務省対モレノ判決[8]やニュージャージー州福祉権団体対ケーヒル判決、フロンティエロ対リチャードソン判決のような先例とも一致します。

積立金の総額以上に社会保障給付を受けている女性に関して、ごく簡潔にコメントしたいと思います。

この理由、その主要な理由は、もちろん女性が男性よりも長生きするということです。

ほとんどの手当は、定年を迎えた受給者に支払われますが、女性は65歳以上の人口の58パーセントを占めています。

女性の割合は年齢が上昇するほど増加します。

女性は、65歳の54・5パーセント、75歳の58・5パーセント、80歳の64・5パーセントです。しかし、ここでの決定的なポイントは、高齢者に対する支給は、個人の寿命に基づくものであって、個人の性別に基づくものではないという点です。

したがって、仮に男性が100歳まで生きた場合、彼は手当を受け続けることになります。「ああ、とても残念なことに、君はもう少し早く死ぬべきだった。女性だけがそれだけの長期間、支払いを受けることができるからね」とは言われません。

要するに、被上訴人は、下級審の判断が維持され、それにより、この国の基本法のもとでは、女性労働者に対する国の社会保障が彼女の家族にとって男性労働者の社会保障に比べて決して重要性が低いわけではないことを確立するよう謹んで求めています。

バーガー長官　ギンズバーグさん、ありがとう。

原註

1…Waldie v. Schlesinger, 509 F.2d 508 (C.A.D.C. 1974). この判決では、空軍士官学校と海軍兵学校からの女性排除が平等保護に違反するかが争われたが、コロンビア特別区連邦高裁は、本案について完全な審理を行うように指示して原審の連邦地裁に差し戻した。その際、判決を執筆したジェイムズ・スケリー・ライト裁判官は、性に基づく区別に対して適用される適切な審査のレベルに関して、下級審が混乱していることに言及している。判決後、連邦議会は、女性に両学校への門戸を開く法案を可決し、フォード大統領がこれに署名したため、このケースはムートとなった。

2…Reed v. Reed, 404 U.S. 71 (1971). 相続財産を管理する権利を主張する多数の人々の中で、「男性が女性よりも優先されなければならない」と規定したアイダホ州法を違憲とした。

3…Frontiero v. Richardson, 411 U.S. 677 (1973). 女性軍人の男性配偶者に対して男性軍人の女性配偶者よりも少額の扶養手当を付与する連邦法を違憲とした。

4…Kahn v. Shevin, 416 U.S. 351 (1974). 寡婦に対するフロリダ州の固定資産税控除が平等保護に違反しないとした。

5…Schlesinger v. Ballard, 419 U.S. 498 (1975). 海軍では女性に昇進の機会が十分に与えられていないという根拠に基づいて、女性に対して男性よりも長く昇進可能期間を認める海軍の方針を合憲とした。

6…Stanley v. Illinois, 405 U.S. 645 (1972). 未婚の父親には母親の死亡後に自身の子供を養育する適性について聴聞の機会を認めない一方で、未婚の母親と、婚姻中に生まれた子供の父親で結婚または離婚している者にはそのような機会を与える州の制度を違憲とした。

7…New Jersey Welfare Rights Organization v. Cahill, 411 U.S. 619 (1973). 婚内子に与えられる手当を婚外子には事実上否定する州のプログラムを平等保護に違反するとした。

8…U.S. Department of Agriculture v. Moreno, 413 U.S. 528 (1973). 世帯の他の構成員と血縁関係にない者が含まれている世帯にはフードスタンプの受給資格を認めない連邦法を違憲とした。

COLUMN 04

ギンズバーグと教育活動・団体活動

ルース・ベイダー・ギンズバーグは1959年にコロンビア・ロースクールを卒業後、連邦地方裁判所裁判官のロークラーク、コロンビア・ロースクール国際民事訴訟プロジェクトの研究員と副主任を経て、1963年にラトガーズ・ロースクールの2人目の女性教員(助教)として赴任する。同ロースクールでは、こうした経歴に基づいて、当初、救済法、民事訴訟法、スウェーデンの民事訴訟法との比較セミナーを担当しており、この間に公表された論文も民事訴訟手続に関わるものであった。ギンズバーグが教育・研究の焦点を女性の権利に合わせていくのは、「女性の権利——性差別と法」の授業を開始した1970年以降である。この授業は、人種差別解消の進展に触発された女子学生たちの要望に応えて開始されたものだったが、この大きな方向転換には、モーリッツ事件への関与はもちろん、自身が受けた就職活動や採用時の給与面での差別体験、スウェーデンに関する研究経験なども影響していると見られている。同ロースクール在職時にアメリカ自由人権協会(ACLU)との関わりも持つようになり、旧知であったACLUの法務部長メルビン・ウルフに働きかけ、モーリッツ事件の連邦高裁への控訴に際してACLUの支援を取り付けたほか、リード事件の連邦最高裁への上告趣意書を1971年に彼と共同執筆している。

1972年にギンズバーグは母校コロンビア・ロースクールの最初の終身在職権付き女性教授となり、1980年の退職まで、民事訴訟法や憲法などに加え、毎年「女性の権利――性差別と法」の授業を行った。1974年には、ケネス・デビッドソンとヘルマ・ヒル・ケイとの共著で、アメリカで初となる『性差別ケースブック』を発行している。その際、編集者は、営業上どちらかの女性を著者の最初に記載することを提案したが、ギンズバーグはいずれの女性にも男性に対する優先権が与えられるべきではないとして断固拒否し、アルファベット順の記載になったという逸話が残っている。

ギンズバーグはコロンビア・ロースクールへの赴任後、アメリカロースクール協会やアメリカ法律協会などの団体で次々と要職を務めることになるが、この時期の最も重要な団体活動は、1972年に共同設立したACLUの「女性の権利プロジェクト」である。このプロジェクトは、公衆の啓蒙、法改正、訴訟提起の3つをミッションとしていたが、ギンズバーグは、プロジェクトディレクターやACLUの法務顧問として、フロンティエロ判決やワイゼンフェルド判決をはじめ、性差別を争う多くの訴訟に関わることになる。この活動が彼女自身のその後のキャリアだけでなく、アメリカにおける性差別是正の基礎を築くことになる。（青野篤）

第3章

連邦最高裁裁判官として

Associate Justice,
Supreme Court of the United States

本章に収めた資料は、ルース・ベイダー・ギンズバーグが連邦最高裁裁判官に就任した際の承認手続の議事録、および彼女が連邦最高裁裁判官として残した功績から集めたものである。この章は、ギンズバーグの友人であり、長年にわたる共同執筆者でもあった当時のカリフォルニア大学バークレー校法学部長ヘルマ・ヒル・ケイの証言から始まる。この証言は、1993年に行われたギンズバーグの指名承認手続の際に上院司法委員会の席上でなされた。ケイは、学者として、そして弁護士としてのギンズバーグの卓越した経歴を語り、「ルース・ベイダー・ギンズバーグの名を挙げることで、大統領はこの国のために、正義の名にふさわしい人物を示しました」と証言した。

次に、ギンズバーグが連邦最高裁の任期中に記した意見のうち、彼女のお気に入りの4つを選りすぐって収録した。法廷を代表して判決を下した1996年の合衆国対バージニア州判決（VMI事件）、そして、反対意見を執筆したレッドベター対グッドイヤー・タイヤ&ラバー会社判決（2007年）、シェルビー郡対ホルダー判決（2013年）、バーウェル対ホビーロビー・ストア判決（2014年）である。

第1章に再録したヘルマ・ヒル・ケイ記念講演の対談の中で、ギンズバーグはお気に入りの意見を挙げることを渋っていた。「それは、4人の孫、2人の義理の孫、1人のひ孫について、誰が一番好きかを尋ねるようなものです」と。そう言いながらも、彼女は、VMI判決とレッドベター判決の意見について語ってくれた。ここでは、27

年間にわたる連邦最高裁での務めの間に記した、もう2つの反対意見を付け加えている。連邦最高裁がこれら4つの事件に判決を下した際に、ギンズバーグが法廷で読み上げた声明も収録している。反対意見に回った裁判官が裁判官席で自らの意見の概要を読み上げることは稀であり、これらの事件でギンズバーグがそうしようと決めたことは大きな意味を持つ。それは、彼女が、多数意見を執筆した同僚たちを、単に誤っているのではなく、まさにシェルビー郡判決の反対意見で書いたように、「甚だしく誤っている」と考えていたことを明らかにするからだ。ギンズバーグは、かつて、あるインタビューで自らの反対意見について尋ねられたとき、「生きているうちに、それらが実現するのを目にすることがないとしても、私は希望を持ち続けます」と語った。

ルース・ベイダー・ギンズバーグの連邦最高裁裁判官への指名について

上院司法委員会公聴会（第103議会第1会期）
1993年7月
ヘルマ・ヒル・ケイによる声明文

上院司法委員会委員員バイデン議員、クリントン大統領がルース・ベイダー・ギンズバーグ裁判官を連邦最高裁に任命するにあたって、必要とされる助言を上院が行うように準備を進める中で［i］、貴兄のご高配により私がこの場に立つことができたことに感謝いたします。

ギンズバーグ裁判官を選んだクリントン大統領のご判断は、賢明かつ傑出したもので、非の打ち所のない実践的なものです。大統領はギンズバーグ裁判官を、憲法に関する学識者として見出しました。その学識者は、傑出した実績があるにもかかわらず性別のみを理由に排除されることがいかなる意味を持つのかを、自らの経験から知る者です。1970年代の初め、彼女はその経験を、そして、彼女の完璧な論理を、連邦最高裁の法廷で示しました。そう、彼女が今まさにその座に着こうとしている連邦最高裁の法廷においてです。来る訴訟においても、また次の訴訟においても、彼女は、法によって女性または男性に既存の役割を割り当てることは、どちらの性に対しても制約を課すものであり、平等保護条項によって禁止されていると力説しました。それは、20年後の現在においては、多くの人が当たり前だと考えていることです。しかし、州の最高裁は、彼女がそう弁護するまで、その点を理解できずにいました。それどころか、性に基づいて法律上区別することは、合憲性の審査をパスする合理的な分類であると信じきっていたのです。

当時連邦最高裁に座していた9人の男性に、性に基づく区別の不合理さを理解させるべくルース・ベイダー・ギンズバーグがとった書面および口頭での弁護戦略は、辛抱強く指導することでした。彼女は、法が男性と女性を不平等に取り扱っていることが明らかであって、結果として平等保護条項をより広く解釈することの必要性が明確に立証され、容易に受け入れられる事件を選びました。その結果、彼女が手がけた事件は、今日では憲法の古典となっています。母親も父親と同じように亡くなった子の不動産を適切に管理することができるとした1971年のリード対リード判決。男性兵士の給料に扶養家族たる妻がいることによって上乗せされている付加給付を、扶養家族たる夫がいる空軍の女性兵士の給与にも同様に上乗せしなくてはならないとした1973年のフロンティエロ対リチャードソン判決。妻の死

i…大統領は上院の助言と承認を得て連邦最高裁裁判官を任命する（憲法2条2節2項）。大統領が候補者として指名した者に対して上院司法委員会で公聴会が開かれ、その後、委員会採決を経て上院での採決が行われる。ギンズバーグの公聴会は1993年7月20日から23日にかけて行われ、そこでの合意を経て、同年8月3日に上院で可決された。賛成96、反対3、棄権1。

後、遺された夫が幼児である息子を養育するにあたり、夫に先立たれた妻が得ることのできる児童扶養手当と同じだけの手当を得る資格を有するとした1975年のワインバーガー対ワイゼンフェルド判決。そして、夫が死亡した際に妻が受け取ることのできる遺族給付を、妻に先立たれた夫もまた、死亡した妻が稼得していた所得について受け取ることができるとした1977年のカリファノ対ゴールドファーブ事件です。

これらの事件でギンズバーグは弁護士として陳述し、連邦最高裁が法の平等保護についての新たな理解を作り上げるのを後押ししました。この国の女性たちに新たな機会の扉を開いたのは、連邦最高裁の口頭弁論の場でルース・ベイダー・ギンズバーグが発した、まさにその声でした。彼女は、法の先例を作る最前線にいました。彼女に続く弁護士たちは、繰り返しその先例を使い、今や多くの集団を守っている反差別の力強い殿堂を作り上げました。彼女は、連邦最高裁の座に着く以前から、合衆国憲法の上に消えない足跡を残していたのです。

本日、私がここでスピーチしているのは、ギンズバーグ裁判官の業績についての専門的評論家としてだけでなく、彼女の共同執筆者であり友人としてでもあります。私は、1974年に出版された『性差別ケースブック』で、彼女と一緒に仕事をするという僥倖に恵まれました。この国で初めて常勤の女性教授となった最初の20人の中に、彼女と私はいたのです。私たちは、アメリカ法律協会の評議会で、ともに働き続けています。こうした見地から、私は彼女こそが勇気ある知識人であり、望みうる限り最も信念を持ち、同僚・友人に対して誠実な人物であると述べることができます。彼女の要求水準は厳しいものです。彼女は最も正確な仕事をし、他人にも同じことを求めます。この承認手続を通じて国中に示されたように、彼女は、深く考え、慎重に言葉を選びます。しかし私は、彼女の理性が卓越しているのと同じく、彼女の思いやりもまた深いものだと言うことができます。ルース・ベイダー・ギンズバーグの名を挙げることで、大統領はこの国のために、正義の名にふさわしい人物を示しました。連邦最高裁への彼女の指名について熱狂的な合意を与えるべきだと上院に提案するよう、私はこの委員会に強く求めます。

合衆国対バージニア州判決（1996年）

合衆国対バージニア州判決において、連邦最高裁は、女性の志願者を排除するバージニア軍事学校（VMI）の入学受け入れ方針が修正14条の平等保護条項に反するという訴えに向き合うことになった。1839年の創立以来、VMIは、市民生活と軍務とにおいてリーダーシップを発揮する準備のできた〝市民兵士〟を養成することを使命としている。合衆国政府がバージニア州をその排他的な入学受け入れ方針ゆえに訴えたとき、州は女性のために、VMIに相当するプログラム、つまり、同じく〝市民兵士〟を養成するという使命を掲げるバージニア女性リーダー校（VWIL）を作ることで抵抗しようとした。

法廷を代表して意見を述べるにあたり、ギンズバーグ裁判官は、この事件によって連邦最高裁は「バージニア州が、意思と能力を有する女性に対しVMIが提供する独自の訓練やそれに付随する諸々の機会を合憲的に与えないことができるか」を決することを求められた、としている。入学受け入れ方針が憲法上問題であるとしつつ、ギンズバーグ裁判官は、ミシシッピ州立女子大学対ホーガン判決（1982年）で連邦最高裁が示した基準を援用し、バージニア州はその排他的な方針を「極めて説得的に正当化する」ことに失敗したと結論づけた。その上で、彼女の意見は、バージニア州が提案している女子士官候補生のための新しい組織は、VMIの独特かつ名高いプログラムと同じ機会または利益を提供するものとはなりえない、としている。最後に、ギンズバーグは、「VMIの士官候補生に求められるあらゆる活動を行う能力のある女性が入学することによって、〝より完全な国家〟のために奉仕するというVMIの地位は高まりこそすれ、それが破壊されると信じることには、何の根拠もない」と喝破した。

ウィリアム・レーンキスト長官は、彼女の法廷意見に署名はしなかったが、法廷意見に賛成する意見を書いた。そのため、アントニン・スカリア裁判官だけが反対意見に回った。スカリア裁判官によれば、連邦最高裁は、自らの初期の先例が支持していたものを超えて、性に基づく区分に適用される審査基準を作り上げたとされる。そして彼は、「構成員全員が男性であること」が「VMIの本質的な特徴」であると信じていた。彼の反対意見に対するギンズバーグ裁判官の応答は、彼女の法廷意見の中に見て取れる。

連邦最高裁がVMI判決を下したその日に、ギンズバーグ裁判官が、自らの法廷意見に付随するものとして法廷で読み上げた声明は以下の通りである。

合衆国対バージニア州判決　法廷で読み上げられた声明

連邦最高裁判所
1996年6月26日

本件は、他に類のない士官学校であるバージニア軍事学校（VMI）に関するものである。同校は、バージニア州の公的な高等教育機関の中で、唯一の男子校である。1839年の創立以来、VMIは州と連邦の文民・軍人両方の指導者を養成してきた。リーダー訓練場のような同校の独自プログラムおよびその比類なき実績ゆえに、同校への入学のみちを模索する女性たちもいる。合衆国は、VMIの士官候補生に求められるあらゆる活動を行う能力を持った女性たちを代表して、1990年にこの訴訟を起こした[i]。合衆国憲法修正14条の平等保護条項の下では、他のバージニア州の学校では提供しえない、VMIのみが提供している教育機会を、州が男性に限って与えることはできないと合衆国は主張している。

本件の争いは長きにわたった。第1ラウンドにおいて、連邦地裁は、男子校たるVMIは多様な教育プログラムを提供するというバージニア州の政策に仕えるものだとして、合衆国の訴えをしりぞけた。

第4巡回区連邦高裁はこの判決を覆し、「1つの性を優遇する」ことを志向する多様性政策は平等保護とは言えないと結論づけた。

第2ラウンドでは、連邦下級審はバージニア州が提案した救済方法を検討し、それを満足なものと判断した。その救済方法とは、私立女子大学であるメアリー・ボールドウィン大学内に、バージニア女性リーダー校（VWIL）という女性のためのプログラムを設けることだ。第4巡回区連邦高裁いわく、VWILの学位は、VMIの学位の持つ歴史的な重みや名声をもたらすものではなく、2つのプログラムはその方法論において明らかに異なっている。VMIのそれは厳格な〝対立型〟であり、VWILのそれは〝協調型〟である。しかし、総合的にみて、連邦下級審はいずれも、両校が平等保護の要請を満たす程度には「十分に同等」だと結論づけた。

我々はこの決定を覆す。その主たる理由は、合衆国の訴えの本質であり、かつ、疑いようのない以下の事実である。すなわち、少なくとも幾人かの女性は、男性に課されるVMIの身体的基準を満たし、その士官候補生に要求されるすべての活動をこなす能力を有し、VWILの方法論よりもVMIの方法論を好み、そして、機会さえあればVMIの方法論による教育を受けることが可能であり、VMIに通

i…1964年に制定された「市民的権利に関する法律」（いわゆる市民権法）は、社会の様々な領域における差別を是正することを目的としており、その第4編は公立学校における差別撤廃について定める。同編の2000条(c)(6)によれば、公立学校に関する平等保護違反の申立てが子や親からあった場合に、司法長官は、それを受けて訴訟を起こすことができる。

うことを望むだろうということだ。

学生募集について、連邦地裁は、ＶＭＩは「入学者の少なくとも10パーセントの女性を獲得できた」と認定した。その数字は、連邦地裁いわく、「女子士官候補生に積極的な教育実践を提供するに十分な数」だ。仮に大部分の女性がＶＭＩの対立型メソッドを選ばないとしても、男性の多くもまた、ＶＭＩで教育を受けることを望まないかもしれない。しかしながら、我々の目の前にあるのは、男性または女性にＶＭＩへの入学を強いるべきかどうかという問題ではない。問われているのは、バージニア州が、意思と能力を有する女性に対しＶＭＩが提供する独自の訓練やそれに付随する諸々の機会を合憲的に与えないことができるか、である。その訓練や諸々の機会は、ＶＷＩＬでは提供されないものだ。

この問題に答えるために、我々は物差し――法律家が違憲審査基準と呼ぶものを持たねばならない。一言で表すならば、先例によって確立された基準は以下のものである。すなわち、性に基づいてなされる政府の行為を擁護しようとするなら、その行為を「極めて説得的に正当化する」必要がある。その正当化のためには、当該法における性による線引きを擁護しようとする側が、「少なくとも、問題となっている区分が重要な政府目的に仕えるものであること、および、用いられた差別的な手段が、その目的の達成に実質的に関連していること」を示さねばならない。性に基づく区分について適用される審査基準は、性を区分の指標とすることを禁ずるものではない。それは単に、女性が女性であるという理由のみに基づいて、彼女らがなしうることをしたいと望み、達成し、参加し、それによって社会に貢献する平等な機会を女性に与えない法や公的政策を、平等保護条項と相容れないものであり無効であると推定するものにすぎない。

この厳格な基準のもとで、平均像を外れた才能や能力を有する女性から機会を奪おうとするのならば、過度に一般化し、典型的な男性または女性の〝傾向〟をはかり、大部分の女性（または男性）のありようを見積もったものに依拠するだけでは足りない。14年前、ミシシッピ州立女子大学対ホーガン判決において当裁判所が述べたように、州とその関係者〔ii〕は、「男性および女性の役割と能力についての固定観念」に基づいて門戸を閉ざしてはならない。

是正命令は、憲法違反をただすものでなくてはならない。本件が問題とするのは、男性に提供される非凡な教育／リーダーシップ開発の機会から女性をカテゴリカルに排除すること、である。この違反を是正し、真に平等を保護するためには、VMIの教育を受けたいと望み、かつ、それにふさわしい女性には、少しも劣ることのないものを提供しなくてはならない。それゆえ、我々は、第4巡回区連邦高裁の判決を破棄し、本法廷意見に即して再審理すべく本件を差し戻す。

長官は、結果同意意見を書いた。スカリア裁判官は、反対意見を書いた。トーマス裁判官は本件の審議および判決に加わっていない。

ii…原文はstate actors。憲法は原則として州と連邦に適用されるが、人的・財政的関係によりそれと同視しうる者についてもその効力が及びうる。

合衆国対バージニア州判決　法廷意見

連邦最高裁判所

上訴人――合衆国
被上訴人―バージニア州、他
1996年1月17日　受理
1996年6月26日　判決
ギンズバーグ裁判官が法廷意見を執筆

上訴人――バージニア州、他
被上訴人―合衆国

バージニア州の公立高等教育機関には、他に類のない士官学校であるバージニア軍事学校（VMI）がある。合衆国は、憲法の定める平等保護の保障によれば、バージニア州はVMIの提供する独特な教育の機会を男性に限って与えることはできない、と主張する。我々はそれに賛成する。

I

1839年に創立されたVMIは、今日では、バージニア州の15の公立高等教育機関で唯一の男子校である。VMIの固有の使命は、〝市民兵士〟すなわち市民生活および軍務においてリーダーシップをとれる男性を養成することだ。VMIは、バージニア州では他で経験できない広範な訓練を通じて、この使命を追求している。人格形成を第1に、イギリスのパブリックスクールをモデルとし、かつては軍事組織の特徴だった〝対立型メソッド〟を用いている。VMIは、常に、士官候補生に肉体的・精神的な規律を叩き込み、彼らに強い道徳律を授けようと努めている。同校の卒業生は、脅迫と緊張とに対処する自らの能力を深く理解し、危険な道をやり抜くためのある種の嗜みを身につけて、VMIを巣立つ。

VMIは、リーダーの養成という使命において、特に成功を収めている。卒業生には軍の将校、連邦議会議員、私企業の重役が名を連ねる。同校の卒業生の圧倒的多数は、VMIで受けた訓練が彼らの目標を実現する助けになったと認めている。VMI基金も、卒業生たちの忠誠心を反映している。VMI

は、我が国のあらゆる公的な学部レベルの教育機関の中で、学生1人あたりの基金の額において最大を誇っている[iii]。

市民兵士の養成という目的も、VMIの方法論を遂行することも、女性にとって、本質的にふさわしくないわけではない。そして、リーダーの養成における同校の優れた業績は、幾人かの女性には入学したいと思わせるものである。それにもかかわらず、バージニア州は、VMIの教育を受けるという優位と機会を男性だけに与えることを選択してきている。

II

A

1839年に全国初の州立士官学校の1つとして創立されて以来、VMIはバージニア州による資金援助を受けており、バージニア州議会の管理統制の下にある。工学および産業化学を教える南部初の大学として(H・ワイズ『人を作る：VMI物語』1978年、13頁参照)、VMIは、かつては、バージニア州立学校に教員を送り出していた(すべての士官候補生はバージニア州立学校のいずれかで2年間教鞭をとることが求められていた)[1]。南北戦争によって同校の存立は脅かされたが、機転のきく校長が「VMIの技術的なノウハウを使って」バージニアの戦後復興を促進する「大きな可能性」を強調したことで、法律上の支援を回復した（同47頁）。

今日、ＶＭＩには士官候補生として約１３００人の男性が在籍している［2］。リベラルアーツ、科学および工学分野について、学問としてそこで提供されているものは、バージニア州の他の公立大学でも得ることができる。しかし、ＶＭＩの使命は特殊だ。同校の使命は以下の通り。すなわち、

市民生活上の様々な仕事を担う準備ができており、学びへの欲求、役割を果たすことへの自信、そしてリーダーとしての振る舞いを身につけ、公務に対する高い意識を持ち、アメリカの民主主義と自由経済システムを守り、国家の危機に際して市民兵士として祖国を守る準備のできた、教養ある尊敬すべき男性を養成すること。

（ＶＭＩ使命教育委員会報告書１９８６年5月16日より引用）

本件連邦地裁判決の述べる通り、「士官候補生に軍隊での役務を行う準備を施す」ための機関である連邦の軍事大学校とは対照的に、ＶＭＩのプログラムは「軍隊と市民生活の両方の準備をすることを志向

iii…アメリカの大学の年間予算には、学生からの授業料収入に加えて、大学資産の運用を担う大学基金からの分配金も組み込まれている。そのため、学生１人あたりの基金額は、大学の財務基盤を比較するための一般的な指標となっている。大学基金は、主に卒業生からの寄付金を原資としている。

して」おり「VMIの学生は約15パーセントしか軍役に就かない」。

VMIは、「対立型または不信型教育」を通じて〝市民兵士〟を養成する。対立型教育は「身体的過酷さ、精神的ストレス、絶対的な取扱いの平等、プライバシーの不在、仔細にわたる行動規制、望ましい価値の教化」によって特徴づけられる。ある学生長の証言によれば、対立型メソッドは「若い学生を分析し」、彼らに自らの「限界と可能性」を認識させ、自分が「怒りをもってどこまで行けるか、どれだけのストレスに耐えられるか、肉体的に疲れきったときに何ができるか」を知らしめるものである（いずれも連邦地裁判決中のN・ビッセル大佐の証言より引用）。

VMIの学生は、常に監視され、プライバシーが全くないスパルタ式の兵舎に居住する。彼らは制服を着用し、食堂でともに食事をとり、規則正しく訓練に参加する。入学してきた学生たちは、頻繁に、ラットライン［iv］にさらされる。それは「対立型の極端な形」であり、海兵隊のブートキャンプの厳しさに匹敵する。苦しめ罰することで、ラットラインは、新入生を、ともに苦しむ仲間たちと結びつける。そして、7カ月の経験をやり遂げた暁には、彼らを苦しめた上級生たちと結びつけるのだ。

VMIの「対立型」は、さらに、特権と責任を伴う階層的な「クラス制」や、上級生のメンターを新入生の「ラット」たちに割り当てる制度、そして「嘘をつかない、ごまかさない、盗まない、それらをなす者を許さない」と規定する「名誉コード」を厳格に強いるといった特徴を持つ。

とてつもなく困難だがやり甲斐のある軍事学校という名声、そして、「その卒業生が並外れて学校と密接な関係を持っている」ため、VMIを魅力的に感じる志願者もいる。「女性は、VMIの教育システムの利点を得るいかなる機会も与えられていない」（いずれも連邦地裁判決より引用）。

B

1990年、VMIに入学しようとした1人の女子高校生によって司法長官に提出された苦情申立てをきっかけに、合衆国は、男性のみを入学させる方針は修正14条の平等保護条項に反するとして、バージニア州およびVMIを訴えた[3]。訴訟の審理には6日間が費やされ、双方の専門家証人がずらりと並んだ。

連邦地裁によれば、VMIは訴訟に先立つ2年間で347人の女性から問い合わせを受けていたが、誰にも応じなかった。連邦地裁は、「少なくとも何人かの女性は、もし機会が与えられたなら入学を希望しただろう」とし、学生募集においてVMIは「入学者の少なくとも10パーセントの女性を獲得できた」と認定した。それは、「女子士官候補生に積極的な教育実践を提供するに十分な数」である。「一部の女性はVMIの学生に求められる個々の活動をすべてこなす能力がある」ことも認められた。そして、さらに、もし女性を入学させた場合、「VMIの予備役将校訓練課程の実践は、軍隊の観点からして、よりよい訓練プログラムになるだろう」という点で専門家の意見は一致した。「なぜなら、それは、男女混成の軍隊に対処する訓練を提供するからだ」

iv…VMIの伝統的行事。兵舎内でしばしば上級生に呼び止められ、指示や命令を受けるため、新入生は常に緊張して決まった順路を歩かねばならない。

しかし、連邦地裁はＶＭＩを支持する判決を下し、合衆国の主張した平等保護違反を否定した。連邦地裁は、ミシシッピ州立女子大学対ホーガン判決（１９８２年）が最も近い指針であると、正しく認識していた。この判決では、性別に基づく政府の行為を擁護しようとする当事者は、その区分を「極めて説得的に正当化」しなくてはならないという点を強調していた。そのため、問題となっている行為を擁護しようとする者は、「少なくとも、その区分が重要な政府目的に仕えるものであること、および、用いられた差別的な手段が、その目的の達成に実質的に関連していること」を示さねばならない。

連邦地裁は、「男性であれ女性であれ、一方の性のみの環境」でなされる教育には相当な利点がある、と判断した。ＶＭＩが男子校であることは、それ以外は共学を採用しているバージニア州の教育制度に多様性をもたらし、その多様性は「ＶＭＩの独特な指導メソッドによって強化される」、と。もし、男性のみを対象とする教育が政府の重要な目的とされるなら、連邦地裁が、その目的を達成する唯一の手段は「男子校たるＶＭＩから女性を排除すること」と結論づけたのは当然のことだ。

「女性は実際にＶＭＩのみで得られる独特な教育の機会を否定されている」と、連邦地裁は認めた。しかし、「もし女性が入学して、ＶＭＩの男子校という状態が失われると、学校の固有のメソッドが何らかの面で変化する可能性がある」。つまり、「個人のプライバシーを容認せざるをえなくなり」、「身体的な教育の要求水準を、少なくとも女性については、変えなくてはならないかもしれず」、対立型の環境は変更を余儀なくされるだろう。それゆえ、連邦地裁は、「十分な憲法上の正当化がなされた」として「ＶＭＩが男性のみを入学させる方針を続ける」ことを認めた。

第4巡回区連邦高裁はこれに異を唱え、連邦地裁の判決を破棄した。高裁は次のように判断した。「バージニア州は、公表されている多様化政策の下で、VMIの独特なプログラムを男性に提供し女性には提供しないという自らの決定を正当化しうる、いかなる州の方針も示していない」

VMIでなされる男子校という環境での教育を、「自治と多様性」を促進するという州の包括的かつ疑念の余地のない政策の一面であるかのようにうたうバージニア州の主張に、高裁は懐疑的だった。裁判所は、以下のように、バージニア州の負う反差別の責任を強調した。「大学が教員、職員および学生を性別、人種、民族的出自に関係なく扱うことは、極めて重要である」と『21世紀の大学に関するバージニア州委員会報告書』（1990年版）を引用し、「この声明は、記録の中に確認することができる、性に基づく区分についてバージニア州が自ら表明した唯一のものである」と、高裁は述べた。さらに、男性のみのVMIを正当化するために「多様性」を持ち出すことについて、「男子校という環境での教育から脱しようという公立大学の動きについてバージニア州は何の説明もしなかった」とした。要するに、「男子校たる教育機関を含む、多様な教育機会を提供することを目指す多様性政策は、一方の性を優遇する働きをすることにならざるをえない」。

両当事者は、「女性の中には、現在男性に用いられている身体的基準に適合する者もいる」ことについて同意しており、連邦高裁は、「市民兵士の養成という目的も、VMIの採用している方法論も、いずれも女性にとって本来的にふさわしくない」とすることには納得しなかった。しかし、連邦高裁は、「少なくとも、身体的訓練、プライバシーの不在、対立型アプローチというVMIのプログラムの3つの側面は、男女共学化により大いに影響を受けるだろう」という連邦地裁の判断を是認した。この事件を差し戻すにあたって、連邦高裁は、バージニア州に、第1審に戻って是正方法を選択する責任を課し、以下の選択肢を示唆した。VMIに女性を入学させること、VMIに相当する機関またはプログラムを設けること、または、州の資金援助を止めてVMIが私立大学として自らの方針を自由に追求できるようにすること、である。1993年5月、当裁判所は裁量上訴[v]を認めなかった。

C

第4巡回区連邦高裁の判決に応じて、バージニア州はVMIに相当する女性のためのプログラム、バージニア女性リーダー校(VWIL)を提案した。州の資金援助を受けた学部レベルの4年制プログラムを、私立の女子リベラルアーツ校[vi]であるメアリー・ボールドウィン大学内に設置し、最初は25人から30人の学生を受け入れる、というものである。VWILは〝市民兵士〟の養成というVMIの使命を共有しているが、メアリー・ボールドウィン大学で提供されるVWILのプログラムは、VMIとは、学問として提供されるもの、教育メソッド、財務資源において異なっている。

メアリー・ボールドウィン大学の入学者のSAT(大学進学適性試験)スコアの平均は、VMIの新入生のスコアよりも100点ほど低い。メアリー・ボールドウィン大学の教授陣は、「VMIと比べて博士号保持者が著しく少なく」、給与もかなり低い(メアリー・ボールドウィン大学学長ジェームズ・ロットの証言より引用)。VMIはリベラルアーツ、科学および工学の学位を出しているが、メアリー・ボールドウィン大学は、審理の時点では、文系の学士（教養）の学位しか出していなかった。工学の学位がほしいＶＷＩＬの学生は、２年間ミズーリ州セントルイスにあるワシントン大学に通えば取得が可能だが、公的な資金援助はなく、個人で授業料を支払うことになる。

ＶＷＩＬのプログラムの設計を担当するタスクフォースは、大学レベルの女子教育の専門家によって構成された。メンバーは、メアリー・ボールドウィン大学の教員と職員から選ばれた。タスクフォースは、「大部分の女性」にとって適切な教育メソッドに関心を向けたため、ＶＷＩＬにとって軍隊式は「全く不適切」だと判断した。

ＶＷＩＬの学生は、予備役将校訓練課程に参加し、新たに設置された、「主に儀式的な」バージニア士官候補生団［vii］となる。しかし、ＶＷＩＬの寮は軍隊式ではなく、学生に、揃って食事をとることや、授業日に制服を着ることを要求していない。ＶＭＩの対立型メソッドの代わりに、ＶＷＩＬのタスクフォースは、「自尊心を高める協調型メソッド」をよしとした。メアリー・ボールドウィン大学の提供する

v…アメリカでは、現在では、連邦最高裁が下級審から上訴された事件を審理する（上訴管轄）場合、上訴要件を満たしていれば必ず上訴が認められる（権利上訴）わけではなく、重要な連邦問題を含むと連邦最高裁が判断したもののみを審理する。このように、裁判所が上訴を受理するかどうかを裁量によって判断することができる仕組みを、サーシオレイライ（裁量上訴）と呼ぶ。

vi…大学院を持たない４年制大学で、幅広い教養を身につけることを目的とする。自然科学・社会科学・人文科学の広い領域をカバーすることが多い。

vii…ＶＭＩおよびバージニア工科大学の学生により構成される士官候補生団とは異なる。

一般的な文系の学士（教養）プログラムに加えて、ＶＷＩＬの学生は、リーダーシップ・コースを受講し、大学外でリーダーシップ・エクスターンシップを行い、社会奉仕プロジェクトに参加し、講演会のアレンジに参画する。

バージニア州は、ＶＷＩＬの学生とＶＭＩの学生に対して、平等な財政援助を行うと表明した。そして、ＶＭＩ基金は、ＶＷＩＬプログラムのために５４６万２５００ドルを提供することに合意した。メアリー・ボールドウィン大学自身の基金はおよそ１９００万ドルで、ＶＭＩ基金は1億３１００万ドルである。メアリー・ボールドウィン大学は、将来的には契約に基づいて、追加で３５００万ドルを得ることになっている。ＶＭＩは2億２０００万ドルを加える予定である。ＶＭＩの同窓会は、ＶＭＩの卒業生を雇いたいと考える雇用者らのネットワークを構築してきている。同窓会は、そのネットワークをＶＷＩＬの卒業生にも開放することに合意した。しかし、これらの卒業生は、ＶＭＩの学位によって得られる優位を得ることはできない。

Ｄ

バージニア州は、連邦地裁に戻り、自らの提案した是正計画を是認するよう求め、裁判所は、その計画が平等保護条項の要求に合致していると判断した。連邦地裁は再び、以下の判断を明確に支持するとした。すなわち、「ＶＭＩの方法論は、女性を教育するのに用いることができるし、実際に、幾人かの女性は、ＶＷＩＬの方法論よりもＶＭＩの方法論を好むかもしれない」。しかし、「支配的な法原理は、バージニア州が女性に対してＶＭＩと全く同一のものを提供することを要求してはいない」と、連邦地裁は判断した。裁判所は、２つの学校が「実質的に似通った結果」を達成するだろうとの推測を示した。そして、「ＶＭＩがドラムのビートにのって行進するなら、メアリー・ボールドウィン大学は横笛のメロディにあわせて行進するのであって、行進が終わったとき、両者は同じ目的地に到着しているだろう」と結論づけた。

意見は分かれたものの、連邦高裁は地裁の判断を是認した。今回、高裁は、「バージニア州が提示した目的よりも、それが選択した手段に重きをおいて審査する」こととした。連邦高裁は、「公的な目的は、敬譲的に審査されるべきである」とし、「立法者の意思を尊重する」ことは、司法が「慎重なアプローチ」、つまり政府の目的の「正当性」を審査し、「悪性」だと明らかになった目的は是認しないというアプローチを取るべきことを意味する、と理由づけた。

「男女別学の大学教育という選択肢を提供することは、高等教育の公的システムの正当かつ重要な一側面と考えることができる」と、連邦高裁は述べた。その目的は、「悪性ではない」と。さらに、ＶＭＩにとって肝要な対立型メソッドは、「両方の性が混在した環境では決して容認されない」と続けた。メソッドそれ自体は「女性を排除することを企図したものではない」が、女性がＶＭＩの対立型の訓練に参加することは、「異性との関係において今なお浸透しているある種の慎み深さを破壊する」と裁判所は確信していた。

バージニア州の目的の正当性を敬譲的に認定しつつ、連邦高裁は手段の問題を検討した。そして、「メアリー・ボールドウィン大学から男性を、ＶＭＩから女性を」排除することはバージニア州の目的の本質をなすものであり、そうした排除なくしては、「一方の性のみの教育を提供するという目的を達成することはできない」と述べた。

連邦高裁は、事案の審理にあたって、手段を目的と結びつけた。そして、その結合は、「あらゆる平等保護の審査をバイパスする」危険があるとみていた。それゆえ、高裁は審査をもう1つ付け加えた。「実質的な同等性」と呼ばれる決定的なテストである。鍵となる問いは、ＶＭＩの男性およびＶＷＩＬの女性が、「自らの属する学校によって、または州によって提供される他の手段を通じて、実質的に同等な利益」を得られるかどうかである。高裁は、ＶＷＩＬの学位が「ＶＭＩの学位が持つ歴史の恩恵や名声を欠いている」ことを認めたが、それにもかかわらず、2つの学校における教育の機会は「十分に同等である」と判断した。

フィリップス巡回区上席裁判官は、反対意見を述べた。彼の見立てによれば、裁判所は、バージニア州に対して、自らの行動につき「極めて説得的な正当化を示す」という負担を課さなかった（ミシシッピ州立女子大学判決を引用）。フィリップス裁判官の見解によれば、裁判所は、「この訴訟の緊急性によって強いられた合理化」を受け入れ、バージニア州の「実際の主要な目的」に向き合わなかった。フィリップス裁判官は、その目的は歴史的記録から明らかであると述べた。「女性のために新しいタイプの教育の機会を設けることでも、バージニア州の高等教育システムの多様性を促進することでもなく、単純に、ＶＭＩに、その歴史的な特徴と使命を維持すべく女性を排除し続けることを許すことである」

フィリップス裁判官は、仮にバージニア州が「実質的に等しいカリキュラムおよび課外の各種プログラム、資金、物的設備、学生支援サービス……教授陣ならびに図書施設を備えた学部レベルにおける複数の男女別学校を同時に開設したのであれば」、合衆国憲法の平等保護の要請を満たすだろうと述べている。しかしＶＷＩＬのプログラムは、ＶＭＩとの比較において、「男性と女性に実質的に等しい有形無形の教育上の利益を提供するものとはほど遠い」ことは明らかだとみなされた。

第４巡回区連邦高裁は、大法廷での再審理を否定した[viii]。モッツ巡回区裁判官が反対意見を書き、ホール、モナガンおよびミシェル巡回区裁判官がそれに加わった[4]。モッツ裁判官はフィリップス裁判官に賛同し、バージニア州が資金援助している全く異なる機会に対して、同州が「極めて説得的な正当化を示していない」とした。彼女は、「メアリー・ボールドウィン大学で補充的なプログラムを修了しただけで得られる学位が、どうしたら、１５０年以上も前に創立された尊敬すべきＶＭＩの授ける学位と実質的に同等だと考えられるのか？」と問いかけた。「女性に同じ結果を保障する必要があるのではなく、平等保護条項は等しい機会を要求している。そして、ここではその機会が否定されている」と。

viii…連邦高裁（連邦巡回区裁判所）では、通常３人の合議体で裁判が行われるが、重要な事件については、３人の合議体によって下された判断を、当該巡回区に属する裁判官全員による大法廷で再審理することができる。再審理のためには、過半数の裁判官の賛成が必要となる。

Ⅲ

この訴訟の反対申立ては、２つの根本的な論点を提示している。第１に、バージニア州が、軍事訓練および市民のリーダーシップ開発のためのまたとない機会である、ＶＭＩが提供する教育機会から女性を排除することが、「ＶＭＩの学生に求められる個々の活動をすべてこなす能力がある」女性に対して、修正14条によって保障されている法の平等保護を否定することになるか。第２に、もしＶＭＩの「独特な」、つまりバージニア州で唯一の男子校たる公的高等教育機関であるという環境が、合衆国憲法の平等保護原理に抵触するとすれば、その是正のために要求されるものは何か、である。

Ⅳ

今一度、我々は、ＪＥＢ対アラバマ州判決（１９９４年）およびミシシッピ州立女子大学事件において当裁判所が下した草分け的な判決の核となる説示を記す。すなわち、性に基づいてなされる政府の行為を擁護しようとする当事者は、当該行為を「極めて説得的に正当化」する必要がある、ということだ。今日、公権力が性に基づいて権利や機会を制限する場合、その行為について慎重な審査がなされるのは、長きにわたる歴史に応えたものである。1世代前の当裁判所の多数派が認めたように、「我が国は、長く不幸な性差別の歴史を有してきた」(フロンティエロ対リチャードソン判決、1973年)。我が国の歴史上、女性は130年以上にわたり、「我ら国民」を構成する有権者に数えられてこなかった[5]。1920年まで女性は選挙権という憲法上の権利を手にすることができなかった。そして、さらに半世紀の間、区別に「合理的な根拠」があると考えられるなら、連邦と州、いずれの政府も、男性に与えられている種々の機会から女性を遠ざけることができる、という考え方が支配的な教義とされてきた(1948年のゴーサート対クリアリー判決は、男性である飲食店オーナーの妻と娘を除いて、女性がバーテンダーの免許を得ることを認めていないミシガン州法に対する女性の飲食店オーナーとその娘による訴えをしりぞけた。連邦最高裁は、「この職業を独占したいという男性バーテンダーらの騎士道に反する欲望」が法律を後押ししているという主張に耳を貸さなかった)。

1971年、我が国の歴史上初めて、連邦最高裁は、州によって法の平等保護が損なわれたと訴える女性に対し、その訴えを支持する判決を下した(リード対リード判決は、「等しく故人の遺産を管理する資格を有する者の間では、男性が女性よりも優先されなければならない」とするアイダホ州法の規定を違憲と判断した)。リード判決以降、連邦最高裁は繰り返し、以下のように判断してきた。法や公的政策が、単に女性であるという理由で、完全なる市民としての地位、すなわち個人の才能や能力に基づいて物事を成したいと望み、成し遂げ、社会に参加し貢献する等しい機会を女性たちに認めていない場合には、それが連邦政府の行為であれ州政府の行為であれ、平等保護原則とは相容れない、と(たとえば、1981年のキルヒバーグ対フェーンストラ判決は、妻と共有している財産について夫を「主たる管理者」とし、妻の合意なくその財産を処分する一方的な権利を付与するルイジアナ州法を無効と判断した。また、1975年のスタントン対スタントン判決は、ユタ州が親の養育義務を男子は21歳までとしているのに対し、女子は18歳までとしていることを無効とした)。

いかなる目的においても、性に基づく区分を人種や民族的出自による区分と同等に扱うのではなく[6]、連邦最高裁は、リード判決以降の諸判決において、女性(または男性)に門戸を閉ざしたり、機会を奪わんとする公的措置を注意深く審査してきた(JEB判決のケネディ裁判官による結果同意意見は、1971年以降に発展した判例法は、「性に基づく区分は無効であるという強い推定があることを明らかにしている」と述べた)。性に基づく公的な区分に関する当裁判所の現時点での指針は、以下の通りである。すなわち、救済を求められている、特定の機会を与えられないという差別的な取扱いに取り組むにあたり、審査をする裁判所は、示された正当化が「極めて説得的」なものかどうかを判定する。正当化の負担は重く、それは完全に州が負っている(ミシシッピ州立女子大学判決参照)。州は、「少なくとも問題となっている区分が重要な政府目的に仕えるものであること、および、用いられた差別的な手段が、その目的の達成に実質的に関連していること」を示さなくてはならない(同上:1980年のウェングラー対ドラッギスト相互会社事件を引用)。正当化は、仮説でも訴訟に応じて事後的に考案されたものでもなく、真正なものでなければならない。そして、それは、男性と女性との異なる才能、能力、または選好を過度に一般化したものに依拠してはならない。

我々の先例が確立した厳格な審査基準は、性別を禁止された区分とするものではない。人種や民族的出自による「固有の差異」を想定することは、もはや受け入れられない(ラビング対バージニア州事件、

1967年)。しかし、男性と女性の間の身体的差異は存続している。すなわち、「2つの性は交代可能なものではない。一方の性のみで構成される共同体は、両性によって構成される共同体とは異なる」(バラード対合衆国事件、1946年)。

我々が認めてきた男性と女性の間の「固有の差異」は、いずれかの性のメンバーを貶めたり、個人の機会を人為的に制限したりするためのものではなく、祝福されるべきものとして残っている。性に基づく区分は、「女性たちが被ってきた格別の経済的不利益」を償うために用いられることも(カリファノ対ウエブスター事件、1977年)、雇用機会の平等を促進するために用いられることも(カリフォルニア連邦貯蓄貸付組合対ゲラ事件、1987年)、国民の才能や能力の完全な発達を促進するために用いられることもある[7]。しかし、そうした区分を、かつてのように女性の法的、社会的および経済的劣位を作り出し、または永続化するために、用いることはできない。

いま示した審査基準に基づいて本件の記録を精査した上で、我々は、バージニア州は、VMIによって提供されている市民兵士のための訓練からあらゆる女性を排除していることについて「極めて説得的な正当化」をなし得ていない、と結論する。ゆえに、我々は、バージニア州が修正14条の平等保護条項を侵害しているとした第4巡回区連邦高裁の当初の判断を支持する。バージニア州によって示された是正方法、つまりメアリー・ボールドウィン大学のVWILプログラムは、この憲法違反をただすものではない。すなわち、それは平等な機会を提供するものではなく、我々は、本件について第4巡回区連邦高裁の最終の判断を覆す。

V

第4巡回区連邦高裁は、当初、バージニア州は、平等保護原則の下で「VMIの独特なプログラムを男性に提供し女性には提供しない」という自らの決定を正当化しうるだけのいかなる政策方針も示していない、と判断した。バージニア州は、その〝責任〟について争い、VMIから女性を排除することを擁護するために、2つの正当化を主張した。第1に、「一方の性のみの教育は、重要な教育上の利点を有しており」、一方の性のみの教育という選択肢があることは「教育アプローチの多様化」だとバージニア州は主張した。第2に、「人格開発およびリーダーシップ訓練」というVMIの独特なメソッドおよび同校の対立型アプローチは、仮にVMIが女性を入学させた場合、変更を余儀なくされるだろうとバージニア州は訴えた。我々は、これら2つの正当化の訴えを順に検討する。

A

バージニア州が強調するように、一方の性のみの教育は少なくとも幾人かの学生には教育上の利点をもたらすもので、その事実は、この訴訟において争いのないところである[8]。同様に、公教育機関に多様性があることが公共善に仕えうることにも、争いはない。しかし、バージニア州は、VMIが創立され、または、維持されてきたのは、女性をカテゴリカルに排除することにより同州における教育機会を多様化することを目的としたためだとは立証していない。この分野の訴訟における先例は、「良性」であることが、カテゴリカルな排除を擁護するための正当化として自動的には受け入れられないことを示している。批判にたえる正当化であるためには、実際には異なる前提に基づく様々な行為をもっともらしく語るのではなく、実際の政府目的を述べなくてはならない（ワイゼンフェルド事件は、「良性であることの説明や過去の補償という目的を単に述べるだけ」では、政府が性に基づく区分を維持することの「実際の目的に踏み込んで審査する」ことを止めることはできないとした。また、ゴールドファーブ事件は、「実際の目的」に踏み込んだ審査の後に、政府の提示した目的を否定した）。

ミシシッピ州立女子大学判決は、まさにその好例である。そこでは、州は、看護学校から男性を排除することを正当化するために、それが「女性に対する差別を償う教育上のアファーマティブ・アクション」に関わっていると主張した。「綿密な分析」を行って、連邦最高裁は、「主張された目的」と「差別的な区分の根底にある実際の目的」とは似ても似つかぬものだと判断した。本件についてこれと同様の審査を追求し、我々は、同じ結論にたどり着いた。

今も昔も、バージニア州が自ら主張するように、一方の性のみの教育という選択肢を通じて多様性を追求したことを裏づけるものはない。バージニア州がVMIを創立した1839年、男性および女性にとっての教育機会の幅というものは、全くと言っていいほど考慮されなかった。当時、高等教育は、女性にとっては危険なものと考えられていた[9]。女性にふさわしい場所に関する社会に流布した観念を反映して、たとえばマサチューセッツ州のハーバード大学、バージニア州のウィリアム・アンド・メアリー大学など、我が国の最初の大学は男性のみを入学させていた（E・ファレロ『合衆国の女性教育の歴史』1970年、163頁）。VMIは、この点では、全く珍しいものではない。女性を入学させないことについて、VMIは、1819年に設立されたバージニア州の旗艦校であるバージニア大学の例に倣った。「州立大学への女性の入学をめぐる争い」は、「バージニア大学のとき以上に長引くことも、深刻に発展することもなかった」、と歴史家は述べる（T・ウッディ『合衆国の女性教育の歴史』1929年、254頁）。1879年に、州議会上院は、バージニア州が「息子たちには高等教育を豊かに提供しているにもかかわらず、これまでただの一度も、娘たちに高等教育を提供してこなかった」ことを認め、女性の高等教育の可能性を探ろうとした。この認識にもかかわらず、直ちに女性に新しい教育機会が開かれることはなかった[10]。

バージニア州は、最終的に、女性に対しいくつかの神学校と大学を提供した。ファームヴィル女子神学校は、1884年に公立学校になった。メアリー・ワシントン大学とジェームズ・マディソン大学という2つの女子大学が、1908年に設立された。さらに、ラドフォード大学が1910年に設立された。1970年代半ばまでに、4つの学校すべてが共学となった。

主要な大学学部への女性の入学に関わる議論は、世紀の半ばを超えても続いた。馴染みの議論が繰り返された。女性が入学すれば女性によって男性の権利が侵害される、醜聞といった政府にとっての新たな問題が生じる、古き良き制度が変化を余儀なくされる、他の共学校よりも水準が低くなる、男子校としての大学の輝かしい名声が泥にまみれる、といったことが恐れられた。

1970年、最終的に、「バージニア州において最も名高い高等教育機関」であるバージニア大学が男女共学を導入し、1972年に、男性と等しい基準で女性を入学させ始めた（キルシュタイン対バージニア大学事件〔ix〕、1970年）。連邦地裁の3人の裁判官は以下のように確認した。「今となってはもう、バージニア州は、州によって運営されている他の教育機関では提供されていない（バージニア大学の）シャーロッツビルのキャンパスで教育を受けるという機会を、性を理由として女性に否定してはならない」

バージニア州は、現在女性のみを対象とした公立の高等教育機関が存在しないことを、「歴史の法則」だと説明した。しかし、歴史の記録によれば、それは発展法則というよりはむしろ意図的な行為である。はじめは女性を高等教育から防護し、次に資源および評価の点で男子校と同等というにはほど遠い女子校を用意し、そして最後に、男女別学校を共学に転換した。この議論が登場する前に、州の立法府は、「男性のみ、または、女性のみを入学させるよう私立学校に求めるすべてのバージニア州法」を廃止した。そして1990年、「バージニア州の高等教育の将来の目的を示すべく、州法によって設置された」公的な委員会が、「自治と多様性」に代わり、「幅広いアクセスを可能にすること」という政策を再確認した（『21世紀の大学に関するバージニア州委員会報告書』を引用）。重要なのは、この委員会が次のように述べていることである。

ix…バージニア大学は1970年から共学化されることになったが、3年かけて徐々に女子学生を増やしていく計画であったところ、その計画に異議を唱える学生らによって訴訟が起こされた。

大学は、学生に自らの価値を開発し、ロールモデルから学ぶ機会を提供するものであるため、その教員、職員および学生を、性別、人種、民族的出自に関係なく扱うことは、極めて重要である。

連邦高裁は、この言明が「記録の中に確認することができる、性に基づく区分についてバージニア州が自ら表明した唯一のものである」と述べた。

1982年にミシシッピ州立女子大学対ホーガン事件において我々が下した判決は、VMIに、男性のみを入学させるという自らの方針を再検討するよう促した。男子校というVMIの特徴を維持する正当な根拠として、バージニア州は、そこで再検討がなされたことを挙げている。VMI理事会によって任命された使命教育委員会は、この問題について1983年10月から1986年5月まで検討を重ね、同月に、「一方の性のみの大学というVMIの地位を変えないよう」助言した。使命教育委員会がどのような内部目的に仕えるものであれ、また、その報告書が起草者たちの善意によって編まれたものであっても、我々が、その成果物から、多様性に富んだ教育の選択肢を広げるという公平なバージニア州の政策方針を見出すことはおよそ不可能である。連邦地裁が述べたように、この委員会の分析は、「主に、VMIに女性を迎え入れることの困難さを予測することに焦点を当てており」、その報告は、全体として、「いかにして当該結論に至ったかについての指標はほとんど示されていない」。

要するに、我々は、この記録からは、VMIの男子校という入学指針が「多様性」という州の政策を促進するものであるといういかなる説得的な証拠も見出すことができない。第4巡回区連邦高裁が述べるように、バージニア州の他のすべての公立大学が一方の性のみの教育を脱しているという動向と区別することができるような、いかなる政策方針も存在しない。同裁判所は、「自治を持つ一方で、他の州立学校に対しては何の権限も持たない一学校が、いかにして学校間の多様性という州の政策に影響を与えうるのか」という点も問題にしている。連邦高裁が認めたように、VMIの歴史的かつ現在も続く計画、独特な教育によってもたらされる利益を男性のみに享受させるという計画は、真に教育の選択肢を広げるという目的に資するものではない。この計画がバージニア州の息子たちにいかに多くの利益を与えるものであれ、それは、娘たちには何も与えない。これは、平等の保護ではない。

B

バージニア州は、次に、VMIの対立型の訓練メソッドによって与えられる教育上の利点は、女性にとって役立つものではなく、変更を余儀なくされると主張する。女性を受け入れるという変更は不可避的に「急進的」かつ「あまりに劇的」なもので、その変更は実際にはVMIのプログラムを「破壊する」ことになるだろうと、バージニア州は主張する。その変更はいずれの性にとっても好ましいものではない、と。いわく、男性は現在手にしている独特な機会を奪われるだろう。そして、女性もその機会を得ることはできない。なぜなら、女性が参加することによって、「そのプログラムがバージニア州の他の高等教育機関とは区別される、まさにその側面が失われるからである」。

連邦地裁は、専門家証人の証言から、男女共学は「身体的訓練、プライバシーの不在および対立型アプローチというVMIのプログラムの少なくとも3つの側面に著しい影響を与える」と推測し、連邦高裁もそれを是認した。女性を入学させるには、主に、女子学生のための宿所の割当や身体的訓練プログラムを用意するといった対応策が必要とされるということについては、争いがない。しかし、「VMIの方法論が、女性を教育するために用いることができる」点にも、異議はない。連邦地裁は、幾人かの女性が、女子大学が追求する方法論よりもそれを好む可能性があることをも、認めている。「もし機会が与えられたなら、少なくとも、幾人かの女性はVMIに入学したいと望むだろう」し、専門家が証言するように、「幾人かの女性は、VMIの学生に求められる個々の活動をすべてこなす能力を有しているだろう」と、連邦地裁は認める。さらに、両当事者は、「幾人かの女性は、現在男性に用いられているVMIの身体的水準を満たし得る」ことで一致している。要するに、連邦高裁の言によれば、VMIのレゾンデートルである「市民兵士を養成するという目的」も、VMIが採用している方法論も「いずれも」、女性にそもそもふさわしくないものではない。

バージニア州を支持する当初の判決、すなわち、合衆国によって提起された平等保護にかかわる異議をすべて棄却した判決を根拠づけるために、連邦地裁は、「性に基づいた発達上の差異」という「知見」を示した。これらの「知見」は、バージニア州側の専門家証人の意見、すなわち典型的な男性または女性の「傾向」に関する意見の言い換えである。たとえば、「女性は協調的な雰囲気において良く発達する傾向にある」一方、「男性は対立的な雰囲気を必要とする傾向にある」。「私は、女性の中には対立型の下ではうまくやれない者がいる、と言っているのではない」と、教育機関に関するVMI側の専門家は証言した。「うまくやることのできる女性がいることは、疑いない」、しかし、教育という体験は「例外的なもの」ではなく「一般的なもの」に向けて設計されねばならない、とその専門家は続けた。

合衆国は、男性と女性の平均的な能力または選好についてのいかなる専門家証人の証言にも、異議を唱えるものではない。代わりに、合衆国は以下のことを強調した。すなわち、リード対リード事件で連邦最高裁がターニングポイントとなる判決を下して以来、繰り返し我々は、審査にあたる裁判所に対して、バージニア州によって示され、そして、連邦地裁がそれに依拠した類の一般化または「傾向」については「厳しい審査」をするよう警告し続けている。我々がかつて説示したように、機会を与えるか否かの門番となる州とその関係者は、「男性および女性の役割および能力に関する固定観念」に基づいて、資格のある個人を排除してはならない（ミシシッピ州立女子大学判決参照。また、JEB判決は、性に基づく分類に適用される平等保護の諸原則は、州とその関係者に対し、「人々を判断する際に」「過度の」一般化に依拠すべきでないとしている。なぜなら、それは、「歴史的な差別の型を永続化させるおそれがあるからだ」とした）。

大部分の女性がVMIの対立型メソッドを選ばないということは、本判決の立場からしても、おそらく想定されるだろう。しかし、第4巡回区連邦高裁のモッツ裁判官が大法廷による再審理を否定した控訴審判決の反対意見で述べたように、「多くの男性はそうした環境で教育を受けたがらないかもしれない」こともまた、十分に考えられる（この点は、反対意見を執筆した我々の同僚ですら同意するだろう）。確かに、教育は「誰に対してもフィットする」事業ではない。しかし、問題は、「女性または男性が、VMIへの入学を強いられるべきか否か」ではない。問われているのは、バージニア州が、憲法に違反することなく、ＶＭＩが提供する独特な訓練や諸々の参加の機会を、意思と能力のある女性に対して提供しないことができるかどうかである。

女性を入学させることがＶＭＩの社会的地位を引き下げ、対立型システムを破壊し、それによって学校そのものをも破壊するかもしれない[11]という考えは、ほとんど根拠のない判断であり[12]、かつて権利や機会を否定するために日常的に用いられてきた他の諸々の「自己満足的な予言」（ミシシッピ州立女子大学判決）とほとんど異ならない予測である。女性が初めて弁護士になるべく法学教育を受けようとしたとき、同じ類の懸念が示された。たとえば、１８７６年にミネソタ州ヘネピン・カウンティ民訴裁判所は、なぜ女性が法実務に不適格と考えられているのかを説明している。いわく、女性は年少者を訓練し教育する、それゆえに、

彼女らは（朝から晩まで）時間を捧げて労働することが許されない。しかし、それは、真の法律家が常に熱望すべき高みに登るためには、不可欠のものだ。それゆえ、女性が法実務家になることに裁判所が反対するのは、一概に「古い時代遅れの作法」の副産物だとは言い切れない。それは、むしろ、法実務家として成功を収めることと結びついた責任の重大性への理解、そして、その職業の格を上げたいという希望から生じる。

（「弁護士業務を行うことについてのマーサ・アングレ・ドゥーセットの申立てについて」）

（ミネソタ州ヘネピン・カウンティ民訴裁判所『概要』1876年10月21日、55－56頁より）

1925年のとある報道によれば、コロンビア・ロースクールが女性を入学させることに抵抗した原因も同様の恐れだった。

我が教授陣は、女性は法学教育を修了することができないなどとは決して主張しない。そうではなく、問題は、より実践的なものだ。もし女性がコロンビア・ロースクールに入学することになれば、教授陣いわく、その選択がなされた後には、偉大な諸大学の、より男性らしい、血気盛んな卒業生たちは、ハーバード・ロースクールに行ってしまうことだろう！

（ネイション1925年2月18日号173頁）

医学部も、男性と女性とが医学の学習におけるパートナーとなることに抵抗した（R・モランツ＝サンチェス『共感と科学：アメリカ医学における女性内科医』1985年、51－54頁。また、M・ウォルシュ『医者の望み：女性には適用されない』1977年、121－122頁：E・クラーク「女性の医学教育」ボストン・メディシン＆サージェリージャーナル4号、345－346頁、1869年より「神は、私が、男性と女性が互いに助け合って生殖システムの神秘にメスを入れているのを見ることをお許しにならない」を引用）。より最近について言えば、警察官になろうとした女性が、次のような恐れに基づく抵抗に直面した。いわく、彼女らの存在が「男性の連帯を損ない」

（F・ハイデンソン『統制される女性？』1992年、201頁）、男性のパートナーが十分な援助を受けられなくなり（同184－185頁）、性的な不正行為を生じさせる（C・ミルトン『警察の中の女性』1974年、32－33頁）。これらの恐れは、実証研究によって裏づけられなかった（ハイデンソン前掲書92－93頁、P・ブロック＆D・アンダーソン『巡回する女性警官：最終報告』1974年）。

女性が連邦の士官学校に入学し[13]、アメリカ軍に入隊した[14]ことは、VMIの将来に対するバージニア州の恐れが確たる根拠のないものであることを示している[15]。能力のある者のための〝市民兵士〟養成訓練からすべての女性を排除することを正当化しようとするバージニア州の試みは、いずれにせよ、我々がその基準を説明し適用してきたように「極めて説得的」と位置づけることはできない。

バージニア州およびVMIは、「目的」よりもむしろ「手段」にフォーカスして議論をし、それゆえに我々の先例を見誤った。VMIにおける一方の性のみの教育は「重要な政府目的」に仕えるものであり、女性を排除することは、単にそれと「実質的に関連する」だけではなく、その本質的な目的でもある、と彼らは主張する。このあからさまな循環論法によって、ミシシッピ州立女子大学対ホーガン判決が示した「明快な」テストは歪められてしまった。

バージニア州が誤解したこと、そして、次いで連邦地裁が誤解したことは、〝市民兵士〟つまり次のような個人を養成するというVMIの使命から明らかだ。

市民生活上の様々な仕事を担う準備ができており、学びへの欲求、役割を果たすことへの自信、そしてリーダーとしての振る舞いを身につけ、公務に対する高い意識を持ち、アメリカの民主主義と自由経済システムを守り、国家の危機に際して市民兵士として祖国を守る準備のできた……

（VMI使命教育委員会報告書1986年5月16日より引用）

今日アメリカの民主主義において、女性は、市民として、男性と等しい地位にある。よって、その目的は女性を迎え入れるに十分なほどに広いことは間違いない。個々の女性にとっての利益を無視し、女性をバージニア州の至上の〝市民兵士〟団からカテゴリカルに排除することによって、バージニア州の偉大な目的が実質的に促進されることがないことも、間違いない[16]。要するに、バージニア州は、性に基づく分類に確固たる基礎を与える「極めて説得的な正当化」をなしたとはおよそ言い難い。

VI

訴訟の第2のフェーズにおいて、バージニア州は、その是正計画を示した。それは、VMIを男子大学として維持し、女性のための分離されたプログラムとしてバージニア女性リーダー校（VWIL）を作るというものだった。その計画は、連邦地裁によって是認された。第4巡回区連邦高裁はバージニア州の提案を審査し、今度は、一方の性のみのプログラムを2つ持つことはバージニア州が再度主張した目的に直接奉仕するものだと判断した。その目的とは、一方の性のみの環境で教育を行うこと、そして、軍事的な環境で対立型メソッドの成果を達成することである。ＶＭＩとＶＷＩＬの教育プログラムが「両方の性に対して実質的に同等な利益を与えるものかどうか」を明らかにするために、それらを「形式的にではなく詳しく」審査した上で、高裁は、バージニア州は男性と女性に、平等保護の審査にたえうるほど「十分に同等な」機会を整えたと結論づけた。合衆国は、この「是正策」についての裁定に対し、世に蔓延している誤認だとして異議を唱えた。

A

当裁判所は、是正命令は当該憲法違反とぴったりと適合していなくてはならない、と述べてきている。それは、機会や利点を憲法に反して否定されている人々を、「差別がなければついていただろう地位」につかせるように設計されねばならない（ミリケン対ブラッドレー判決［x］、１９７４年）。本件訴訟における憲法違反は、男性に与えられている並外れた教育機会から女性をカテゴリカルに排除していることだ。我々が説明してきたように、違憲的に排除されている状況を適切に是正することで、「過去の差別的効果をできる限り取り除き」、「将来類似の差別が生じるのを妨げる」ことを目指している（ルイジアナ州対合衆国判決［xi］、１９６５年）。

バージニア州は、ＶＭＩの排他的な方針を取り除くのではなく、触れずにそっとしておくことを選んだ。その一方で、女性だけのために、ＶＭＩとは異なるタイプの、有形無形の設備において等しいとは言えない分離されたプログラムを提示した[17]。憲法の平等保護の要請に反したため、バージニア州は、その是正提案が当該違反に「直接向けられ、それに関連している」ことを示さねばならない（ミリケン判決）。その憲法違反とは、言い換えれば、VMIが提供している型の教育機会から利益を得る用意ができており、意思があり、能力がある女性に対して、それを平等に提供するのを拒んだことである。バージニア州は、VWILを「VMIに匹敵するプログラム」だと説明し、VWILは〝市民兵士〟の養成というVMIの使命、ならびに、「教育、軍事訓練、心身の修練、人格……そしてリーダーシップ開発」を行うというVMIの目標を共有していると主張した。仮に、VWILのプログラムが「過去の差別的効果を取り除きえない」としても、少なくとも、「将来類似の差別が生じるのを妨げる」ことはできるのだろうか（ルイジアナ州対合衆国判決）。「匹敵する」と言われる2つのプログラムの比較から、我々は、次のように応じる。VMIとVWILのプログラムの特徴および差異に目を向けるために、我々は、先に述べた事実を改めて要約する。

VWILは、女性には、VMIの名高く過酷な軍事訓練を経験するいかなる機会も与えない（「公立で

x…人種別学を違憲としたブラウン判決の後、公立学校における人種統合の実現方法をめぐって各地で訴訟が起きた。この事件では、デトロイトを舞台に、その一種である学区の統合と強制バス通学が争点となった。

xi…ルイジアナ州で選挙人登録にあたって「読解力テスト」が課されていたことにつき、合衆国が、その使用を禁止する宣言的判決を求めて訴えた事例。

あれ私立であれ、バージニア州または合衆国の他のいかなる学校も、ＶＭＩが提供する過酷な軍事訓練と同種のものを提供してはいない」。また、ＶＭＩは「合衆国におけるもっとも挑戦的な軍事学校として知られている」)。それどころか、ＶＷＩＬのプログラムは、軍事教育を「強調せず」、「自尊心を強化する協調型の教育メソッド」を用いている。

ＶＷＩＬの学生は、予備役将校訓練課程および「主に儀式的な」バージニア士官候補生団に参加するが、バージニア州は意図的にＶＷＩＬを軍事学校としていない。ＶＷＩＬの寮は軍隊式の住居ではなく、ＶＷＩＬの学生は、4年間のプログラム中寝食を共にしたり、出校日に制服を着用したりする必要はない。ＶＷＩＬの学生は、それゆえ、「ＶＭＩで体験するものの中でも不可欠な兵舎」生活、つまり、「平等主義の倫理」を育むよう設計されたスパルタ式生活様式を経験しない。「ＶＭＩの教育経験で最も重要な局面は、兵舎で起こる」が、バージニア州は、女性の市民兵士にとってはその中核的な経験は本質的なものではなく、むしろ不適であると考えている、と連邦地裁は判断した。

ＶＷＩＬの学生は、セミナー、エクスターンシップおよび講演会で「リーダーシップ訓練」を受け、ＶＭＩの市民兵士訓練に太鼓判を押す「身体的過酷さ、精神的ストレス……仔細にわたる行動規制、望ましい価値の教化」を欠いた経験を積む[18]。ＶＭＩの対立型訓練を特徴づけるプレッシャーや危険、心理的絆は遠ざけられており、ＶＷＩＬの学生は、成功を収めるＶＭＩの学生たちが共通に経験している「途轍もないことを成し遂げたという感覚」を知ることはないだろう。

バージニア州は、これらの方法論的差異を、学習および発達上の必要に基づく男性と女性の間の重要な差異に依拠して「教育上正当化される」と主張する。それは、バージニア州が「現実」であり「ステレオタイプではない」とする「心理学・社会学的差異」である、と。メアリー・ボールドウィン大学の職員および教授陣からなる女性のためのリーダーシップ開発プログラムのタスクフォースは、「軍隊式、とりわけＶＭＩの対立型メソッドは大部分の女性の教育・訓練にとって全く不適切である」と判断した（タスクフォースは、「何人かの女性はＶＭＩ式の経験にふさわしく、また、それに関心をもつかもしれない」が、ＶＭＩの対立型メソッドは「集団としての女性にとって効果的なものではない」と結論づけている）。バージニア州は、タスクフォースの見解を、バージニア州側の専門家証人による証言として採用した。

すでに述べたように、大部分の女性にとって適切なものをして「女性のあり方」を推定するような一般化によって、平均的な記述を外れた才能や能力を有する女性の機会を奪うことは、もはや正当化できない。とりわけ、バージニア州は、ＶＭＩの教育メソッドが大部分の男性にとってふさわしいものであるとは、決して主張しなかった。また、バージニア州が、ＶＷＩＬの経験を「ＶＭＩの完全に軍隊式の経験」とはしなかったのは、ＶＷＩＬが「必ずしも軍でキャリアを積んでいくことを想定しているわけではない女性に向けて設計された」からだと説明したことも明らかにされている。これを理由とするならば、ＶＭＩの「完全に軍隊式の」プログラムは、男性一般もしくは集団としての男性には不適切なものともなりうる。なぜなら、軍務に就いているのは、ＶＭＩの学生のうちの約15パーセントにすぎないからだ。

バージニア州が依拠する女性についての一般化とは対照的なものとして、我々は、事案を解決する手がかりとなる以下の現実を再度記しておく。すなわち、「VMIが採用している方法論は、女性にそもそもふさわしくないものではない」、「幾人かの女性は、対立型モデルのもとでうまくやるだろう」、「もし機会を与えられれば、少なくとも、幾人かの女性は、VMIに入学することを望むだろう」、「幾人かの女性は、VMIの学生に要求される個々の活動のすべてをこなす能力があり、今、男性に課されているVMIの学生の身体的基準に適合する」。合衆国がこの訴訟を提起したのはこれらの女性を代表してであり、彼女らのために是正策は設計されねばならない[19]。州が資金を拠出する、彼女らに適合する教育機会から、彼女らを排除することを止めるという是正を、そして、「将来類似の差別が生じるのを妨げる命令」を、である（ルイジアナ州対合衆国判決）。

B

VWILがVMIと同等の質を有していない局面は、軍事訓練以外にも無数にある。VWILの学生自治会、教授陣、提供される科目および施設は、VMIのそれにほとんど及ばない。VWILの卒業生はVMIの157年の歴史、学校の名声および影響力のある卒業生ネットワークと結びついた恩恵を期待することもできない。

VWILの学生が得ることができるのはメアリー・ボールドウィン大学の学位で、メアリー・ボールドウィン大学には、SATのスコアの平均がVMIの1年生の平均点よりも100ポイントほど低い女子学生が入学する。メアリー・ボールドウィン大学の教授陣は、VMIの教授陣に比べて博士号保持者が有意に少なく、かなり低い給料しか得ていない（メアリー・ボールドウィン大学学長ジェームズ・ロットの証言より）。

メアリー・ボールドウィン大学は、ＶＷＩＬの学生に、ＶＭＩの学生であれば選択できるだけの幅のあるカリキュラムを提供していない。ＶＭＩはリベラルアーツ、生物学、科学、土木工学、電子工学および機械工学の学士号を授けている。ＶＷＩＬの学生は、「数学と自然科学には重点をおかない」学校に入学する。彼女らは、メアリー・ボールドウィン大学では、ＶＭＩが提供している工学または上級数学および上級物理の科目をとることができない。

身体訓練については、メアリー・ボールドウィン大学は、「２つの多目的グランド」と「１つの体育館」を備えている。ＶＭＩには、「全米大学体育協会（ＮＣＡＡ）の競技会レベルの屋内トラック施設と複数の多目的グランド、野球、サッカーおよびラクロスの専用グランド、障害走用トラック、大きなボクシング、レスリングおよび格闘技用の施設、11周で１マイルの屋内ランニングコース、屋内プール、屋内・屋外ライフル射撃場、そして練習場と屋外トラックを併設したサッカースタジアム」がある。

バージニア州は、ＶＷＩＬの学生とＶＭＩの学生に平等な財政援助を行うと表明した。そして、ＶＭＩ基金はＶＷＩＬに５４６万２５００ドルを寄付することに合意した。しかし、両校の差は歴然としている。メアリー・ボールドウィン大学の基金は、現在約１９００万ドルで、将来的に契約に基づいて追加で３５００万ドルを得ることになっている。ＶＭＩの現在の基金は1億３１００万ドルで、学生1人あたりの基金量において我が国最大の公立大学であり、将来的には2億２０００万ドルを加えることが予定されている。

ＶＷＩＬの学生は、ＶＭＩの学位という優位を得て卒業することができない。彼女たちの学位は、ＶＭＩを卒業した軍務および市民生活において「卓越した」者たちの集団と彼女らとを結びつけるものではない。ＶＷＩＬの卒業生は、ＶＭＩの卒業生を雇用することに関心を持っているビジネスオーナー、企業、ＶＭＩの卒業生および卒業生ではない職員のネットワークが、就職活動をする彼女らにも等しく応じてくれるだろうと期待することはできない（連邦高裁におけるフィリップス裁判官の反対意見は、「ＶＭＩの卒業生ネットワークの強力な政治的・経済的結びつき」が、作られたばかりのＶＷＩＬプログラムの卒業生たちにも「開かれていると予期することは不可能だ」とした）。

要するに、バージニア州は、男子校たるＶＭＩを維持する一方で、「それに匹敵する女性のみを対象とした大学」を提供しなかった。代わりに、バージニア州は、カリキュラム選択の幅や教授陣の社会的地位、資金、名声、卒業生によるサポートやその影響力の点で、公正に見積もってＶＭＩの「紛い物」と評すべきＶＷＩＬプログラムを作った（フィリップス裁判官反対意見参照）。

バージニア州がＶＷＩＬで解決を図ろうとしたことは、50年前にテキサス州で提示された是正策を想起させる。それは、平等保護（条項）の保障に照らして、州の教育機関でアフリカ系アメリカ人が法学教育を受けることを拒絶してはならないとした１９４６年の州裁判所の判決に応じて示されたものである[xii]。州の旗艦校であるテキサス大学ロースクールにアフリカ系アメリカ人を入学させたくなかったため、州は、原告であるハーマン・スウェットや他の黒人法学部生のために分離された学校を用意した。

その新しい学校は開設されたばかりで、独自の教授陣も図書館もなく、専門教育機関としての認定評価も受けていなかった。それにもかかわらず、一審および控訴審の州裁判所は、その新設校は「州によってテキサス大学で白人学生に対して提供されているものと実質的に同等な」法学教育の機会をスウェットに提供するものだと認めた。

この事件を連邦最高裁が扱うことになるまでに、その新設校は、「5人の常勤教授からなる教授陣と23人の学生、常勤職員によって提供される1万6500冊の蔵書を持つ図書館、模擬法廷、法律扶助組織、そして、テキサス州弁護士会の一員となった1人の卒業生」を得ていた。連邦最高裁は、新設校とスウェットが排除された学校の諸資源とを比較した。テキサス大学ロースクールは16人の常勤教授による教授陣と850人の学生、6万5000冊を超える蔵書を持つ図書館、奨学金、学術雑誌、そして複数の模擬法廷を有していた。

有形の特徴以上に重要なのは、「教授陣の評判、(大学の)管理運営の経験、卒業生の地位と影響力、地域社会における立ち位置、伝統、名門校であること」などを含む「客観的な指標で測ることのできない、しかし、学校の偉大さを形作っている質」である、と連邦最高裁は強調した。この事件では、判決文で示された顕著な違いと向き合って、連邦最高裁は全員一致で、テキサス州は「州が提供する分離型の教育機会が、実質的な同等性を備えていること」を示していない、と判断した。その結果、連邦最高裁は、

xii …この措置は、最終的には連邦最高裁で違憲と判断される。スウェット対ペインター判決(1950年)。

平等保護条項はテキサス州にアフリカ系アメリカ人をテキサス大学ロースクールに入学させることを要請していると判断した。スウェット判決に則して、我々はここに、VWILとVMIとを支援するという方法でバージニア州が提供する分離した教育機会について、州は実質的な同等性を示していないと判断する。

C

バージニア州がVWILの計画を提出したとき、第4巡回区連邦高裁は、州によって提案され、連邦地裁によって是認されたその是正案が、VMIの恩恵を受けることを否定された女性たちを「差別がなければついていていただろう地位」につかせるものであるかどうかを審査しなかった（ミリケン判決参照）。代わりに、高裁は、バーニジア州が平等保護原理を遵守した上で、男性と女性とを分離し、等しくない教育プログラムを提供することができるかどうかを検討した。

第4巡回区連邦高裁は、「メアリー・ボールドウィン大学が授ける学位は、VMIの学位が持つ歴史の恩恵や名声を欠いている」ことを認識していた。高裁はさらに、VMIが「長い歴史を有し、今日まで成功を収めてきて」おり、それに「匹敵する女性のための教育機関」は未だ存在しない、と述べる。それにもかかわらず、高裁は、実質的に異なり、著しく不平等なVWILのプログラムを、是正策として十分なものだと宣言した。第4巡回区連邦高裁は、我々の先例が確立した基準に代えて、自ら考案した基準を用いた。

我々は、すでに、控訴裁判所が採用した敬譲型の審査について説明した。それは、我々の先例が要求する、より厳密な基準とは相容れない新種の基準である。ミシシッピ州立女子大学対ホーガン判決を部分的に引用して、高裁は自身の採った分析手法を、「悪性」と評価される立法目的を点検することができる、しかし、一般に「立法府の意思を尊重する」ものであると率直に説明した。高裁は、我々が下してきた諸判決からは「一方の性のみの教育を指向する区分の効果を、ほとんどあるいは全く審査しない」テストが導き出されることを認めつつも、それとは異なるテスト、すなわち「実質的な同等性」の審査を考案し、新しいテストを満たすと判断した、と続けた。

第4巡回区連邦高裁は、バージニア州のＶＷＩＬ計画を敬譲的な審査に付すという明確な誤りを犯した。なぜなら、「今日、性に基づくあらゆる分類」は「より厳格な審査」をする十分な理由となるからだ（ＪＥＢ事件参照）。ＶＷＩＬは、提供されるプログラムを求めている学生にとって有益かもしれないが、バージニア州による是正策は、ＶＭＩの教育を望み、その質に合致しうる女性に与えられてこなかった様々な機会と優位性の救済にはならない[20]。要するに、バージニア州の是正策は、憲法違反に適合していない。ＶＭＩが提供している類の訓練第一の経験をそれにふさわしい女性に与えていないことについて、バージニア州は、「極めて説得的に正当化」していない。

１世代前、長きにわたり築き上げられた歴史にもかかわらず、「バージニア州の高等教育を統制していた当局は、教育機会の提供にあたって性による差別をすべきでないという（当時の）比較的新しい考え方を導入し、それに好意的に向き合う」ことに賛成した（キルシュタイン事件参照）。１９７０年に、バージニア州は、女性に対し、「他州の（州が運営する）教育機関が提供していない、バージニア大学のシャーロッツビル・キャンパスで教育を受ける機会」に門戸を開いた。ある連邦裁判所は、バージニア大学が「他では得ることのできない教育課程を提供している」ことを強調し、バージニア州の革新性を認めた。さらに、その裁判所は、「シャーロッツビルには、他のバージニアの教育機関では及びえない〝名声〟というファクターが存在する」と述べている。

ＶＭＩもまた、他のバージニア州の教育機関が提供していない教育の機会を提供しており、〝市民兵士〟の養成の成功と結びついたその学校の〝名声〟は無比のものである。バージニア州は、娘たちにはこの施設を閉ざし、代わりに、彼女らのために「類似のプログラム」を考案した。それは、より信頼されていない、より教授陣の給料の安い、より限られたコースしか提供しない、軍事訓練および自然科学系の専門についてより乏しい機会しか持たない大学に設置されたものである。疑いなく、ＶＭＩは、「コミュニティ、伝統そして名声に立脚した卒業生の地位や影響」を含む、「客観的指標では測りえないものの、その学校を偉大なものとする様々な性質において」、VWILのプログラムよりも「はるかに偉大な学位を有して」いる。真の平等保護を提供するというバージニア州の義務の下では、VMI並の質を誇る教育を求め、それに適う女性に対しては、それよりも劣ったいかなるものをも提供することは許されない。

歴史家リチャード・モリスが述べたように、我々の憲法の歴史の最も重要な部分を占めるものの1つは、かつては無視され排除されてきた人々に対して憲法上の権利と保護を広げていくという物語だ[21]。VMIの物語もまた、拡張された「我ら国民」を我々が包含していく物語である。VMIの学生に求められるあらゆる活動をこなす能力のある女性をそこに入学させることが、「より完全な国家」に仕えるという大学の能力を高めるのではなく、それを破壊するなどと信じる理由は何もない。

＊＊＊

以上に述べた理由により、第4巡回区連邦高裁による当初の判決を支持し、同裁判所の最終の判決を破棄する。本件は、この法廷意見に即して再審理されるべく原審に差し戻す。

以上、ここに命ずる。

トーマス裁判官は本件審理および判決には参加していない。

［レーンキスト長官による結果同意意見およびスカリア裁判官による反対意見は省略］

原註

1…南北戦争中は、教壇は女性が多数を占める場だった。A・スコット『南部の女性：台座から政局へ　1830－1930年』1970年、82頁参照。

2…歴史的に、バージニア州の公立大学の大部分は男女別学だった。しかし1970年代半ばまでに、VMIを除くすべてが共学となった。たとえば、バージニア州立法府は、1839年にファームヴィル女子神学校協会を設立した。VMIが開設された年だ。もともと、「家庭的な雰囲気」の中で「英語、ラテン語、ギリシャ語、フランス語およびピアノ」の教育を施していたが、ファームヴィル女子神学校は、1884年に「公立学校の白人女性教員」を訓練するという使命を持つ公立学校になった。同校は1949年にロングウッド大学となり、1976年に共学化した（R・スプラグ『ロングウッド大学史』1989年）。

3…連邦地裁はVMI基金およびVMI同窓会が被告に加わることを許可した。

4…6人の裁判官が大法廷による再審理を支持し、4人が再審理に反対し、3人が辞退した。第4巡回区連邦高裁のローカルルールによれば、忌避した裁判官は考慮せず、通常任務についている巡回区の裁判官（現在は13名）の多数の投票があった場合にのみ、大法廷での再審理が許される。

5…トマス・ジェファーソンは、憲法典が作られたばかりの頃に流布していた見解について、次のように述べている。「我々の国は純粋な民主主義国だ。……熟議から排除されている者もいる。道徳の堕落と状況の混乱を避けるために、女性は、男性の公的集会に猥雑に交じることはできない」（トマス・ジェファーソンからサミュエル・カーシェヴァルへの手紙、1816年9月5日。P・フォード編『トマス・ジェファーソン著作集』1899年、45－46頁）

6…連邦最高裁は、それゆえ、人種や民族的出自に基づく区分に最も厳格な司法審査を用意してきたが、前開廷期には、そうした区分に対する厳格審査が必ずしも「事実上致命的」ではないという事態に直面した（アダランド建設会社対ペーニャ事件、1995年）。

7…法廷の友（アミカスキュリエ）の幾人かは、教育機会の多様性は政府が追求すべき全く適切なものであること、男女別学はその多様性に大きく貢献しうることを主張する。実際に、いくつかの男女別学校の使命は「伝統的な性による区分を永続化させるよりもむしろ、それを取り除くこと」である（26の私立女子大学によるアミカスブリーフ5頁参照）。我々は、バージニアの州権が多様な教育機会を公平に支援することを問題としてはいない。我々は、連邦地裁および連邦控訴審によって「独特な」と評された教育機会だけに、もっぱら焦点を当てている。それは、バージニア州の公立大学で唯一の男子校であり、バージニア州でもっとも重要な軍事学校だけで得られる機会である。ミシシッピ州立女子大学対ホーガン判決を参照（「ミシシッピ州は、他に男女別学の大学を維持していない。それゆえ我々は、州が男性と女性の学部組織が〝分離すれど平等〟に提供されているかどうかという問題には直面していない」）。

8…この点について、反対意見は火のないところに煙を見ていると思われる。「男性も女性も、別学から利益を得ることができる」と連邦地裁は認めた。ただし、そうした教育の〝利益〟は明らかに「男性よりも女性にとって、より大きい」と付け加えている。合衆国は、この認識については争わない。C・ジェンクス&D・リンスマン『学問の革命』1968年、297-298頁参照。「男子校を保持するためのもっともらしい議論は、残念ながら、白人校を保持するためのもっともらしい議論に類似している。仮に女性が完全に男性と同じように創られる世界があるとすれば、そこでは男子校は、比較的擁護しやすいだろう。しかし、この世界はそうではない。それゆえ、それは男性優位という暗黙の推定――それは最終的に女性が被る推定である――を保持しようとする意識的・無意識的な装置になるおそれがある」

9…ハーバード医学校のエドワード・H・クラーク博士は、おそらく、女性の高等教育に反対する医学界で最もよく知られた発言者だった。彼の影響力ある書籍『教育と性』は17版を数えている。彼は、厳しい学習と少年との学問的競争による生理的影響が少女の生殖器官の発達を阻害すると主張し続けた（E・クラーク『教育と性』1873年、38-39、62-63頁。同127頁：「両性に全く同一の教育を行うことは、神と人間性に対する罪であり、生理的抵抗があり、そうした経験は嘆かわしい」。また、H・マウズリー『精神および教育における性』1874年、17頁：「少女は野心を持たないのではなく、彼女たちが一般的に知的競争から脱落するわけでもない。しかし、彼女たちは一生の苦しみを伴いつつその精力と健康とを犠牲にし、ときには彼女らの性の本質的機能を適切に果たすことを不可能にして、それを為すことになる」。C・メイグ『女性とその疾病』1848年、350頁：5または6週間の「精神的教育的訓練の後」健康な女性は「生理の周期が乱れ」、「精神のために肉体を失った結果、重大な疾病に陥る」）。

10…バージニア州の公教育の最高責任者は、共学という考えは「人々の偏見と相容れない」として否定し、ギルトン、スミスそしてヴァッサーは、質的に類似した女子大学を提案した（ウッディ『女性教育の歴史』254頁：国務省『教育長官報告』下院報告書5号第58議会第2会期438頁、1904年を引用）。

11…同種の予測は連邦士官学校への女性の入学に関してもなされた。例として、下院軍事委員会第2小委員会・下院9832号法案等に関する公聴会（第93議会第2会期、1975年）137頁：空軍士官学校最高責任者A・P・クラーク中尉の証言「女子士官候補生を迎え入れることは、この不可欠の空気を不可避的に侵食するだろうというのが、私の熟慮による判断です」。また、同165頁：陸軍長官H・H・キャラウェイ閣下の証言「陸軍士官学校への女性の受け入れは、学校を取り返しのつかない形で変化させるだろう。……最終的な成果を生み出すのに極めて重要なスパルタ的雰囲気は確実に薄められ、消える可能性すらある」など。

12…デビッド・レイスマン専門家証人の証言「（もし）VMIが女性を入学させれば、最終的には対立型システムもともに失われざるをえないだろう。そして、学生により養育的な支援を与えるシステムが採用されるだろう」参照。そうした判断は、我が国の歴史を通じて、完全なる市民権に向けた女性の前進の行く手に立ち現れ、それを阻んできた。たとえば、女性の高等教育を支持する1879年の演説において、バージニア州上院議員C・T・スミス＝ネルソンは、女性の所有権を守るために提案された法が抵抗にあったことを説明している。その手段に反対したある上院議員は、「（立法への）公式の要求が存在しないこと」と「そうした法がもたらす恐るべき結果を熱烈に語って」異議を唱えた。法律は成立したが、数年後、その後援者であるC・T・スミスは「（予想された〝恐るべき結果〟は）何も起こらなかった。天使ガブリエルのラッパが最後の審判を告げるときまでには何か起こるだろうか」と述べた。

13…女子士官候補生は、すべての連邦士官学校においてクラスの上位で卒業している（ロンダ・コーナン中佐らによるアミカスブリーフ11頁参照）。参考として、女性の軍務に関する諮問委員会『陸軍士官学校における女性の統合とその能力の発揮に関する報告』1992年、64頁。

14…ロンダ・コーナン中佐らによるアミカスブリーフ（軍隊における女性の不可欠な貢献と勇敢な行為について報告する）5−9頁。参照として、ミンツ「大統領、最初の女性中尉候補を指名」ワシントンポスト紙1996年3月27日付A19面：大統領が海兵隊少尉キャロル・ムッターを中尉候補に指名したことを報じる。ムッターは人員計画班の長を務めることになる。M・トーシナント「古き連隊の新たな時代」ワシントンポスト紙1996年3月23日付C1面：ヘザー・ジョンセン軍曹がアーリントン墓地の無名兵士の墓の不寝番を担うエリート歩兵隊に入隊したことを報じる。

15…伝統的に望まれていなかった場所に女性を含めることは、不可避的に、調整期間をもたらす。あるアメリカ陸軍士官学校の部隊長によれば、「1978年および79年のクラスでは、女性は女性として見られていた。しかし、80年と81年のクラスでは、彼女らは級友として見られていた」。アメリカ陸軍士官学校、A・ヴィッター『女性の入学に関する報告書（アテネ計画2）』1978年、84頁。

16…VMIは、すでに別の特筆すべき改革を成功裏に終わらせている。1968年に、同校は、最初のアフリカ系アメリカ人学生を受け入れた（H・ワイズ『人を作る：VMI物語』347―349頁参照：学生たちはもはや南軍の行進曲である「ディキシー」を歌うことも、式典やスポーツイベントで南部連合旗やロバート・リー将軍の墓石に敬礼することもない）。連邦地裁によれば、VMIは、「白人が支配的で伝統志向の学生集団におけるマイノリティ構成員」に学問的および社会的文化的支援を提供するべく「黒人学生の保持」のためのプログラムを設けた。同校は、「黒人学生のための特別な勧誘プログラム」を維持しているが、それは、連邦地裁によれば、「VMIがその使命を達成するための方法に、ほとんど影響を与えるものではない」。

17…すでに見たように、フィリップス裁判官は反対意見において、バージニア州の計画について、あるパラダイムに照らして「平等保護条項の審査にたえうるもの」かどうかを評価していた。それは、「実質的に等しいカリキュラムおよび課外の各種プログラム、資金、物的設備、学生支援サービス……教授陣ならびに図書施設を備えた」男女別学校であるかどうかである。参考として、ブレイ対リー判決（1972年）は、男性が入学するのは120点以上（最高点は200点）のスコアのボストン男子ラテン学校であるのに対し、女性が入学するのは同じテストの最低点が133点の女子ラテン学校であるのは、平等保護条項とは両立しないと判断したが、共学を命じるものではない。そのパラダイムに照らしてVMIとVWILを評価し、フィリップス裁判官は、「（バージニア州の）計画は、男性と女性に実質的に等しい有形無形の教育上の利益を提供するものとはほど遠いことが明らかになった」と述べた。

18…両プログラムとも、名誉コードを含む。VMIの学生は、名誉コード違反があれば直ちに退学となる。VWILの学生の制度はそれほど厳格ではない（メアリー・ボールドウィン大学学長シンシア・タイソンの証言）。

19…VMIに女性を入学させることで、各構成員に対して異性からのプライバシーを確保し、肉体的訓練プログラムを調整するための変更が求められることは疑いないだろう。参考として、合衆国法典4342条（陸海空軍士官学校に入学する女性の学問的その他の基準は「男性と女性の生物学的差異によって求められる最小限の本質的調整を除いて、男性に求められるものと同じでなくてはならない」）を挙げておく。経験的に、こうした調整は可能である（アメリカ士官学校、A・ヴィッター、N・キンザー、J・アダムズ『女性の入学に関する報告書（アテネ計画1―4）』1977―1980年：アメリカ陸軍士官学校における女性の入学に関する4年間の長期研究。また、女性の軍務に関する諮問委員会『陸軍士官学校における女性の統合とその能力の発揮に関する報告』1992年、12－18頁参照)。

20…バージニア州の主な懸念は、「VMIプログラム固有の対立型の関係に男性と女性をともに置くことによって、少なくともその対立型訓練の期間中、異性との関係において今なお浸透しているある種の慎み深さが破壊されるだろう」という点にあると思われる。それは昔ながらのよくある恐れだ。以下のレヴィンによる閉会スピーチを、ラビニア・グッドウェル事件(女性からの弁護士会への入会申込を否定して、ウィスコンシン州最高裁は「討議は法廷において不可欠のもので、それは女性の耳にはふさわしくないものである。その場に女性が存在することは、慎み深さや礼儀正しさについての人々の感覚を麻痺させるだろう」と述べた)と比較せよ。

プラトンは、女性が、当時の社会のエリート統治者である護民官となる機会を等しく与えられるべきかどうかを問うた。皮肉なことに、最も非民主的な統治形態である共和国において、護民官として仕える女性の生まれつきの能力は、真剣に論じられなかった。その関心は、護民官という高尚な地位に就くために必要不可欠な厳しい肉体的精神的訓練の一環として、護民官精神を育成すべき候補者たちが参加するレスリングや体操の授業に向けられていた。ギリシャの慣習によれば、これらの運動の授業は裸で行われた。プラトンは、女性の裸体を覆い隠すことが彼らの美徳であり、したがって、当時の社会が性別のみを理由として能力ある市民からそれを発揮する機会を奪っているわけではない、と説明した。

女性の平等に関するプラトンのテキストは、プラトン〔B・ジョウェット訳〕『対話編〔第4版〕』1953年、302－312頁を参照。バージニア州は、「厳しい肉体的精神的訓練」プログラムにおいて古代ギリシャの伝統によるのではなく、「(あらゆる)能力ある市民」が才能を発揮するのに必要な環境を積極的に整えることができた。

21…R・モリス『強化された連邦 1781－1789年』1987年、193頁。同191頁には、自州の選挙資格について、マサチューセッツのパトリオット(であり後の第2代大統領)ジョン・アダムズがある友人に宛てた手紙が示されている。「選挙人資格を変更する試みによって開かれるだろう論争の源は、恐ろしくも有益なものだ。それには終わりがない。新しい主張が次々と出てくるだろう。女性も選挙権を要求するだろう。12歳から21歳までの若者も、自分たちの権利が十分ではないと考えるだろう。無産者も、州のあらゆる場面で他者と同じ投票権を要求するかもしれない。それはあらゆる区分を破壊し、すべての階層をひとつの共通の水準に均すだろう」(ジョン・アダムズからジェームズ・サリバンへの手紙、1776年5月26日。C・アダムズ編『ジョン・アダムズ著作集9巻』1854年、378頁より)。

2017年、ルース・ベイダー・ギンズバーグ裁判官と元ロークラークのリサ・ビーティー・フレリングハイゼンが、バージニア軍事学校（VMI）を訪問した際に女性士官候補生と共に。（撮影・写真提供：ケビン・レミントン）

COLUMN 05

ギンズバーグと平等

サーグッド・マーシャルの話をしよう。1908年、メリーランド州ボルチモア生まれ。ハワード・ロースクールを卒業後、故郷で弁護士を開業。1961年にケネディ大統領によって連邦控訴裁判官に任命され、ケネディが凶弾に倒れた後に大統領職を継いだジョンソンは、1965年、彼を訟務長官に任命する。その2年後、アフリカ系アメリカ人としては初の連邦最高裁裁判官となった。

ギンズバーグを語るべきこの場でマーシャルの名を挙げたのは、両者には共通点があるからだ。その1つは、弁護士として社会改革に貢献した経歴である。マーシャルは、弁護士として働き始めるとすぐにボルチモアの全米黒人地位向上協会（NAACP）に入り、人種差別是正のための訴訟を手がけていく。特に教育の分野における功績は顕著で、スウェット判決やマクローリン判決などを通じて、当時連邦最高裁が採用していた「分離すれど平等」という平等条項解釈に着実にダメージを与えていった。そして、最終的にはこの解釈を否定するブラウン判決を引き出したのだ。

ギンズバーグもまた、ロースクールで教鞭をとる傍ら、アメリカ自由人権協会（ACLU）の女性の権利プロジェクトの主導者として法廷に立った。彼女がACLUで弁護活動に携わったのは8年間で、30

年近くをNAACPでの活動に捧げたマーシャルと比べれば短いが、その間に彼女は連邦最高裁で6件の上告事件を扱い、そのうち5件で勝利した。当時、当たり前のようになされていた性に基づく異なる取扱いに楔を打ち込み、その結果、性差別については、人種のケースとは異なるものの、より慎重な合憲性審査を行うべきとする法理が確立された。

「マーシャルが市民権運動に熱心だったように、ギンズバーグは女性の権利擁護のために献身した」とのの報告書が、ギンズバーグの最高裁判官への指名を検討するクリントン大統領の後押しをしたことはよく知られている。2人は、人種と性、今なお深刻な2つの差別の克服を追求するシンボルだった。

最高裁判官となってからも、2人は期待される役割を担ってきた。しかし、「在任期間中幸せだったとはいえなかった」と言われることもまた、皮肉な共通点かもしれない。1970年代以降、連邦最高裁の保守化が言われる中でマーシャルが勝ちとった法理や原則は少しずつ掘り崩されていった。少数意見に回ることが多かったギンズバーグも然り。後任指名の採決を大統領選挙の後に行ってほしいと遺言を残した（結局、指名は選挙前に行われた）とされるギンズバーグの姿は、晩年病魔と闘いつつ、民主党の大統領が誕生するまでは「死んでも、起こして立たせておいてくれ」と言っていたと伝えられるマーシャルの姿と重なる（結局、83歳を目前にして辞任。後任は共和党のブッシュ大統領が指名した）。

しかし、戦いは続く。ギンズバーグがVMI判決法廷意見の最後で語ったように、合衆国憲法の歴史は、差別との戦いの歴史である。彼女がマーシャルをはじめ先人たちから引き継いだバトンは、次の世代が受け継いでいくことだろう。

（大河内美紀）

レッドベター対グッドイヤー・タイヤ&ラバー会社判決（2007年）

レッドベター対グッドイヤー・タイヤ&ラバー会社判決において、連邦最高裁は被雇用者が会社の差別行為に対して1964年市民権法第7編［i］に基づいて損害賠償請求を行う場合の異議申立期間［ii］について判断することになった。本件の原告であるリリー・レッドベター（女性）は、20年近くにわたって同僚の男性よりも給料が安く支払われてきたことから、それが市民権法第7編の差別に当たるとして、勤め先のグッドイヤー会社に対して訴訟を起こした。本件の法廷意見を書いたアリート裁判官は、原告が市民権法第7編の枠組みの中で訴訟を起こすのであれば「個々の違法行為」があった日から180日以内に起こさなければならないとした。本件ではすでにその期間を過ぎているため、レッドベターはその差別行為に対して損害賠償請求を行うことができない、と。レッドベターは、同法は差別が長期にわたって行われてきた場合にはそれらを全部まとめて扱い、それに対する損害賠償を認めるものだと主張したが、法廷意見は聞き入れなかったのである。

ギンズバーグ裁判官は法廷意見に対して反対の側に回った4人の裁判官を代表して反対意見を書いた。ギンズバーグ裁判官は、「法廷意見は女性が狡猾な方法で賃金差別の被害にあってきたことを理解していないか、それについて無関心なのではないか」と、歯に衣着せずに法廷で語った。「市民権法第7編は雇用問題の実態を扱おうとするものであるが、本日の法廷意見はまさにこの実態を無視してしまった。レッドベターのケースもそうだが、実際の賃金差別は少しずつ行われるのが定石である。賃金差別が行われているのではないかと強く疑うようになるのは、ずいぶんと時間が経過してからなのである」。ギンズバーグは、法廷意見のように市民権法第7編を「狭く解釈」することは、「連邦議会が市民権法第7編を制定することで職場における差別を全般的に解消しようと意図していたことからすると、……その趣旨に反するように思える」と述べ、最後に、連邦議会には「連邦最高裁の市民権法第7編に関する狭い解釈を是正する」権限があると指摘し、立法府に希望を託した。

ギンズバーグ裁判官からのメッセージを受け取った連邦議会が法改正に動き出すのにそう時間はかか

i…1964年市民権法第7編とは、雇用関係において、人種や性別に関する差別を禁止する法律（連邦法）のことである。いわゆる市民権運動（公民権運動）の成果の1つと位置づけられており、アメリカにおける差別解消立法の目玉の1つとなっている。

ii…異議申立期間とは、異議申立てを行うことができる期間のことをいう。この期間を過ぎてしまうと、異議申立てを行うことができない。なお、市民権法第7編違反を問う場合は、最初に雇用機会均等委員会に異議申立てをしなければならず、それを経て、必要な場合は裁判手続に進むことになる。

らなかった。２００９年リリー・レッドベター公正賃金法が制定され、それはオバマが大統領就任後、最初に署名した法案となった。

判決当日に法廷で読み上げられたギンズバーグ裁判官の声明と反対意見は次の通りである。

レッドベター対グッドイヤー・タイヤ&ラバー会社判決　法廷で読み上げられた声明

連邦最高裁判所
2007年5月29日

私はスティーブンス裁判官、スーター裁判官、ブライヤー裁判官とともに本日の法廷意見の判断に反対する。法廷意見は女性が狡猾な方法で賃金差別の被害にあってきたことを理解していないか、それについて無関心なのではないかと、我々は考えている。なぜなら、今日の判決はこう言ったも同然だからである。「あなたが賃金差別を受けているかどうか定かではなくてもすぐに訴えなさい」と。だが、実際には、実質的に同じ仕事をしている男性の方が給料を多くもらっていることが最初から分かるわけはないだろう(そもそも、そのような生半可な主張をしても負けるのがオチである)。ところが、賃金差別がなされていることが確実となり、勝てる見込みが出てきたときになって初めて訴訟を起こすと、今度は異議申立期間を過ぎているということで却下されてしまう。公的な職場で人種、肌の色、宗教、性別、国籍に基づく雇用差別を違法と定めた市民権法第7編を制定したときに、連邦議会はこのような事態が起きることを想定していなかった。

本件の原告であるリリー・レッドベターは1979年からアラバマ州にあるグッドイヤー・タイヤ&ラバー会社の工場でエリアマネージャーとして働いてきた。当初、彼女の給料は同じ仕事をしている男性の給料と同じであった。ところが、その後、彼女と同年齢あるいは彼女よりも若い男性のエリアマネージャーの方が給料が高くなっていった。1997年末になると、女性のエリアマネージャーはリリーだけとなり、その他の15人の男性エリアマネージャーとの給料の差は著しいものになっていた。リリーの給料は、他のエリアマネージャーの給料よりも15~40パーセント低かったのである。

1998年3月、リリーは雇用機会均等委員会〔iii〕に異議申立てを行った。彼女はそこでグッドイヤー会社が性別を理由に給料に差を設けていることが市民権法第7編に反すると主張した。申立後、彼女は訴訟を起こし、陪審の判断を受けることになった。陪審は、「グッドイヤー会社が性別を理由に賃金を差別した可能性がある」と認定した。しかし、連邦最高裁は今日、異議申立期間を過ぎているとして陪審の評決を覆してしまった。

市民権法第7編は、差別に対する異議申立ては「違法な雇用上の行為が行われてから180日以内にしなければならない」と定めている。リリーは、この180日の間、自分の給料が同じ仕事をしていた男性よりも少なかったと主張し、そのことを事実審で証明した。さらに彼女は、グッドイヤー会社の工場では女性のマネージャーに対して賃金差別が広く行われてきたことを示す実質的証拠を提出した。しかし、連邦最高裁は、グッドイヤー会社が彼女の給料を男性と同じ水準に上げなかったたびに、それに対して毎年異議を申し立てる必要があったとして、証拠を採用しなかった。つまり、連邦最高裁は、本件では毎年の給料の決定ごとに180日以内に争われていないので、それらはすでに市民権法第7編をもとに争うことができない事項になってしまったとしたのである。

市民権法第7編は雇用問題の実態を扱おうとするものであるが、本日の法廷意見はまさにこの実態を無視してしまった。レッドベターのケースもそうだが、実際の賃金差別は少しずつ行われるのが定石である。賃金差別が行われているのではないかと強く疑うようになるのは、ずいぶんと時間が経過してからなのである。ところが、通常、他の人と給料を比較することはない。それどころか、たいていの場合、他の人の給料は分からないようになっている。もし給料が違うことが分かったとしても、わずかな金額の違いであれば訴訟を起こそうとは考えないだろう。特にリリーのように、以前は男性しかいなかったような職場で成功したいと望んでいる被雇用者は波風を立てたくないと思うのが普通ではないだろうか。

積み重なることで大きな不利益をもたらす賃金差別は、すぐにそれと分かるようなものではない。解雇、昇進拒否、採用拒否といったような明白な行為とは違って、賃金差別は積み重なって初めて明らかになるので、それに気づかずに異議申立ての機会を逃してしまう。差別を行った雇用者が有利になるよ

iii…雇用機会均等委員会は、1964年市民権法第7編によって設けられた連邦の機関。雇用差別等に関する申立てを受け付け、調査を行った上で、雇用主と被雇用者に解決策を提示したり、仲裁を行ったりする。場合によっては、申立人に訴権（訴訟を起こす資格）を与えることもある。

うな異議申立期間を設定することで、性別に基づく継続的な賃金差別に対する救済を申し立てる機会を奪ってはならない。

けれども法廷意見は、給料が支払われるたびに異議申立てをしなければ、そこで行われた差別は帳消しになる、と市民権法第7編を解釈した。つまり、男性マネージャーよりも低い給料しか支払われてこなかったことを忘れなさい、としたのである。だが、このような賃金差別は違法とされてしかるべきである。今回、リリーが雇用機会均等委員会に異議申立てを行ったときに受けていた賃金差別については、市民権法第7編に基づく救済を受けることができなかった。しかし、本件について救済を与えないことは、もしリリーが人種、宗教、年齢、国籍、身体障害に基づいて賃金差別を受けた場合にも同様の結果になるということを心に留めるべきである。

市民権法第7編が広い救済を念頭に置いた法律であるにもかかわらず、連邦最高裁がその趣旨に反し、狭く解釈したのは本件が初めてではない。本判決が依拠したロランス判決をはじめ、度重なる連邦最高裁の本法に関する狭い解釈に耐えかねた連邦議会は、１９９１年に法改正を行った。今度は司法が対応を迫られる番となった。１９９１年、連邦議会は連邦最高裁の同法の狭い解釈を変えるように迫ったのである。

レッドベター対グッドイヤー・タイヤ&ラバー会社判決　反対意見

連邦最高裁判所

上訴人——リリー・レッドベター
被上訴人—グッドイヤー・タイヤ&ラバー会社
2006年11月27日　口頭弁論
2007年5月29日　判決
［アリート裁判官の法廷意見は省略］
ギンズバーグ裁判官の反対意見（スティーブンス裁判官、スーター裁判官、ブライヤー裁判官の同調）

リリー・レッドベターは、1979年から1998年に退職するまで、アラバマ州にあるグッドイヤー・タイヤ&ラバー会社の工場で管理職を務めていた。そのほとんどの間、彼女はエリアマネージャーとして働いていたが、当時周りのエリアマネージャーは男性ばかりであった。当初、彼女の給料は実質的に同じ仕事をしている男性の給料と同じだった。ところが、その後、彼女と同年齢あるいは彼女よりも若い男性のエリアマネージャーの方が給料が高くなっていった。1997年末になると、女性のエリアマネージャーはリリーだけとなり、その他の15人の男性エリアマネージャーとの給料の差は著しいものになっていた。リリーの月給が3727ドルだったのに対し、男性のエリアマネージャーは、最も低い者ですら月給4286ドルもらっていたのである。ましてや最も高い者になると、月給5236ドルとなっていた。

1998年3月、リリーは雇用機会均等委員会に差別に対する異議申立てを行った。グッドイヤー会社が性別によって給料に差を設けていることが市民権法第7編に反する、というのがその理由である。申立後、リリーは訴訟を起こし、陪審は「グッドイヤー会社が性別を理由に賃金を差別した可能性がある」と認定した。陪審の判断に従い、連邦地裁はリリーの請求を認め、差別されていた分の給料、損害賠償、弁護士費用等を支払うよう会社に命じる判断を下した。

しかし、連邦高裁はこれを覆した。連邦高裁は、グッドイヤー会社が年ごとに業績給制度を採用していることから、本件訴訟には異議申立期間上の問題があるとしたのである。市民権法第7編は、差別に対する異議申立ては「違法な雇用上の行為が行われてから180日以内にしなければならない」と定めている〔1〕。リリーは、この180日の間、自分の給料が同じ仕事をしていた男性よりも実質的に少なかったと主張し、そのことを証明した。さらに彼女は、このガズデン工場では女性のマネージャーに対して能力とは関係なく賃金差別が行われてきたことを示すのに十分な証拠を提出した。しかし、連邦高裁、そして本日の連邦最高裁は、グッドイヤー会社が彼女の給料を男性と同じ水準に上げなかったたびに、それに対して毎年異議を申し立てる必要があったとして、リリーの証拠を採用しなかった。つまり、連邦最高裁は、本件では毎年の給料の決定ごとに180日以内に争われていないので、それらはすでに市民権法第7編をもとに争うことができない事項になってしまっており、もはや決着のついたものとして既成事実化しているとした。

法廷意見がこだわった異議申立期間は賃金差別にありがちな問題を見落としている。賃金差別は、本件のように少しずつ行われるものである。その結果、差別が行われているのではないかと疑うようになるのはかなり後になってからのことになる。さらに、たいていの場合、他の人の給料は分からないようになっている。雇用者は管理職の間の給料の違いを明らかにしないので、当然ながら、なぜ違うかという理由も明らかにされない。また、特に新しい環境で成功したいと望んでいる被雇用者は波風を立てたくないので、その違いがわずかであれば訴訟を起こしても割に合わないと考えてしまうかもしれない。

賃金差別は「解雇、昇進拒否、採用拒否といったような」不利益処分とはまったく違う。これらは明確に個別に伝えられるものであるため、差別が「簡単に判明しやすい」(2002年の全米鉄道旅客公社対モーガン判決を参照)。賃金差別が相当な金額になって初めて——たとえば、現在の給料をもとに将来の昇給を計算するなど――リリーのような状況にある被雇用者は差別されていることを理解し、異議を申し立てる。差別を行った雇用者が有利になるような異議申立期間を設定することで、当時から続く性別に基づく賃金差別に対して異議を申し立てる機会を奪ってはならない。

市民権法第7編の異議申立期間の問題につき、我々は先のモーガン判決でも、「〝違法な雇用上の行為〟とは何か、それが〝起きた〟のはいつか?」を検討してきた。連邦最高裁の先例や多くの下級審判決は、違法な行為とは性別(または人種)に基づく現在の賃金差別――すなわち、同じ仕事をこなす男性よりも少ない給料が女性に支払われたとき――であると解してきた。

I

市民権法第7編は「人種、肌の色、宗教、性別、または国籍を理由に個人の報酬を」差別することが「違法な雇用上の行為」に当たるとして禁止している。この規定に違反する雇用上の行為に対して異議を申し立てる場合は、「違法な雇用上の行為が行われた後」180日以内に雇用機会均等委員会に異議申立てを行わなければならない。

リリーの異議申立ては市民権法第7編の適用上の問題を浮かび上がらせるものであった。つまり、賃金差別のケースではどのような行為が違法な雇用上の行為に当たるのかという問題を提起したからである。第1に考えられるのが、給料の支払い額の決定を、その一度で単体の違法行為とみなすアプローチである。このアプローチに基づけば、給料の支払い額の決定は、それ以前および以後の決定とは別個のものであり、そのたびごと180日以内に異議申立てをしなければならないことになる。第2は、給料の支払い額の決定と実際に給料が支払われたことの両方をもって違法行為とみなすアプローチである。このアプローチだと、性差別に基づくそれぞれの支払いが1つの違法行為となる。つまり、180日という期間外に行われた過去の支払いも、期間内の支払いが違法かどうかを判断する上で、関連するものとみなされる。法廷意見は第1のアプローチをとったが、第2のアプローチの方が先例の内容に近く、雇用問題の実態にも対応し、また市民権法第7編が救済を重視していたことにも合致するものである。

A

ベイズモア対フライデー判決（1986年）は、北カリフォルニア農業改良事業会社が白人と同じ職務をこなす黒人に対して低い給料を支払い続けてきたことが違法な雇用上の行為に当たるとした。この会社は1965年まで白人が働く部署と黒人が働く部署を分けていた。黒人が働く部署は白人が働く部署よりも給料が安かった。1964年に市民権法第7編が制定されると、州は2つの部署を統合し、賃金差別を解消するように調整し、昇給の際には差別とならない要素を考慮するようになった。しかし、「これまでの賃金差別は、なお継続していた」。原審は、今も残っている賃金差別は市民権法第7編制定前には合法だったという理由で原告の訴えをしりぞけたが、連邦最高裁はこの判断を覆した。連邦最高裁は、

「同じ職務に従事している白人と比べて黒人の給料を低くすることは、市民権法第7編が禁止する違法行為に当たる」とした。つまり、連邦最高裁は、給料を支払うたびに差別が更新されると考え、過去の賃金差別を続けていることに対しては異議申立期間にとらわれずに訴訟を起こすことができるとしたのである。

全米鉄道旅客公社対モーガン判決（2002年）[iv]は、市民権法第7編の異議申立期間が、違法な雇用上の行為について2種類に分けて対応することを求めているとした。すなわち、容易に差別と分かる個別の行為と、繰り返し行われた結果差別になる行為とに分けたのである。モーガン判決は、「解雇、昇進拒否、異動拒否、採用拒否のような個別の行為は、それが行われた日が基準になる」とした。そのため、「原告はその行為が行われた日から180日以内に異議申立てを行わなければならず、それを過ぎると救済を求めることができない」（「その期間を過ぎた場合には、たとえ複数の行為が差別に関連していても、もはやその差別的行為に対して異議申立てをすることはできない。個別の差別的行為はその行為が行われたときから180日以内に異議を申し立てなければならないのである」）。

一方で、モーガン判決は「特定の個別の行為から生じるわけではないが、積み重ねによってもたらされる差別がある」ことを示した。そして、ハラスメント的労働環境の問題はこのカテゴリーに入るとした。つまり、「それはまさに繰り返し行われた行為に関係する」のであり、ハラスメント的労働環境での「違法な雇用上の行為」は「特定の日に起きるわけではない。それは個々の行為ではなく、何日も、場合によっては年単位で続くことで起きる差別であり、単発のハラスメント行為を問題とするわけではない」

としたのである。このように差別的行為を連続的なものとして捉えると、管理者は差別的行為が行われていることを認識していなければならないことを示すとともに、具体的な被害を生じさせているということになる。ハラスメント的労働環境において生じる差別の特徴を踏まえると、「市民権法第7編の目的からすれば、ハラスメント的労働環境において積み重ねられてきた行為については法定の異議申立期間がそのまま妥当とは言えない。問題となる個々の差別的行為が異議申立期間の範囲内に行われていなければならないと規定していたとしても、ハラスメント的労働環境が存続してきたという観点から法的責任の問題を考える必要がある」。

そのため、違法行為が過去に行われたものであっても、「かなり日にちが経過した後でそれに対する異議申立てを行うことが可能であり、これまでの経過を踏まえた全体が対象になる」。

リリー・レッドベターが経験したような賃金差別は、単発的に行われた差別行為というよりも、ハラスメント的労働環境に置かれ続けてきたという問題に近い。彼女は、1回の給料支払いによって生じた差別というよりも、何回も積み重ねられてきた結果生じた差別に対して異議を申し立てているのであり、モーガン判決の内容に近いのである（原告の主張を参照すると、モーガン判決における繰り返し行われてきた被害を

iv…職場内で様々なハラスメントを受けてきた黒人男性のモーガンが差別的行為であるとして訴訟を起こした事件。全米鉄道旅客公社（アムトラック）側は、当該差別的行為は原告が雇用機会均等委員会に異議申立てをする300日以前に行われたものであり、異議申立て期間を過ぎていると主張した。

本件にも類推していることが分かる。また、原告の反論書は賃金差別と個別の差別行為を分けている)。まさに、ゆっくりとだが確実に積み重ねられてきた狡猾な差別を糾弾しているのである。実質的に同じ仕事をしている場合には同じ給料が設定されているが、継続的勤務評価や給料調整を経ると、リリーの給料は同僚の男性よりも15~40パーセント低くなっている。リリーは、会社が彼女の仕事ぶりを低く評価して給料を決めてきたことが差別に当たると何度も主張してきた。これまでの個々の給料支払いに対しては異議申立期間を過ぎているが、グッドイヤー会社は少しずつ繰り返しながら差別を積み重ねてきたのである[2]。

B

雇用問題の実態をみると、リリー・レッドベターが受けてきた賃金差別は「簡単に判明しやすい」個別の行為に当てはまらないものであることに気づく。もし昇進や異動を拒否されたり、解雇されたり、採用されなかったりすれば、当事者はすぐにそのことが分かる。昇進、異動、雇用、解雇は一般に公表されており、同僚にも周知されるからだ。雇用者が正式な決定を公表すると、被雇用者はただちにその説明を求め、それがいい加減になされたものでないかを確認する。ところが、賃金差別は公表されるわけではない。雇用者側が被雇用者に対して給料のレベルを公表するのを拒否することはよくあることで、被雇用者が自分の給料を秘密にしておくこともよくあることだ(机の上にあった賃金リストを見て初めて、働き始めてから7年もの間、同僚よりも給料が低く設定されていたことを知ったグッドウィン対ゼネラルモーターズ判決や、新聞報道によって賃金差別が行われていたことを知るまで数年間そのことに気づかなかったマクミラン対マサチューセッツ州動物虐待防止協会判決など）〔3〕。そして本件記録が示しているように、グッドイヤー会社は給料を公表してこなかった。被雇用者は同僚の給料に関する情報をほとんど知ることができなかったのである。

ひそかに行われている賃金差別が発覚しにくいのは、女性の労働者だけが一律に昇給がなされないからではなく、同僚の男性だけが大幅に昇給している場合があるからだ。自分の給料が上がっていれば、女性の労働者は賃金差別が行われていることにすぐには気づかない。賃金格差が徐々に膨らみ、最終的に賃金差別が行われていたと気づくまで、そんなことが存在するとはつゆほども疑わないだろう。たとえ女性の労働者が男性の同僚よりも給料が低いのではないかと疑ったとしても、その時点での差はそれほど大きくなく、また雇用者がそのような差を設けている理由がはっきりしないので、ただちに訴訟を起こすのは難しく、ましてや勝訴するのも難しい。

さらに賃金差別の問題と雇用者の個々の行為の積み重ねによって生じる問題を切り離すことによって、雇用者は昇進、採用、異動の拒否を行って差別とみなされないように注意しつつ、性に基づく賃金差別を行おうとすることがある。もし男性の労働者を女性の労働者よりも出世させてしまうと、雇用者はその男性に高い賃金を払わなければならなくなり、コストがかかる。一方、男性の労働者と女性の労働者を同じ地位に据え置き、女性の給料のみ少なくしておけば、雇用者はコストを浮かせることができるのである。また、年功序列制度のように昇進させておけば、賃金差別を生じさせない形で労働者に利益をもたらすことがある（1977年のチームスターズ対合衆国判決は年功序列制度が労働者の権利に関わるとし、市民権法第7編はその権利を破壊したり傷つけたりすることを意図していないと判示した）。ところが、そこで生じる賃金格差については、雇用者が責任をとらなければ補償されない。

C

モーガン判決が示した賃金差別の問題と雇用者の個々の行為の問題との決定的な違いについては、連邦最高裁もそれをしっかりと認識してきた。ユナイテッド航空会社対エバンス判決（1977年）やデラウェア州カレッジ対リックス判決（1980年）では、いずれも容易に差別と分かる単独の行為が問題とされた。エバンス判決では強要的解雇、リックス判決では終身雇用の否定が問題となった[v]。両方とも、労働者が個別の差別的行為が行われた後に異議を申し立てたものである。エバンス判決では、ユナイテッド航空会社が女性のフライトアテンダントに寿退社を勧める方針をとっており、結婚したエバンスに退職を強要したが、当初彼女は異議を申し立てなかった。4年後にエバンスが再雇用されたとき、彼女は航空会社の寿退社勧奨ルールが違法であり、彼女のこれまでの実績を評価すべきであると主張したのだった。同様に、リックス判決では、デラウェア州カレッジがリックスの終身雇用を否定したとき、1年の契約期間が終わるまで、彼は異議を申し立てなかった。いずれの事件も、繰り返し継続的に差別的な雇用上の行為が行われたわけではなかった[4]。

一方、それとは異なる判断をした事件としてロランス対AT&Tテクノロジーズ判決（1989年）がある。連邦最高裁は、このケースではまだ差別的行為とみなせるほどの単発性があるとは言えないとした。そこでは、新しい勤続給制度が「性差別に基づいている」ことが問題とされたが、連邦最高裁は差別的意図が証明されなければ差別とは言えないとした。連邦最高裁は同判決を先例として維持し続けたが、連邦議会が1991年市民権法を制定してその内容を覆したのである。ロランス判決は、文面上は性別に中立的な勤続給制度の違法性を問う場合には差別的意図が証明されなければならないとしたが、連邦議会の新しい法律はそれを否定して次のように定めた。

本章の目的は、(文面上差別的意図が明らかであるかどうかにかかわらず、差別的意図が含まれている勤続給制度が採用されてきた場合には)勤続給制度が採用された場合、個人が勤続給制度の対象になる場合、または勤続給を強要された者がその制度またはその制度の規定によって損害を受けた場合、違法な雇用上の行為が起きたとみなすようにすることである。

連邦議会は、「本判決が突き付けた要求は市民権法第7編の目的からするときわめて奇妙なものである」と述べたロランス判決のT・マーシャル裁判官の反対意見に賛同した(同法は「1991年市民権法は差別の被害者に適切な保護を与えるために市民権関連の法律の射程を広げることによって、近時の連邦最高裁の判決を改善す

∨…なお、事件の結果としては、いずれも差別的行為の後に時間が経ちすぎているとして原告側が敗訴している。ギンズバーグがこれらの事件をここで取り上げたのは、判決結果に着目したのではなく、これらの事件においても、連邦最高裁が単発的行為なのかどうかを重視していたことを明らかにしたかったためである。

るために制定されたものである」と説明している)。

実際、1991年市民権法の112条は勤続給の問題だけを直接取り上げた。連邦議会は、(1)連邦最高裁が市民権法第7編と他の市民権関連の法律の保護の射程を不当に縮め、(2)ベイズモア判決の判断を一般化しようとしていることを明らかにした。1991年市民権法の前身である1990年市民権法案についての上院報告書は次のように説明している。

ロランス判決で主張されたように、雇用者が違法な差別的動機に基づいて規則を制定したり決定を行ったりした場合、それら自体が違法行為となる。たとえば、ベイズモア判決は人種差別的動機のある賃金制度に基づいて給料が支払われるたびに市民権法第7編違反になるとした。1990年市民権法案の7条(a)(2)はベイズモア判決の判断を一般化したものである。

1990年市民権法案に関する上院報告書101-315号54頁(1990年)[5]

また法案提出者の解釈メモには、「この法案は勤続給制度以外の事項にロランス判決の内容を拡大しないように解釈されなければならない」と書かれている。ただし、これと異なるレッドベター判決も参照(法廷意見はロランス判決に依拠しながら「雇用者が文面上中立で、中立的に適用される制度に基づいて給料を支払う場合」は市民権法第7編に違反しないとした)。

連邦議会が市民権法第7編を修正してから15年以上が経過しているが、連邦最高裁はこれまで一度もロランス判決に依拠して判断してこなかった。そのため、今日、法廷意見がロランス判決に依拠することは間違いである。連邦議会が「市民権法第7編を制定する際に意図したのは、差別的な勤続給制度が180日以上継続すれば訴えられなくなるとしたわけでも」(ロランス判決におけるマーシャル裁判官の反対意見)、継続的な賃金差別が個々に行われるたびに180日以内に訴えなければならないとしたわけでもない。この法律は、たとえわずかな賃金差別であっても、昇給額が前の給料額をもとに算出されるのであれば、それが積み重なるにつれて著しい差をもたらすことになるのを問題視したものと理解すべきである。

連邦議会の意図を読み取る手がかりは市民権法第7編の未払給料規定にある。この法律は、差別が行われていなければ本来支払われるはずであった給料につき、差別に対する異議申立てがなされる前の2年間分の未払給料を請求できるとしている(「未払給料の支払責任は雇用機会均等委員会に異議申立てを行う前から2年以内を対象とする」)。この規定は、賃金差別に対する異議申立ては180日以内にしなければならないが、連邦議会は差別が継続的に行われている場合もあると想定していたことを表している(モーガン判決は、「もし連邦議会が異議申立期間内に起きた差別に責任を限定しようと意図していたとしたら、2年間分もの未払給料を償還対象としなかっただろう」と述べている)。モーガン判決が述べたように、「連邦議会が未払給料の償還対象となる期間を2年間分と明示したのは、差別に対する異議申立期間が1回の差別行為ごとに180日以内に異議申立てをしなければならないとしたわけではないことを表している」のである。

D

多くの連邦高裁は賃金差別の実態に合わせた判断をしており、これまでの給料が差別的に支払われてきた場合にはそれをひっくるめて現在の差別として扱っている。つまり、差別によって低く設定されてきたこれまでの給料の支払いをまとめて損害として扱ったのである。たとえば、フォーサイス対連邦雇用及びガイダンスサービス判決（2005年）は、「差別に基づく給料が設定されたのが異議申立期間外であっても、差別に基づいて支払われた給料が異議申立期間内であれば異議申立てを行うことができる」とした。また、シアー対ライス判決（2005年）は、ベイズモア判決を引用しながら「雇用者が差別的理由によって被雇用者の給料を減らして支払うたびに違法な雇用上の行為を行ってきたことになる」とした。グッドウィン判決、「賃金差別は過去に行われた差別の影響を引きずっているというよりも、継続的に差別しているものとして捉える必要がある。……人種に基づく賃金差別は市民権法第7編の新たな差別である」。アンダーソン対スビエタ判決（1999年）、「賃金差別は給料が支払われるたびに違法行為の対象になると連邦高裁は繰り返し判断してきた」。

市民権法第7編の実施主体である雇用機会均等委員会は、現実に行われている賃金差別の実態に対応するため、被雇用者が賃金差別を受けるたびに異議申立てができるというように同法を解釈してきた。雇用機会均等委員会のコンプライアンスマニュアルは、「差別的賃金のような同じ違法な雇用上の行為が繰り返して行われている場合は、1回の差別的行為が異議申立期間内に行われていれば異議申立てをすることができる」としている（市民権法第7編は、たとえ差別的制度が終わっていたとしても、雇用者はその差別的制度に起因する賃金差別を是正しなければならない、としている）。

雇用機会均等委員会はこの解釈をもとに様々な行政決定を行ってきた。同委員会が下したアルブリットン対ポッター決定は、ベイズモア判決を引用しながら、被雇用者は、賃金差別が行われていたことに気づいたのが異議申立期間経過後であったとしても、「給料の差が差別に基づいていた場合、同じ仕事をしている同僚と比べて給料が少なく支払われるたびに市民権法第7編違反の主張を行うことができる」ので、その期間は申立ての障害にはならないとした。そして本件の原審である連邦高裁において、雇用機会均等委員会は、賃金差別の決定が行われた後、リリーが異議申立期間内に異議申立てをしなかったからといって、1979年～1998年に行われた賃金差別に対して救済を求める権利を彼女から奪ってはならないと主張したのだった[6]。

II

連邦最高裁は、賃金差別の対象を個々の給料の支払いごとに限定することが、「はるか昔の雇用上の判断に対してなされる請求の負担から雇用者を守るために」必要であるとした（リックス判決を引用した本判決の法廷意見を参照）。しかし、リリー・レッドベターが異議を申し立てているのは、はるか昔の差別ではない。彼女の主張によれば、グッドイヤー会社は給料を支払うたびに性に基づく賃金差別を確たるものとして続けてきたのであり、そのことは陪審も認めている。「長期にわたる」差別に対して異議申立期間を延ばしたとしても、雇用者は不合理または不当な過去の請求に対して対抗できなくなるわけではない（モーガン判決を参照）。雇用者はそのような不当な請求に対しては様々な抗弁が可能なのである。たとえば、「権利放棄、禁反言、消滅時効」の法理［vi］により、請求があったことを雇用者に早く知らせるという異議申立期間の目的を損なわずに市民権法第7編の救済目的を果たすことができる（1982年のザイプス対トランスワールド航空判決を引用したモーガン判決を参照。モーガン判決は、「もし原告の異議申立てが不合理に遅れ、被告に損害を与える場合」、雇用者は被雇用者の権利不行使を主張してそれに対抗することができるとした。雇用機会均等委員会は、もしリリーが不合理に遅れて以前の給料の決定に対する異議申立てを行った場合、それに反論するのは難しいので、グッドイヤー会社は権利不行使を主張して対抗することができるとしている［7］）。

本判決の法廷意見はきわめつきにこう述べた。本判決の反対意見の主張に従うと、「もし被雇用者が20年前に行われた決定の内容を把握していたとしても」、原告が今頃になって当時の賃金差別に対して訴訟を起こすことを認めることになってしまう。そのようなバカげた訴訟に対して、雇用者が先述した抗弁で対抗するのは難しい。まともな裁判官なら、そんな言語道断な原告の過失に対して寛容になるわけがないだろう、と（なお、モーガン判決は、「そのようなケースにおいては、連邦裁判所は固有の事情に照らして妥当な判断を下す裁量を有している」と述べている）。

法廷意見によれば、リリーは別の救済方法があったにもかかわらず、それを活用しなかったという。

もしリリーが1963年公正賃金法に基づく請求をしていれば、中立期間という時間的障壁にぶつからずに済んだというのである[8]（法廷意見は「もしリリーが公正賃金法に基づく請求をしていれば、今回、市民権法第7編で問題になったような中立期間の制限の問題を回避することができただろう」と述べている）。ただし、公正賃金法は、人種、宗教、国籍、年齢、障害に基づく賃金差別に対する救済を明文で定めているわけではない。したがって、ベイズモア判決が示した市民権法第7編の法理を脇に置いてしまうと、女性労働者の賃金差別に対する救済を求めやすくなるわけではなく、むしろ人種的マイノリティやその他のマイノリティが同様の救済を得ることを妨げる結果になってしまう[9]。

また、損害賠償の対象となる違法な差別の判断についても、法廷意見が言うほど、公正賃金法が禁止する差別と市民権法第7編が禁止する差別との間に大きな違いはない。明確な違いがあるとすれば、それは市民権法第7編が差別的意図の証明を要求するという点である。もし事実認定において、給料の違いが性差別に基づくものであるかどうかはっきりしない場合、市民権法第7編は雇用者側に軍配を上げるが、公正賃金法では被雇用者側に有利な結果になるだろう（サリバン・ジンマー・ホワイト『雇用差別――法と実践』第2巻、532頁、2002年・第3版）。そのため、本件では、リリーは自らが受けた賃金差別が意図的な性差別に基づくものであると主張して陪審を説得したのだった。

vi……一般に、権利放棄は権利を持つ者が権利を放棄すること、禁反言は自己の言動に反する主張を禁止すること、消滅時効は権利が一定期間行使されない場合に権利を消滅させることを指す。

法廷意見がいかに市民権法第7編の核心部分から外れた解釈を行っているかを示すために、リリー・レッドベターが事実審において証明した内容を振り返ってみる。リリーは以下の事柄を陪審に対して証明した。まず、彼女は被雇用者として保護される資格を有していること。次に、彼女は実質的に男性と同等の仕事をこなしていること。ところが、彼女は仕事内容に見合う給料をもらっていないこと。そして給料の低さが性差別に起因していること。

以上の証明のうち、リリーの現在の給料が低いのは、グッドイヤー会社が長期にわたってリリーを含む女性マネージャー全般に対して賃金差別を行ってきたことに起因する点に注目すべきである。たとえば、リリーの元上司は、彼女の給料がその職位の最低ラインだった年もあったと陪審に証言した。グッドイヤー会社は、給料の違いは職務能力の違いによるものだと説明したが、元上司はリリーが1996年に〝トップパフォーマンス賞〟を受賞したと証言した。また、別の元上司は、1997年にリリーの仕事ぶりを評価した際、昇給を認めない判断を行ったのだが、その判断が広く女性一般に対する差別に基づくものであったと陪審に証言した。

また、以前に同じ工場でマネージャーとして働いていた2人の女性は、同僚の男性よりも給料が低く、ずっとそうした差別を受けてきたと陪審に証言した。しかも、そのうちの1人は、部下の男性よりも給料が低かったと証言した。

さらにリリー本人は、工場の責任者から差別的な敵意をむき出しにされたことがあると証言した。たとえば、彼は、「工場に女は要らない。女は役に立たないし、問題を起こすだけだ」と言い放ち、リリーに仕事を辞めるようにほのめかしたという[10]。陪審は提出されたすべての証拠を吟味した上で、意図的な差別に基づく賃金差別が行われていたという認定を行い、リリーの主張が受け入れられた。

けれども、連邦最高裁は市民権法第7編に基づく救済はリリーが証明した差別に対して適用できないとした。すべての給料につき、毎回の給料の支払い決定のたびに異議申立てをしなければならないところ、リリーはそれをしなかったので、水に流してしまったというわけだ。それまでの給料の支払い決定が積み重なって性別に基づく賃金差別となったという点は考慮されなかった。以前から賃金差別が行われていたことを知っていて異議申立てを行わないのであれば、それまでの行為は合法になってしまうというのである。リリーが雇用機会均等委員会に異議申立てを行ったとき、同委員会は損害賠償請求をしりぞけた。もしまだリリーがグッドイヤー会社に雇われていれば、事実審に提出した証拠をもとに、今後、実質的に同じ仕事をしている男性と同じ給料を支払うことを求める差止[vii]によって救済されていたかもしれない。連邦議会が市民権法第7編を制定することで職場における差別を全般的に解消しよう

vii…アメリカには様々な形の差止があり、文字通り一定の行為を止めることもあれば、一定の行為を行わせることもある。ここでは、将来に向けて一定の行為を行うことを求める意味で使われている。

と意図していたことからすると、連邦最高裁が今回のような結果を認めてしまうことはその趣旨に反するように思える（たとえば、1977年のチームスターズ対合衆国判決は「市民権法第7編の主な目的は雇用機会の平等を確保し、差別的行為や差別的仕組みを排除することである」と述べている。また、1975年のアルベマール製紙会社対ムーディー判決は「市民権法第7編の目的は違法な雇用差別によって損害を被った者に対して十分な救済を与えることである」としている）。

市民権法第7編が広範な救済を意図しているにもかかわらず、連邦最高裁がそれを狭く解釈したのは今に始まったことではない（1989年のワードコーブ缶詰会社対アトニオ判決、同年のプライスウォーターハウス対ホプキンス判決。いずれも1991年市民権法によって覆されている）（リンデマン&グロスマンは、「1980年代後半の多くの連邦最高裁判決は連邦議会の反発を招いたため、立法による変化が求められることとなり」、1991年市民権法の制定につながったという。『雇用差別法』第1巻、2頁、1996年・第3版）。最後にもう一度言う。ボールは再び連邦議会に投げ返された。今こそ、立法府は連邦最高裁の市民権法第7編に関する狭い解釈を是正するときである。

＊　＊　＊

以上に述べた通り、リリー・レッドベターの請求に関する異議申立ては申立期間を過ぎておらず、審理を原審に差し戻すべきだと考える。

原註

1…もし異議申立てが最初に州または地方政府の機関に提出された場合は、異議申立期間は300日、または当該機関の申立棄却の判断後30日まで延びることになる。レッドベターのケースでは180日の異議申立期間が適用されているので、最初から最後までこの数字で計算されている。

2…モーガン判決では、連邦最高裁は「異議申立期間内に提起された異議申立てに関連する行為」であることが必要であるという点を強調した。本件との関連では、異議申立ての対象が異議申立期間内における給料であれば、これまでの賃金差別を含む形で主張できることになる。つまり、リリーが主張したように、繰り返し行われてきた賃金差別は訴訟の対象となる「不法行為」となるのである。

3…Bierman & Gely, "Love, Sex and Politics? Sure. Salary? No Way": Workplace Social Norms and the Law, 25 Berkley J. Emp. & Lab. L. 167, 168, 171 (2004) も参照。民間企業の雇用者の3分の1は被雇用者が同僚と給料についてとやかく言うことを禁止する特別な規則を設けているとされる。給料を公表している雇用者は10人に1人しかいなかった。

4…連邦最高裁は、エバンス判決とリックス判決と同様、単発の行為（組合保障協定を含む団体協約の締結）が問題となった機械工組合対国家労働関係委員会判決（1960年）にも依拠している。もし当初の協約締結時に組合が交渉ユニットにおいて労働者の過半数を代表していなければ、国家労働関係法に基づき、組合と雇用者は組合保障協定を締結しなくてもよいことになっていた。ところが、原告らは同法が定める6カ月以内の異議申立期間内に異議を申し立てなかった。しかし、団体協約の実施後10カ月および12カ月後に、その後の団体協約の実施に反対して異議を申し立てた。つまり、エバンス判決とリックス判決と同様、あるいはレッドベター判決と異なり、雇用者の決定は容易に特定できるものであり、行われた日も特定できる。

5…1991年市民権法に関連して提出された上院報告書はなく、これはすべて1990年市民権法案に関する資料である。

6…連邦最高裁は、雇用機会均等委員会が考慮すべきとした「経験および知らされているかの判断」（消防士対クリーブランド市判決、1986年）について、本件では適用されないとした。しかし、雇用機会均等委員会の解釈は少なくともいくつかの点で職場の現実を反映している。雇用機会均等委員会の判断をどこまで尊重するかについてはアカデミックな問題であるが、たとえ連邦最高裁が市民権法第7編をそのまま解釈したとしても、リリーの請求は異議申立期間によって制限されないとするのが最も適切な法解釈である。

7…さらに雇用機会均等委員会は、リリーに対して法定期間内に賃金差別に関する異議申立てをしなければならなかったと要求することは彼女が求めようとしている救済を著しく制限していると、原審で提出した文書で述べている。異議申立期間があるために、リリーは1979年~1997年の間に受けた差別的賃金に対して救済を求める機会を失ってしまった、と。

8…公正賃金法（合衆国法典第29編206条(d)は公正労働基準法の法定期間に従うことになっており、賃金差別に対する請求は、給料の支払いごとにその対象になるとしている（B・リンデマン&P・グロスマン『雇用差別法』第1巻、529頁、1996年・第3版）。たとえば、合衆国法典第29編255条(a)は、原則として違法行為に対する請求権の行使を2年までとし、それが故意による場合は3年までとしている。

9…たとえば、法廷意見の考え方に基づくと、管理職にある黒人が当初の給料自体は同僚の白人と同じでも毎年の昇給額が低く設定されている場合、差別が繰り返し行われている疑いが強いにもかかわらず、毎年の昇給決定のたびに180日以内に異議申立てをしなければならないので、市民権法第7編に基づく請求権の行使が困難である。連邦最高裁は多くの事件において請求が早すぎるとしてしりぞける傾向があるにもかかわらず、賃金差別が積み重なり、原告が勝てそうな状況になると、今度は申立期間を理由にしりぞけてしまうのである。

10…このような多くの証拠があることを踏まえると、リリーの事件はグッドイヤー会社の特定の社員が行った問題というわけではなく、組織全体の問題であると言わざるをえない。

サンドラ・デイ・オコナー元裁判官、ソニア・ソトマイヨール裁判官、ルース・ベイダー・ギンズバーグ裁判官、エレナ・ケイガン裁判官。2010年、最高裁でのケイガン裁判官の叙任式の際に撮影。（写真提供：連邦最高裁判所）

COLUMN 06

ギンズバーグと少数意見

ノトーリアスの異名通り、ギンズバーグは常識や空気にとらわれず、我が道を突き進むことがある。その1つが首飾り（collar）である。公式行事に出席するとき、法廷意見を述べるとき、そして反対意見を述べるときなどに、ギンズバーグは首飾りをして登場する。それはネックレスなどよりも大きく、存在感がある。特に反対意見を述べるときのそれは、単なるオシャレというよりも、自分の信念を貫くという姿勢が表れていたように思える。

ギンズバーグは重要な事件でいくつもの反対意見を述べてきた。本書の各章で取り上げた事件以外にも、大統領選挙の行方を左右したブッシュ対ゴア判決、中絶方法の規制の合憲性が争われたゴンザレス対カーハート判決、同性カップルに対する差別行為が問題となったマスターピース・ケーキショップ対コロラド州市民権委員会判決など、枚挙に暇がない。特に、ゴンザレス対カーハート判決では女性の権利の観点から、マスターピース・ケーキショップ対コロラド州市民権委員会判決では同性カップルに対する差別を認定した人権委員会の見解を擁護する観点から反対意見を書いており、女性や少数派の人権擁護に熱心な姿勢を示している。

ところで、反対意見や同意意見などの個別意見は、その時点では少数意見であっても、将来的に多数意見になることがある。たとえば、ブランダイス裁判官は政府の盗聴行為がプライバシーの権利を侵害するという反対意見を執筆し、約半世紀後に多数意見がそれを認めるに至った。このように少数意見は将来の判決に影響を及ぼすことがある。

ギンズバーグ裁判官が執筆した少数意見のうち、インパクトの大きさからすれば、やはり本章で取り上げたレッドベター判決が一番だろう。ギンズバーグ裁判官の反対意見が多くの人の共感を呼び、社会運動につながり、2年後には連邦議会を動かして法改正に至ったからである。改正後の法律の通称は、原告の名前をとって、「リリー・レッドベター公正賃金法」と呼ばれている。

（大林啓吾）

シェルビー郡対ホルダー判決(2013年)

シェルビー郡対ホルダー判決では、アメリカの多くの地域で数十年にわたって存在していた差別的な投票政策[i]に対処すべく連邦議会が制定した1965年投票権法(VRA)の2つの条項の憲法適合性が争われた。反対意見を執筆したギンズバーグ裁判官は、投票権法を「我が国の歴史において、最も重要で、効果的で、そして十分に正当な連邦議会による立法権の行使の1つ」と評した。制定当初の同法2条は、合衆国憲法修正15条の文言に厳密に沿った形で、人種を理由とする投票権の剥奪または制限に対する全米的な禁止を定めていた。また同法は、投票政策上の差別が継続している可能性が高いと連邦議会が指定した特定地域のみを対象とする条項を含んでいた。すなわち、投票権法5条は、特定の選挙区の選挙法および選挙手続を変更するには、連邦政府による「事前審査」[ii]——つまり事前の承認——を受けなければならないと規定していた。そして同法4条は、5条の事前審査手続の対象地域の指定要件を規定していた[iii]。4条と5条が一体となることで、対象地域は、選挙法および選挙手続の変更に際して、この変更が「人種または肌の色を理由として投票権を奪い、もしくは制限する目的……または効果」を有しないことの証明責任を負うものとされた。

投票権法の制定に際して、連邦議会は合衆国憲法修正15条が定める権限に依拠した。同条は「合衆国またはいかなる州も、人種、肌の色、または前に隷属状態にあったことを理由として、市民の投票権を奪い、または制限してはならない」と定めた上で、「適切な立法により、この修正条項を実施する権限」

i…アメリカでは投票権の保障や選挙制度の決定に関して州が大きな権限を有している。たとえば連邦議会の選挙に関して、合衆国憲法は「選挙を行う日時、場所、方法は、各々の州においてその立法府が定める」とする（1条4節1項）。こうした制度構造を背景として、アメリカでは歴史的に、州が決定した選挙制度や投票資格制度によって人種的マイノリティが差別されてきた。

ii…事前審査は司法長官もしくはコロンビア特別区連邦地方裁判所の3人の裁判官で構成される合議法廷によって行われる。事前審査で承認を得るためには、対象地域は、選挙法の変更が差別的な目的および効果を有しないことを証明しなければならない。

iii…投票権法4条(b)は、事前審査の対象地域を、次の2つの要件によって定めていた。(1)有権者登録の要件として読み書きテスト等の制度を1964年11月時点で維持していたこと、かつ、(2)投票年齢に達した市民の有権者登録率が1964年11月時点で50パーセント以下であったこと、または、同時点の大統領選挙における投票率が50パーセント以下であったこと。その後の延長により、(1)(2)の基準となる時点として1968年と1972年が追加された。本判決が下された2013年6月時点で、アラバマ州、アラスカ州、アリゾナ州、ルイジアナ州、ミシシッピ州、サウスカロライナ州、テキサス州のそれぞれ全域、また、カリフォルニア州、フロリダ州、ミシガン州、ニューヨーク州、ノースカロライナ州、サウスダコタ州、バージニア州のそれぞれ一部地域が対象地域に指定されていた。

を連邦議会に与えている。

投票権法4条により事前審査の対象地域に指定されていたアラバマ州シェルビー郡は、合衆国司法長官を相手どって、同法4条および5条が違憲であると主張し、両条項の執行の継続に対する差止めを求める訴訟を起こした。2013年、ジョン・ロバーツ・ジュニア連邦最高裁長官は5人の裁判官を代表して法廷意見を執筆し、同法4条は連邦議会の権限を逸脱していると判断した。4条の対象地域規定は5条の事前審査要求と結びつくことによって対象地域に負担を課している。しかし、法廷意見によれば、対象地域規定はもはや現在の状況と対応していない。法廷意見によれば、各州の平等取扱いの原則、および選挙規制権限は州に留保されるという合衆国憲法上の原則からの逸脱が正当化されるためには、対象地域において「例外的な条件が今なお存在していること」が証明されなければならない。このように述べた上で、ロバーツ長官は、1960年代以来、投票権をとりまく条件が「劇的に変化した」という事実に、連邦議会は十分に応答していないと論じた。ただし彼の見解は、連邦議会が「現在の条件に基づき新たな対象地域規定を作成する」ことをしりぞけるものではない。また、投票権法5条の事前審査要求それ自体に問題があるか否かについても、法廷意見は判断を示さなかった。

ギンズバーグは4人の裁判官を代表して反対意見を執筆し、本件における憲法問題に関しても、そして現地の実情に関しても、法廷意見の理解は誤っていると論じた。彼女の見解では、「修正14条および修正15条の実施権限の行使に関する連邦議会の判断は、実質的な敬譲を受けるに値する」。そして「人種差別と投票権の結合問題」に対処するために行使される場合には、「連邦議会の立法権限は頂点に達する」。

ギンズバーグ裁判官は、直近の投票権法の延長［iv］の根拠となった立法資料［v］を引用した上で、「マイノリティ市民の選挙権の行使に対する差別の名残」を取り除くにはまだ相当な作業が残されているとし、「後退を防ぐ」ために投票権法の事前審査制度を存続させることは連邦議会の権限の範囲内にあると論じた。連邦最高裁がシェルビー郡判決を言い渡したその日、ギンズバーグは反対意見の要旨を読み上げた。その中で彼女は、法廷意見が連邦議会の判断を軽視したことを批判し、「いつもの抑制的な連邦最高裁はどこへ行ってしまったのだろうか」と問いかけた。本件の重要性はいくら強調してもしすぎることはない。彼女が述べるように、本件で問題となっているのは、「我々の政体において万人が有する対等な背丈の市民権と、我々の民主主義において人種によって弱められることのないすべての投票者の声」にほかならないのだから。

シェルビー郡判決言い渡し時に、ギンズバーグ裁判官が法廷で読み上げた声明および反対意見は以下の通りである。

iv …投票権法は、1970年、1975年、1982年、1992年、そして2006年に改正および延長がなされた。

v …議会における法案の調査・審査・審議の記録を編集した資料。アメリカ連邦議会の立法資料としては、上院・下院の委員会における公聴会の記録（証人の証言や提出された資料を含む）、委員会が法案の調査や逐条審査をした上で作成する報告書、および上院・下院の本会議の会議録などが含まれる。法律の趣旨や根拠、および法律の合理性を支える社会的・経済的・文化的な事実（「立法事実」と呼ばれる）を示す資料として重要。

シェルビー郡対ホルダー判決　法廷で読み上げられた声明

連邦最高裁判所
2013年6月25日

法廷意見と反対意見の間には2つの合意点がある。第1に、人種に基づく投票差別は今なお存在する。この点は疑いの余地がない。第2に、投票権法は異例の問題——約1世紀にわたって修正15条の命令が軽視されてきたという事態——に取り組んだものであり、連邦議会は問題への対処に際して異例の手段を採用した。当裁判所内部の先鋭な対立は、この2つの点の先にある。

法廷意見の判断によれば、連邦議会が対象地域規定を更新しなかったことに起因して、法5条の事前審査による救済は運用不能となる。法5条は、マイノリティの投票権を保障し後退を防ぐために、これまで最も効果的な規定であった。ブライヤー裁判官、ソトマイヨール裁判官、ケイガン裁判官、および私の見解では、同法を延長し対象地域規定を維持した連邦議会の決定は、かつては夢の対象だったことを達成するための手段として、まったく合理的である。その夢とは、我々の政体において万人が有する対等な背丈の市民権と、我々の民主主義において人種によって弱められることのないすべての投票者の声だ。

最も根本的な点として、我々の考えでは、本件における争点は「決定するのは誰か」である。この点につき、我が国の憲法の最初の修正条項である修正1条が、連邦議会に対して確かな疑念を呈していることに注目したい。つまり同条は、連邦議会は言論または出版の自由を制限する法律を制定してはならない、と定めているのである。南北戦争修正条項[vi]の主眼はまったく異なる。すなわち修正15条は、人種を理由として投票権を奪いまたは制限してはならないと定め、その上で、修正13条および修正14条と同様に、適切な立法によって権利保障を実施する権限を連邦議会に与えている。重要な先例であるサウスカロライナ州対カッツェンバック判決[vii]が述べるように、「各州に留保された権限への対抗として、連邦議会は、投票に関する人種差別に対する憲法上の禁止を実施するために、あらゆる合理的な手段を使用できる」。

まさにそうすべく、連邦議会は1965年に最初の投票権法を制定した。その意図は直近のものを含めた各延長においても変わりはない。実に2006年の延長はきわめて慎重な検討の産物であった。20カ月以上の期間をかけて、下院および上院の司法委員会で21回もの公聴会が開かれた。公聴会における

vi…南北戦争終結後の5年間に可決された修正13条（奴隷制を廃止）、修正14条（デュープロセス条項および平等保護条項等による州権の制限）、修正15条を「南北戦争修正」あるいは「再建修正」と呼ぶ。

vii…1966年に、連邦最高裁が1965年投票権法を合憲と判断した判決。事前審査制度およびその対象地域条項を含め、投票権法の各規定は、合衆国憲法修正15条2節が定める「適切な立法」であると判断された。

多数の証言や、提出された数々の調査報告その他の文書は、「対象地域では意図的差別が深刻かつ広範に残存している」ことを示していた。

立法資料は総計1万5000頁以上に及んだ。センセンブレナー下院議員（当時の下院司法委員会委員長）は、延長の根拠となったこの資料を、在任した27年半の間で「連邦議会が取り組んだ立法のうち、最も大規模な検討がなされたものの1つ」と評した。延長は下院で390対33で可決された。上院での表決は98対0だった。ブッシュ大統領は延長法案に署名し、「不正義と闘うための……さらなる努力」が必要であると述べ、この延長を「あらゆる個人が尊厳と尊重をもって扱われる場所である、1つに結びついたアメリカに向けた継続的な誓いの一例」と評した。

なぜ連邦議会は、特に法5条の延長に懸命になったのか？　ロバーツ長官が説明したように、法5条は、選挙法の変更が新たな方法による投票差別をもたらす恐れがある場合、対象地域に対して事前審査を受けることを要求している。連邦議会による事実認定が示しているように、何よりもまず、法5条は、マイノリティの有権者登録を増加させ、投票へのアクセスを拡大するに際して、大きな成功を収めてきた。また法5条は旧来の法への後退を防ぐためにも不可欠だった。たとえば、1995年、ミシシッピ州はジム・クロー法時代の二元的有権者登録制度[viii]への回帰を、法5条によって阻止された。2006年、テキサス州は、ラテンアメリカ系住民が優勢な選挙区における期日前投票の制限を阻止された。この事件は、当該選挙区を廃止しようとしたテキサス州に対し、連邦最高裁がそれを復活させるよう発した命令に対する抵抗として生じたものであった。これらに類似した大量の差別事例に連邦議会は対峙してきた。

きわめて重要なことに、連邦議会によれば、マイノリティ市民の有権者登録および投票が著しく増加するにつれて、かつて投票へのアクセスを妨害していた読み書きテスト等の制度〔ix〕に代わり、新たな障壁が出現した。この第2世代の障壁には、人種的ゲリマンダリング〔x〕、複数選挙区制度から全域単一選挙区制度への移行、差別的な選挙区併合などが含まれる。いずれも1965年当時に使用された露骨な方法よりも巧妙でありながら、マイノリティ共同体が選挙過程の中で影響力を行使する能力を効果的に低下させるものである。

こうした第2世代の障壁を事前に制圧すべく、連邦議会は法5条を維持したのである。しかし法廷意見が述べるところによれば、対象地域規定は「何十年も前のデータと撤廃された行為」に依拠しているために用をなさず、それゆえ連邦議会はゼロからやり直さなければならない。しかし、

viii …連邦レベルの選挙と州レベルの選挙の有権者登録を別々に実施する制度。1993年に制定された全米有権者登録法によって、運転免許更新や生活保護申請等の際に有権者登録を行うことが認められた。しかしミシシッピ州は、運転免許更新や生活保護申請は連邦法に基づく手続であることから、手続時の有権者登録は連邦レベルの選挙についてしか認められないとした。司法省および連邦裁判所はこれを投票権法違反と判断した。

ix …有権者登録の条件として読み書きテストを実施する州は、かつて多く存在し、教育水準の低い人種的マイノリティにとって不利に作用した。また深南部の州では登録官による恣意的な運用がなされた（白人は無学でも合格するが黒人は高学歴者でも合格しない、など）。1975年投票権法改正などによって、全米で完全に禁止された。

x …ゲリマンダリングとは、ある党派または候補者の有利になるように選挙区の形状を定めること。1812年にマサチューセッツ州で当時のエルブリッド・ゲリー州知事の下で行われた選挙区割りがサラマンダー（火の中に棲むという伝説上の生物）に似た形をしていたことから、そのように呼ばれる。

立法資料を調査すれば明らかなように、この規定は最も憂慮すべき地域、つまり投票差別が最悪な状況にあるという直近の記録を有する地域の指定に成功し続けている。連邦議会が、膨大な証拠に基づき、そうした地域を今なお事前審査制度の下に置くと決定しえたのであれば、なぜ対象地域規定を変更する必要があるのだろうか？

シェルビー郡が延長に対して申し立てたのは文面上違憲の主張[xi]だったという点も念頭に置く必要がある。この主張に対して、法廷意見はいかなる権限に基づき応答しているのだろうか？　かつて当裁判所は、文面上違憲の主張は成功が最も困難であると述べた。争われた法令が当事者以外の第三者に対して違憲的に適用されるおそれがあるという理由に基づく場合、違憲を主張する者の申立ては聞き入れられない。連邦議会はシェルビー郡を含むアラバマ州に対して事前審査を継続したが、それはマイノリティの投票の影響力に立ちはだかる障壁を考慮に入れた上でのことであった。そうした障壁は多く、衝撃的で、なおかつ今日的だった。この点は反対意見で詳細に述べている。「法令が有効であるような……状況が何ら存在しない」場合を除き、文面上違憲の主張をしりぞけるべきだとする、いつもの抑制的な連邦最高裁はどこへ行ってしまったのだろうか？

法廷意見が指摘するように、法5条は、1965年当時存在していた読み書きテスト等の制度を廃止し、マイノリティ市民の有権者登録と投票へのアクセスを増加させることに成功した。しかしそのことは、法5条による救済可能性をもはや不要とする理由になるのだろうか？　法廷意見のような発想は新しいものではない。特定の投票差別の方法が指定され廃止されれば問題は解決するという発想は、投票権法制定以前から蔓延していたのであり、それが誤りであることは繰り返し証明されてきた。だからこそ2006年の延長では、特定の行為を標的にするのではなく、マイノリティの投票権を効果的に妨害する手段の多様性と根強さへの対処に主眼が置かれたのである。そして、だからこそ連邦議会は、第2世代の障壁に関する証拠に照らし、事前審査のような強力な救済手段が今なお不可欠であり、連邦政府の武器庫から除外すべきではないと判断したのであった。

連邦議会は、「修正15条の命令は100年近くも軽視されてきたが、その後も存在した差別の名残を取り除くためには、40年という期間は十分ではない」と判断した。南北戦争修正条項を「適切な立法」によって実施する権限を有する機関によって下されたこの判断は、当裁判所の惜しみない賛成を受けるに値する。セルマからモンゴメリーへと向かう行進を率い、投票権法の可決を求めた偉大な人物〔xii〕は、

xi…文面上違憲（日本では「法令違憲」という言葉がよく用いられる）とは、違憲判断の方法の一種であり、個々の事件で問題となっている法令の規定自体を違憲と判断するもの。適用上違憲（個々の事件の具体的事実を前提にして、法令の当該事件への適用を違憲と判断する。「適用違憲」とも言う）等の方法と対比される。アメリカの判例では、法令が文面上違憲と判断されるためには、違憲を主張する者は法律が有効であるような状況が何ら存在しないことを証明しなければならない。

xii…マーティン・ルーサー・キング・ジュニアを指す。1965年初めからアラバマ州セルマで始められた投票権保障運動の過程で、3月7日、デモ隊と警察隊が衝突し流血の惨事となった（「血の日曜日」）。3月21日、ジョンソン大統領による行政命令に基づく連邦軍および州兵の護衛の下、キングはセルマから州都モンゴメリーへ向かう行進を先導した。目的地であるアラバマ州議事堂前でキングは演説し、「いかなる人種主義も私たちを止めることはできない」と語った。ギンズバーグが引用した文章はこの演説の一節である。なお、8月6日、キングはジョンソン大統領による投票権法への署名に立ち会った。

アラバマ州にあってさえも進歩を見据えていた。「道徳の宇宙の弧は長い」、しかし完成に向けた努力への揺るぎない誓いがあれば、「それは正義へと向かう」と彼は言った。本日の判決はその誓いを傷つけるものである。

シェルビー郡対ホルダー判決　反対意見

連邦最高裁判所

上訴人――アラバマ州シェルビー郡
被上訴人―エリック・H・ホルダー司法長官、他
2013年2月27日　口頭弁論
2013年6月25日　判決
［ロバーツ長官の法廷意見およびトーマス裁判官の同意意見は省略］
ギンズバーグ裁判官の反対意見（ブライヤー裁判官、ソトマイヨール裁判官、ケイガン裁判官の同調）

法廷意見の見解では、投票権法5条は、まさに成功したからこそ休眠を必要とする。連邦議会の考えは異なる。連邦議会は、膨大な資料に基づき、これまでに大きな進展はあったものの、差別の禍は未だ根絶されていないと判断した。本件における争点は、現行の法5条が今なお正当化できるか否かを、誰が決定するかである[1]。それは連邦最高裁なのか、あるいは南北戦争後の修正条項を「適切な立法」によって実施する義務を負う連邦議会なのか。連邦議会は、両議院における圧倒的な支持の下、主に2つの理由に基づき、法5条の有効性を弱めることなく継続させるべきだと結論づけた。第1に、継続によってこれまでの目覚ましい成果の完成が促進される。第2に、継続によって後退を防げる。このような決定を下す権限は連邦議会の領分内にあり、当裁判所による惜しみない賛成を受けるに値する。

I

本日の法廷意見は、「投票差別は今なお存在する。この点は疑いの余地がない」としながら、投票差別の阻止に最適だと証明された救済方法を終結させた。1965年投票権法（VRA）は、ほかの救済方法が試され挫折してきた地域における投票差別との闘いに貢献してきた。連邦法上の事前審査要求は、VRAの中でも特に効果的だった。マイノリティの投票権に対して甚だしい差別を加えた最も悪質な記録を有する地域は、いかなる選挙法の変更に際しても事前審査を受ける必要があった。

修正14条および修正15条が人種に基づく差別を受けない自由な投票権を市民に保障してから1世紀が経過した後も、「投票に関する人種差別の疫病」は「我が国の一部地域の選挙過程を蝕み」続けていた（サウスカロライナ州対カッツェンバック判決、1966年）。この忌々しい疫病への初期の対処法は、ヒュドラ[xiii]との闘いに似ていた。投票差別の一形態が指定され禁止されても、その場所には別の差別が生じた。マイノリティ市民の選挙権を剥奪する法の著しい「多様性と根強さ」に、連邦最高裁は何度も直面した。一例を挙げれば、1927年、予備選挙への黒人有権者の参加を禁止するテキサス州法を違憲と判断した（ニクソン対ハーンドン判決）。1944年、上記のテキサス州法と同内容だが若干変更され「再制定」された別の州法を無効と判断した（スミス対オールライト判決）。さらに1953年、連邦最高裁は、白人予備選挙のまた別の変異種を採用し修正15条を「迂回」しようとしたテキサス州の試みに、いま一度立ち向かった（テリー対アダムス判決）。

かつての連邦最高裁は、マイノリティ有権者に対する差別は究極的には政治的問題であり、政治による解決を要すると考えていた。ホームズ裁判官が述べるところによれば、「白人人口の大多数が黒人を投票から排除しようとした」場合、「そうした甚だしい政治的不正が、本件当事者が主張するように、仮に州の人民および州政府自身により行われたのであれば、その救済は、それら自身または連邦政府の立法府および政治的機関により与えられなければならない」（ジャイルズ対ハリス判決、1903年）。

xiii…ギリシャ神話に登場する9つの頭を持つ大蛇。頭を1つ切れば代わりに2つ生じたという。

連邦議会は、選挙に関連した特定の行為を標的とする法や事案ごとに訴訟の道を開く法は、任務の達成に不十分であると経験から学んだ。1957年、1960年、および1964年市民権法では、連邦議会は、「投票権への人種を理由とする公的および私的な妨害に対して差止めを求める」司法長官の権限を認め、そして拡大させた（カッツェンバック判決）。しかし、こうした立法による是正の可能性を低下させる事情が生じた。

投票権訴訟の準備はきわめて煩雑であり、事実審の準備のための有権者登録記録の調査に延べ6000時間近くが費やされることもあった。訴訟は遅々として進まなかった。その一因は、選挙当局者およびその他の訴訟手続関係者に遅延の機会を広く認めていたことにあった。仮に最終的に喜ばしい判決が得られた場合も、判決によって影響を受ける州の中には、連邦法上の命令の対象とならない差別的制度へと単に変更するものや、あるいは難解な読み書きテストを新たに制定し、白人と黒人の間の有権者登録の相違を残存させようとするものが見られた。さらに一部の地方政府当局は、裁判所命令を公然と無視しこれを回避しようとするか、有権者名簿を凍結させるために登録所をただ閉鎖した。

（同上）

新たなアプローチの必要性は明白であった。

こうした必要性に応答した投票権法は、我が国の歴史において、最も重要で、効果的で、そして十分に正当な連邦議会による立法権の行使の1つとなった。対象地域——合衆国憲法の命令に対する違反が最も悪質な州および地方政府——における選挙法の変更に対して連邦法上の事前審査を要求することによって、VRAは、マイノリティ有権者にとってのみならず、各州にとっても最適解を提供した。法5条が定める事前審査制度の下では、対象地域は選挙法または選挙手続の変更申請を司法省に提出しなければならず、司法省は60日以内に応答するものとされる。変更が承認されるのは、「人種または肌の色を理由として投票権を奪い、もしくは制限する目的……または効果」を有しないと司法省が判断した場合に限られる。代替的な手続として、対象地域は、3人の裁判官で構成されるコロンビア特別区連邦地方裁判所による承認を求めることができる。

修正14条および修正15条の約束が果たされなかった1世紀の後、VRAの制定は、ついにこの戦線における目覚ましい是正をもたらした。「司法省の算定によれば、アラバマ州、ミシシッピ州、ジョージア州、ルイジアナ州、ノースカロライナ州、およびサウスカロライナ州での黒人の新規有権者登録数は、VRA制定後の5年間と、1965年以前の100年間で、ほぼ同数であった」(デビッドソン「投票権法：略史」、B・グロフマン&C・デビッドソン編『マイノリティの投票をめぐる論争』1992年、7、21頁)。2006年、連邦議会はVRAの総合的な成果を評価し、「マイノリティ有権者が経験した第1世代の障壁の撤廃に大きな進展があり、マイノリティの有権者登録数、マイノリティの投票率、そして連邦議会、州議会、および地方政府の公選公職者におけるマイノリティ代表者数に、それぞれ増加が見られた。こうした進展は1965年投票権法の直接的な結果である」と述べた（ファニー・ルー・ヘイマー、ローザ・パークス、コレッタ・スコット・キング2006年投票権法延長および改正。以下、「2006年延長」と記す）。因果関係の問題に疑問の余地はない。

VRAはマイノリティの投票権の実現に劇的な変化をもたらした。しかし、現在のところ、マイノリティ市民の選挙権の行使に対する差別の名残がすべて取り除かれたわけではない。事前審査要求の対象地域が提出した選挙法変更申請の多くが、司法長官に承認されなかった。司法長官は、事前審査による救済が廃止されたならば、マイノリティの投票に対する障壁はすぐに復活するだろうと予測を示した（ローム市対合衆国判決、1980年）。また、連邦議会も、「マイノリティ市民の有権者登録および投票の増加に応じて、マイノリティの投票の影響力の増大を弱める別の手段が採用される可能性がある」と述べていた（同上。下院委員会報告書第94議会196号、1975年、10頁を引用）。また、ショー対レノ判決（1993年）は、「投票所への平等なアクセスの保障が」、投票の希釈[xiv]などの「投票に関する別の人種差別的な行為を根絶するのに十分でないということは、すぐに明らかになった」とした。マイノリティの投票のインパクトを減少させる試みは、投票へのアクセスの直接的な妨害との対比で、「第2世代の障壁」と呼ばれる。

第2世代の障壁は多様な形態を有する。その1つが人種的ゲリマンダリングである。それは選挙区の境界線を引き直すことによって「投票を狙いとして人種を隔離する試み」（同上）である。もう1つが、相当規模の黒人マイノリティを抱える都市における、複数選挙区制度に代えた全域単一選挙区制度の採用である。全域単一選挙区制度への移行により、全体の多数派が各市議会議員選挙を支配し、マイノリティの投票の潜在的な影響力を効果的に削ぐことが可能となる（グロフマン&デビッドソン「8つの南部州における地方選挙の構造が黒人代表に与える影響」、C・デビッドソン&B・グロフマン編『南部における静かなる革命』1994年、301、319頁）。差別的な選挙区併合によっても同様の効果が達成されうる。つまり白人優勢地区を市内に編入することにより、VRAによって増大した黒人の投票の影響力を減殺するのである。いずれの形態にせよ、投票の希釈が差別的目的に基づき採用された場合には、投票へのアクセスの否定と同程度に、投票権が確実に切り詰められるということを、当裁判所は長らく認識してきた（ショー判決）。下院委員会報告書第109議会478号（2006年）6頁も参照（「今日の差別は1965年に使用された露骨な方法よりも巧妙である」ものの、「その効果と帰結は同様である。すなわち、マイノリティ共同体が選挙過程に十全に参加し好ましい候補者を選出する能力を減じるのである」）。

こうした新たな障壁への対応として、連邦議会はVRAを延長した。1970年には5年間、1975年には7年間、1982年には25年間の延長がなされた。いずれの延長についても、当裁判所は、連邦議会の権限の正当な行使であるとして合憲と判断してきた。1982年延長の期限である2007年が近づき、連邦議会は、VRAの事前審査制度が対象地域における投票差別問題への適切な

xiv…アメリカで「投票の希釈」という言葉は、個人の投票価値の不平等（日本で言う「1票の格差」）のみならず、人種や党派などの集団に対する投票価値の不平等（ゲリマンダリングなど）を包摂する意味で使用される。

対応であり続けているか、あらためて審議した。

連邦議会はこの任務を軽んじていたのではない。真逆である。更新の責任を担った第109議会は早期にかつ慎重に開始された。2005年10月に下院で開始された大規模な公聴会は11月まで続き、2006年3月に再開された。2006年4月には上院が独自の公聴会を実施した。2006年5月、VRA延長法案は両議院で提出された。下院はさらなる公聴会を相当期間にわたり実施し、上院も同様であった。公聴会は6月、7月にも行われた。7月半ば、下院は、4つの修正条項を検討し否決した上で、賛成390対反対33で延長法案を可決した(パーシリー「新投票権法の功罪」イェール・ロージャーナル117巻174、182-183頁、2007年。以下、「パーシリー論文」という)。法案は上院で朗読および審議され、98対0で可決された。1週間後の2006年7月27日、ブッシュ大統領は法案に署名し、「不正義と闘うための、さらなる努力」が必要であるとの認識を示し、この延長を「あらゆる個人が尊厳と尊重をもって扱われる場所である、1つに結びついたアメリカに向けた継続的な誓いの一例」と評した。

長期にわたった立法過程の中で、連邦議会は「大量の資料を収集した」(北西オースティン第1公益事業管轄区域対ホルダー判決、2009年[xv]。また、本件の連邦高裁が、「対象地域では意図的差別が深刻かつ広範に残存している」ことを示す「膨大な資料」が連邦議会の決定の根拠となったと述べたことも参照)。下院および上院の司法委員会は21回もの公聴会を開催した。多数の証言および提出された多くの調査報告その他の文書が、対象地域における差別の残存を示していた。編纂された連邦議会の立法資料は総計1万5000頁以上に及んだ。この資料は、前回の延長以来の数えきれないほどの「目に余る人種差別の例」を示していた。「対象地域では投票に関する意図的な人種差別が深刻かつ広範に残存しており、法5条の事前審査は今なお必要である」ことを示す構造的な証拠に、連邦議会は光を当てたのである。

立法資料を総合的に考慮した上で、連邦議会は次のように事実認定を行った。VRAは、投票へのアクセスを阻んでいた第1世代の障壁の撤廃に重要な進展を直接的にもたらした。それにより、マイノリティの有権者登録数、投票率、およびマイノリティ公選公職者数は著しく増加した。しかしこうした進展にもかかわらず、対象地域では、「マイノリティ有権者の選挙過程への十全な参加を阻むよう構築された第2世代の障壁」が存在し続けており、投票の人種的分極化とも相まって、人種的および言語的マイノリティの政治的脆弱性が増大している。連邦議会は、多くの「差別の継続に関する証拠」は、対象地域において「連邦政府が継続して関与する必要を明白に示していた」と結論づけた。総じてこの立法資料は、「1965年投票権法による保護の継続なくしては、人種的および言語的マイノリティに属する市民は、投票権を行使する機会を剥奪され、または投票が希釈されてしまい、過去40年間にマイノリティが獲得した重要な成果が掘り崩されるだろう」ということを、連邦立法府に対して証明したのである。

上記のような事実認定に基づき、連邦議会は事前審査を25年間延長した。また連邦議会は、同法の必

xv…テキサス州オースティン市の小規模な公益事業管轄区域が、投票権法の事前審査の対象地域指定の解除を請求する資格を有するか否かが争われた。ロバーツ長官による法廷意見は、当該区域に指定解除請求資格を認めた一方で、法5条の事前審査については憲法判断を回避した。

要性と有効性を確保するために、15年後に延長を再検討すると誓約した。当裁判所における争点は、以上のことを行う権限を、連邦議会が憲法の下で有しているか否かである。

II

この問題に答えるに際し、当裁判所は白紙から始めるのではない。確立した判例法理によれば、修正14条および修正15条の実施権限の行使に関する連邦議会の判断は、実質的な敬譲に値する。VRAは、人種差別と「あらゆる権利の予防薬」(イック・ウー対ホプキンス判決、1886年)である投票権とが結合した問題に対処するものである。憲法上最も忌むべき形態の差別と、我々の民主制における最も基本的な権利に対処するとき、連邦議会の立法権限は頂点に達する。

こうした司法の敬譲は、憲法の文言や先例に深く根ざしている。修正15条は投票権に関する人種差別のみを対象とする限定的な条項であり、この分野において「連邦議会は適切な立法により、この修正条項を実施する権限を有する」と定める[2]。この文言の選択に際して、修正条項の起草者は、〝必要かつ適切条項〟[xvi]に基づく連邦議会の権限の射程に関するマーシャル連邦最高裁長官による定式化を引用した。

目的を正当なもの、すなわち憲法の範囲内にあるようにしなさい。そうすれば、適切であり、目的に明白に適合し、禁止されておらず、憲法の文言および精神に合致したすべての手段は合憲である。

マカロック対メリーランド州判決（1819年）[xvii]

VRAという連邦議会が投票権を人種差別から守るために制定した法律が、修正15条の文言もしくは精神に、または南北戦争修正条項に照らして解釈される憲法典の各条項に合致しないという主張は、擁護することができない。本日の法廷意見および北西オースティン判決には、修正15条が目指した変革についての明確な理解が欠落している[3]。注目すべきことに、「憲法起草者が制定した最初の修正条項[xviii]

xvi…合衆国憲法1条8節18項は、それまでの項で連邦議会の立法権を個別に規定してきたあとを受けて、「上記の権限およびこの憲法により合衆国政府……に付与された他のいっさいの権限を行使するために、必要かつ適切なすべての法律を制定する権限」を連邦議会に与えている。

xvii…マカロック判決では、連邦議会が国立銀行を設立する権限を有するか否かが争われた。ジョン・マーシャル連邦最高裁長官は、上記の〝必要かつ適切条項〟を広く解釈し、連邦議会の立法権限を広範に認めた上で、国立銀行設立を合憲と判断した。

xviii…合衆国憲法修正1条（1791年成立）を指す。「連邦議会は、国教を定めまたは自由な宗教活動を禁止する法律、言論または出版の自由を制限する法律、ならびに国民が平穏に集会する権利および苦痛の救済を求めて政府に請願する権利を制限する法律は、これを制定してはならない」と定める。

は、連邦議会は特定の内容を有する法律につき『これを制定してはならない』と定めている」。これに対し、南北戦争修正条項は、「不自由および不平等のあらゆる名残を根絶するための変革的な連邦法を制定する権限を与える文言」を用いて、「州の横暴に対する『適切な』立法を制定するための……広範な実施権限を」定めている（A・アマー『アメリカの憲法：伝記』2005年、361、363、399頁）。マコーネル「制度と解釈：バーニー市対フローレス判決批判」ハーバード・ローレビュー111巻153、182頁、1997年も参照（南北戦争修正条項起草者の言葉を引用：「修正14条および修正15条への違反に対する救済は裁判所には明示的に託されなかった。救済は立法府に託された」）。

南北戦争修正条項の明示的な目的は、州による権利侵害から我が国のすべての個人を保護するための権力および権限を連邦議会に授けることであった。そして、この権限の行使に際して、連邦議会は、修正条項によって宣言された合憲的な目的に「明白に適合した、すべての適切な手段」を使用することができる（マカロック判決）。それゆえ連邦議会が人種差別から自由な投票権の保障を実施するために法律を制定した場合、当裁判所にとっての問題は、連邦議会が最も賢明な手段を選択したか否かではなく、連邦議会が正当な目的のために適切な手段を合理的に選択したか否かである。「選択された救済方法の必要性に関する連邦議会の決定の再検討は、当裁判所の権限を超える。連邦議会による紛争解決が根拠を有すると言えるかを問えば足りる」（カッツェンバック対モーガン判決、1966年）。

今日まで連邦最高裁は、VRAの司法審査に際して、この分野で与えられるべき最大限の尊重を連邦議会に与えてきた。サウスカロライナ州対カッツェンバック判決が提示した審査基準によれば、「各州に留保された権限への対抗として、連邦議会は、投票に関する人種差別に対する憲法上の禁止を実施するために、あらゆる合理的な手段を使用できる」。その後のVRAの延長が争われた事例でも、連邦最高裁はこの基準を踏襲している（たとえばローム市判決）。本日の法廷意見も、連邦議会が「合理的な手段」を採用したか否かが決定的な問題であるとする、確立した先例を変更しようとするものではない。

以下の3つの理由で、既存の法令の延長は、合理的根拠の基準の最小限の要求を満たす可能性が特に高い。第1に、延長が問題になる場合、連邦議会は、最初の法律制定を正当化する立法資料をすでに収集している。連邦議会は、延長に関してその議決の時点までに収集された資料と併せて、それ以前の既存の資料を考慮しうる。本件のように、連邦最高裁が法令の合憲性をくり返し是認しており、そして合憲判決を受けたまさにそのモデルの法令を連邦議会が維持しようとする場合は、以上の点が特に当てはまる（ローム市判決は、「上訴人の主張は、投票権法の合憲性を是認したサウスカロライナ州対カッツェンバック判決を覆すということにほかならない」とした。1999年のロペス対モントレー郡判決も同旨）。

第2に、延長の必要性という事実がまさに生じるのは、連邦議会が投票権法に期間の制限を組み込んでいるためである。VRAの必要性が継続しているか否かは、一定年の間隔で（最初は15年、次は25年）、直近の証拠に照らして再審議されることが誓約されてきた（比較として、2003年のグラッター対ボリンジャー判決は、「25年以内に『高等教育における人種に基づく優先的処遇はもはや必要なくなるだろう』と、保証してはいないものの予測していた」）。

第3に、司法審査を行う裁判所は、延長の根拠となる資料は、最初の制定の根拠となった資料よりも薄弱でないと推定すべきである。法令を延長するには過去に存在したような法令違反の記録が必要だとすれば、連邦議会に「キャッチ＝22〔xix〕」を課すに等しい。もし投票権法が機能しているなら、差別を示す証拠は少ないだろうから、反対者は、連邦議会は同法の更新を認めるべきでないと主張するかもしれない。他方、もし投票権法が機能していないのならば、差別を示す証拠は多数存在するだろうが、しかし失敗した規制体制を更新すべき理由はない。

この分野における連邦議会の権限に限界がないと言っているのではない。連邦議会が適切な手段をとったか否かの審査は、連邦最高裁の責務である。司法審査において問われるべき問題は、選択された手段が「南北戦争修正条項の目的を遂行するために採用された」か否かである（バージニア州判決、1880年）。そうだとすれば、連邦最高裁の役割は、連邦議会の判断に自らの判断を対置することではなく、「選択された条項は適切な方法であると連邦議会は合理的に決定しえた」ということを、立法資料が十分に証明しているか否かを決定することである（ローム市判決）。

要するに、憲法は、投票権の保障に関して、とりわけ投票に関する人種差別との闘いに関して、連邦議会に広範な権限を与えている。この分野の権限の行使に際していかなる合理的な手段も使用できるという連邦議会の特権は、当裁判所によってくり返し承認されてきた。先例および論理に照らせば、当裁判所が過去に是認した救済方法の延長が争点となっており、そして連邦議会がこの救済方法は正当な立法目的の促進のために機能していると直近の証拠に基づき判断した場合にあっては、合理的手段の基準は容易に充足されるべきであり、その反面、法令が違憲であると主張する者は重い証明責任を負うべきである。

Ⅲ

2006年の投票権法の延長は、マカロック判決が示した基準を十分に満たすものである。連邦議会は、憲法上正当な目的にとって、「適切であり」かつ「明白に適合する」すべての手段を選択しうる。以下に示すように、それ以外の見解は採用しえない。

A

まず、連邦議会が事前審査という救済方法の継続を決定した根拠について述べたい。この救済方法が適切であり続けているか否かを評価するための最も確実な方法は、事前審査が選挙法の差別的な変更を

xix …ジョーゼフ・ヘラーの小説『キャッチ=22』に登場するアメリカ空軍軍務規則の条項名。主人公は精神病を患っていることを理由に除隊を申し出るが、自分で自分のことを精神病と判断できるということは精神病ではないと判断されて除隊を認めてもらえない。そこから転じて、どうあがいても解決できないジレンマを指す言葉として使用される。

今なお実効的に防いでいるか否かを知ることである（ローム市判決は、1975年の延長を合憲と判断した主な理由として、「対象地域が提出した申請の件数と種類および司法長官が発した異議の件数と内容に関する情報」を挙げる）。この点に関して、連邦議会は膨大な資料を有する。実に、連邦議会によれば、司法省による異議の件数は、1965年から1982年の延長まで（490件）よりも、1982年から2004年まで（626件）の方が多い。

1982年から2006年まで、司法省の異議により、合計700件以上の選挙制度の変更がその差別性を理由に阻止された。連邦議会によれば、司法省による異議の多くが差別的意図の存在を理由としていた。事前審査により阻止された変更は、「マイノリティ有権者の政治過程への十全な参加を阻害し続けるための計算高い決定」であるとされた。加えて、同時期における司法省および原告私人による法5条の事前審査要求の執行のための差止訴訟の勝訴件数は100件以上にのぼった。

事前審査による選挙法変更申請の阻止のほかにも、司法省は、変更を申請した地域に対して、情報の提出を要求しうる。これを受けて、当該地域は変更申請を修正または撤回しうる。こうした修正および撤回の件数は、どれほどの数の差別的な申請が正式な異議の必要なしに抑止されたのかを示唆する。連邦議会に提出された証拠によれば、1982年の延長以後、800を超える変更申請が修正または撤回された[4]。また連邦議会に提出された経験的研究によれば、司法省の情報提出要求は、対象地域によるマイノリティの投票権保障の「義務の遵守」の度合いに重要な効果をもった。

また、連邦議会に提出された証拠によれば、VRA2条[xx]に基づく訴訟は、対象地域に対する事前審査の適切な代替にはなりえない。訴訟は事実が生じた後にのみ起こされる。つまり、違法な投票制度がすでに導入され、それに従って実施された選挙で個人が当選し、そして現職者が優位性の恩恵を受けているという事実が生じた後でなければ、訴訟は起こされない。それゆえ法2条に基づく訴訟の原告が選挙制度の違法性を主張するに足りる十分な証拠を収集するまでは、違法な選挙制度が複数回の選挙サイクルにわたって存在しうる。また、訴訟はマイノリティ有権者に重い経済的負担を課す。さらに連邦議会に提出された資料によれば、事前審査は対象地域の訴訟負担を軽減させる。つまり事前審査の手続は法2条に基づく訴訟における弁護よりもはるかに負担が軽いため、司法省による事前の承認は法2条に基づく訴訟の提訴可能性を実質的に低下させる（ニューヨーク州によるアミカスブリーフも参照：法5条は「負担が重くかつ長期にわたる法2条に基づく訴訟に対象地域が直面する可能性を低下させる」）。

多くの差別的な変更申請が事前審査要求によって阻止または抑止されたということは、この救済なしては、対象地域における投票権保障の状況は大きく異なっていただろうことを示唆する。事前審査手続によって阻止された変更申請の類型を見れば、法5条がマイノリティの投票権保障にどれほど寄与し続けているかがわかる。2006年の延長までに阻止された変更のうち、特筆すべきものは以下の通りである。

xx…投票権法2条は、いかなる州およびその政治的下部組織も、投票資格要件や投票手続等を定めることによって、人種、肌の色、または言語上の少数者集団への帰属を理由として、合衆国市民の投票権を剥奪または制限してはならないと定める。

・1995年、ミシシッピ州は二元的有権者登録制度を再制定しようとした。同法は「黒人有権者の選挙権を剥奪するために1892年に最初に制定され」、そしてまさにそうした理由により1987年に連邦裁判所によって無効とされたものだった。
・2000年の国勢調査の後、ジョージア州オールバニー市は再区割り案を提出した。司法省は、再区割り案は「市全体における……黒人票の影響力の増大を制限し後退させることを目的として作成された」と判断した。
・2001年、ミシシッピ州キルマイケル町長および町議会の白人議員5名は、同町の選挙を突然中止した。それは「過去最多の」アフリカ系アメリカ人候補者の立候補表明を受けてのことだった。司法省は選挙の実施を要求し、その結果、史上初めて黒人町長と3名の黒人議員が選出された。
・2006年、連邦最高裁は、テキサス州による連邦議会下院議員選挙の再区割り案について、ラテンアメリカ系有権者の影響力を減少させるために行われたものであり、「平等保護原則違反となりうる意図的差別の兆候」があるとし、VRAを遵守した再区割りを命じた（米国ラテンアメリカ市民連盟対ペリー判決、2006年）。これに対しテキサス州は、当該選挙区における期日前投票を制限することで命令を回避しようとしたが、法5条の事前審査要求の執行のための差止訴訟を通じて阻止された。
・2003年、サウスカロライナ州チャールストン郡教育委員会選挙でアフリカ系アメリカ人が史上初めて多数派となった後、選挙への全域単一選挙区制度の導入が申請された。この申請は、教育委員会のどのアフリカ系アメリカ人委員にも諮問されずに行われた。内容は、かつて連邦裁判所がVRA違反と判断した投票制度の「正確な複製」であった。司法省は法5条に基づき申請を阻止した。

・1993年、ジョージア州ミレン市は、ある黒人優勢選挙区における選挙の2年間の延期を申請した。仮に延期されていれば、当該選挙区から市議会議員が失われ、隣接する白人優勢選挙区から3名の議員が選出されていた。司法省は、この申請を阻止した。その後、郡は、市内の黒人優勢地区に設置されていた投票所を市外の交通不便な白人優勢地区に移動しようとした。

・2004年、テキサス州ウォーラー郡は、公職選挙への立候補の意思を表明した2名の黒人学生に対して、起訴すると脅した。その上で郡は、歴史的に黒人が多数在籍する大学の付近にある投票所での期日前投票の利用を制限しようとした。

・1990年、セルマ市を郡庁所在地とするアラバマ州ダラス郡は、多数の黒人を有権者名簿から削除しようとした。司法省はこれを差別的として承認せず、「更新申請書の入手または返送が法的義務ではないにもかかわらず、それをしなかったというだけの理由で」多数の市民の投票資格を剝奪するものだと述べた。

上記の事例および類似した多数の事例で、立法資料は埋めつくされている。「事前審査の対象地域では投票に関する人種差別が深刻かつ広範に存在し続けている」という連邦議会の結論は、実に十分な根拠によって支えられている[5]。

さらに、連邦議会に提出された証拠によれば、上記のような公式の事前審査要求は、氷山の一角に過ぎない。ある論者の言葉を借りれば、「事前審査の対象地域での投票権侵害に関する事例研究の雪崩」が存在するのであり、それは「マイノリティ有権者に対するまぎれもない脅迫および暴力」から「より巧妙な形態の投票権剝奪」にまでわたる（パーシリー論文）。こうした証拠は、投票に関する人種差別の禍に対する監視を緩めるべきときはまだ到来していないという連邦議会の結論を、より根拠づけるものである。

確かに、投票権法の可決以来、南部の状況は劇的に改善した。連邦議会が認めるように、VRAはその原動力となった。しかし同時に、連邦議会によれば、投票差別はより巧妙な第2世代の障壁へと変容しており、事前審査の廃止はこれまでの成果を失わせるおそれがある。こうした状況に鑑み、かつて連邦最高裁は、連邦議会はVRAを延長するための適切な理由を有すると認めた（ローム市判決は、「司法長官が呈した異議の件数と性質」を考慮し、連邦議会による事前審査要求の延長は正当だと判断した。延長は「投票権法の限定的かつ脆弱な成果を保全し、そして投票差別のさらなる是正を促進するために必要である」とされた）。その上で、連邦最高裁は、上記のような証拠に照らし、VRA延長を正当化しうる統計データは投票率と公選公職者数の相違のみであるとする主張を、明示的にしりぞけたのであった。

B

次に、連邦議会が法4条(b)の対象地域規定の延長を決定した根拠について述べたい。連邦議会は規定を変更せず、これまでと同様の地域が事前審査による救済の対象となると決定した。対象地域における憲法違反の阻止に事前審査が有益であり続けていることの根拠については、すでに述べた通りである。当該地域に対し救済を継続すべきであるとする連邦議会の結論も、同様の根拠に基づく。

加えて、対象地域は投票に関する人種差別の固有の歴史を疑いなく有している。この長い歴史は今なお生ける記憶であり、これを考慮に入れることはまったく適切である。法廷意見は連邦議会を批判し、「歴史は1965年で終わっていない」ことを理解し損ねているとする。しかし法廷意見は、「過去は序章に過ぎない」(W・シェイクスピア『テンペスト』2幕1場)ことを無視している。そして「過去を記憶しない者は愚かにもそれをくり返す」(G・サンタヤナ『理性の生命1巻』1905年、284頁)。連邦議会は、これまでの成果を補強し後退を防ぐ必要に、特に配慮している。

重要なことに、制定から40年が経過し多くの差別的な変更が事前審査により阻止されてもなお、対象地域規定が「現在の必要性」(北西オースティン判決)に照らして正当化されることは、当該地域の状況が証明している。

対象地域の状況に関する連邦議会の理解は、カッツ調査という名で知られる、1982年から2004年までの法2条に基づく訴訟を扱った報告書に依拠している。法2条は全米の私人に訴権を保障している。ゆえに対象地域とそうでない地域との間の法2条に基づく訴訟の比較は、両地域の相違を測定するための基準となる。もし対象地域とそうでない地域の間で投票差別のおそれに相違がないのであれば、法2条に基づく訴訟の勝訴率は両地域の間でおおよそ等しいと考えられる〔6〕。しかしカッツ調査の結果は、投票に関する人種差別が「事前審査の対象として選ばれた地域に集中した」ままであることを示している（北西オースティン判決）。

対象地域の人口は我が国の25パーセントに満たない。しかしカッツ調査によれば、1982年以降の法2条に基づく訴訟の勝訴事例の56パーセントが当該地域を相手とするものであった。人口比で見た場合、対象地域における法2条に基づく訴訟の勝訴件数は、非対象地域の約4倍である。さらにカッツ調査によれば、法2条に基づく訴訟の勝訴率は、非対象地域よりも対象地域で提訴された方が高い。こうした根拠に基づき――法廷意見は等閑視したものの――、連邦議会は、対象地域規定は大いに懸念すべき地域の指定に成功し続けていると、合理的に結論づけた。

加えて、連邦議会が有する証拠によれば、対象地域における投票は、ほかの地域よりも人種的に分極化している。投票の人種的分極化は、それだけで憲法違反の兆候となるわけではないが、選挙法の差別的変更に対する人種的マイノリティの脆弱性を増大させる要因となる。これには2つの理由がある。第1に、人種的分極化は、人種的マイノリティが投票から構造的に疎外され、彼らの利害が立法府に過小にしか代表されないリスクを負っていることを意味する。第2に、「人種の相違に沿って政治的選好が分裂する場合、現職者および与党が有する保身への自然な執着は、予測可能な人種的効果を有する。深刻な人種的分極化状況の下では、政治的優位性を獲得しようという努力は、人種特定的な不利益へと転化する」（アンソラブヒア、パーシリー＆ステュワート「2012年大統領選挙における人種的分極化の地域差――投票権法5条の憲法適合性への示唆」ハーバード・ローレビュー・フォーラム126巻205、209頁、2013年）。

言葉を換えて言えば、支配的な政治勢力は、既存の投票勢力の均衡に変化が生じることを防ごうというインセンティブを有する。投票が人種的に分極化している場合、与党がそうしたインセンティブに従って行動すれば、「ある人種集団に差別を加えることは避けられない」(同上)。カリフォルニア州では建造物の耐震性がより必要とされるのと同様に、投票の人種的分極化が強く存在する地域では、意図的な人種差別を防ぐための予防的手段がより必要とされる。この点については連邦議会も同様の理解を有しているほか、学術文献でも広く認められている(2006年延長2条(b)(3)、合衆国法令全書120巻577頁「事前審査要求のすべての対象地域で投票の人種的分極化に関する証拠が継続的に存在しているという事実は、人種的および言語的マイノリティが政治的脆弱性を抱えたままであるということを示している」)。

現地の必要性に対応した対象地域規定を維持すべき根拠は強固である。仮に対象地域に逃げ道が与えられない場合や、監督が必要な地域が看過された場合は、連邦議会の硬直性に対して批判がありうるだろう。しかし連邦議会はこの懸念に応答している。対象地域に事前審査からの「指定解除」を認めた規定、および裁判所命令による「追加指定」を定めた規定は、投票権法の構造上重要な要素である。VRAは、対象地域が同法を10年間遵守し、かつ有権者への脅迫およびハラスメントを撲滅する努力を行ったことを証明した場合、当該地域の指定解除を認めると定めている。また、非対象地域で修正14条および修正15条違反の発生が確認された場合には、裁判所は当該地域を連邦法上の事前審査の対象として追加しうる。

連邦議会が認めているように、VRAの指定解除制度は、時の経過に応じてVRAの適用対象を調整するための効果的な手段である（下院委員会報告書109議会478号25頁：指定解除制度の成功は「次の点を証明している。(1)対象地域としての地位は永続的でも過度に広範でもないこと。(2)対象地域としての地位は当該地域の努力により今後も変更されうること、ゆえに真にVRAを遵守し適用対象からの解除を望む地域はそうする資格を有すること」）。これまで約200の地域が事前審査要求の指定解除に成功してきた。そして現行の指定解除手続が1984年に施行されて以来、司法省は有資格地域によって提出された指定解除申請のすべてに同意を与えてきた。追加指定制度も同様に機能してきた。ニューメキシコ州やアーカンソー州などを含むいくつかの地域が、裁判所命令により連邦法上の事前審査の対象として追加された。

法廷意見は、投票権法は静的であり1965年以来不変であると理解したが、上記の経験はそうした理解が不正確であることを示している。条件変化に適応可能な動的な制定法として、連邦議会はVRAを設計した。確かに、多くの対象地域は近年のVRA違反行為に起因して指定解除を受けることができていない。しかしそうした真実は、これらの地域が事前審査に服することは正当であり、この制度の下に置かれ続けるべきだとする連邦議会の判断を裏づけるものである。

IV

連邦議会は2006年のVRAの延長をきわめて細心かつ慎重に進めた。本日の法廷意見はそうとは言えない。法廷意見は連邦議会が収集した膨大な立法資料を真剣に調査しようとしていない。むしろ、有権者登録数および投票率の増加を、物語のすべてであるかのように重視している。法廷意見は、審査基準すら示さないままに、「立法資料が含むデータ」に基づく主張をしりぞけ、「資料が何を示すのかに関する討議」に加わろうとしない。我が国の市民権立法の代表例の核心部分を破壊するような意見は、望まれないであろう。

最も懸念すべき過ちについて指摘したい。第1に、法廷意見は、通常は抑制的であるにもかかわらず、VRAは文面上違憲であるというシェルビー郡の主張に、いかなる権限に基づき応答しているのだろうか？　第2に、法廷意見は、「平等な主権」の法理〔xxi〕に関する先例を、自覚すらないまま転換させた。第3に、法廷意見は、連邦議会による南北戦争修正条項の実施に対して通常払われるべき尊重を示しておらず、上述のように立法資料の調査すらしない。

xxi…すべての州の統治権は対等に認められなければならないという法理。本判決の法廷意見は、投票権法4条(b)の対象地域規定は特定の州を別扱いするものであることから、「平等な主権」の法理を逸脱すると論じた。他方、ギンズバーグ裁判官は、従来の判例では「平等な主権」の法理の射程はきわめて限定的に解されてきた（連邦への新たな州の加入の場面にのみ限定されてきた）のであり、本件のような事案に適用すべきではないと論じている。

シェルビー郡は2006年のVRA延長に対して文面上違憲の主張のみを行った。「法律に対する文面上違憲の主張は」、連邦最高裁がくり返し述べているように、「違憲を主張する者は法律が有効であるような状況が何ら存在しないことを証明しなければならないことから、当然ながら成功が最も困難である」(合衆国対サレルノ判決、1987年)。

「我が国の憲法の下では、裁判所は、国家の法の有効性について判決を下すに際して、自由に移動する権限を有しない」(ブロードリック対オクラホマ州判決、1973年)。むしろ「司法権」は、特定の「事件」および「争訟」の裁定に限定される(合衆国憲法3条2節)。「憲法訴訟の伝統的な準則として確立されている通り、ある者に法令が合憲的に適用されうる場合、その者は、当事者でない他者に法令が違憲的に適用されうると考えられるという理由に基づいて、法令が違憲であると主張することができない」(ブロードリック判決)。しかし本件の法廷意見は、訴訟を起こした特定の原告——アラバマ州シェルビー郡——に事前審査を適用する権限をなぜ連邦議会が有しないのかについて、一言も説明していない。法廷意見の沈黙の理由は明らかだ。VRAの事前審査は、シェルビー郡に適用される限りでは、論争の余地がほとんどないのである。

アラバマ州にはセルマがある。市民権運動のデモ隊に暴行が加えられ、VRA制定を勢いづけた「血の日曜日」の舞台である。一連の事件の後、マーティン・ルーサー・キング・ジュニアは、セルマからアラバマ州都モンゴメリーへ向かう行進を先導し、VRAの可決を求めた。同法が可決されればアラバマ州でも進展が見られるだろうと、彼は見据えていた。しかし、それには完成に向けた努力への揺るぎない誓いがなければならない。キングの言葉によれば、「道徳の宇宙の弧は長い。しかしそれは正義へと向かう」(G・メイ『正義へと向かう：投票権法とアメリカ民主主義の変容』2013年、144頁)。

キングが正しかったことは歴史が証明している。アラバマ州の状況は変化したものの、深刻な懸念は残ったままである。1982年から2005年にかけて、アラバマ州は法2条に基づく訴訟の勝訴率が最も高い州の1つだった(同じく事前審査の対象地域である隣接するミシシッピ州に次いで2番目だった)。言い換えれば、法5条による抑制効果の存在にもかかわらず、アラバマ州は、「人種もしくは肌の色」を理由として投票権を「奪いまたは制限した」と、合衆国内の大多数の他の州よりも高い確率で判断されたのである。こうした事実に基づき、本件連邦高裁判決で反対意見を執筆した裁判官は、投票に関する人種差別の悪質な記録を有するアラバマ州およびその他のごく少数の地域を含むように「より厳密に仕立て上げられた対象地域規定」であれば「擁護可能かもしれない」と述べた(J・ウィリアムズ裁判官反対意見)。これは控えめな表現である。アラバマ州の法2条違反の悲しい歴史は、同州を法5条の事前審査要求の対象とし続けた2006年の連邦議会の決定を、それだけで十分に正当化する[7]。

少なくともアラバマ州において、法5条の事前審査要求が与える「現在の負担」が「現在の必要性によって正当化される」(北西オースティン判決)ことを示すには、ごく少数の例を挙げれば十分だ。VRAの1982年延長から2006年延長までの間に、連邦最高裁は、アラバマ州における意図的差別の事例を2件扱った。1987年のプレザントグローブ市対合衆国判決では、プレザントグローブ市――シェルビー郡に隣接するジェファーソン郡の市――が、近隣の黒人優勢地区からの併合要求を拒否して、白人のみが居住する地区を併合したことにつき、連邦最高裁は意図的差別があったと判断した。同市は「連邦市民権法制定の以前以後を問わず、人種統合に対するあからさまな反対を表明して」きたのであり、この併合は「一枚岩の白人票基盤の増大をもたらすための」策略であり、「将来の黒人票の影響力を最小化するという許されない目的」に基づくものだったとされた。

プレザントグローブ市判決の2年前、1985年、ハンター対アンダーウッド判決において、連邦最高裁は「不道徳行為に関連する」軽罪により有罪判決を受けた者に対して投票権行使を禁止したアラバマ州憲法の規定を無効と判断した。連邦最高裁は、全員一致で、当該規定は修正14条の平等保護条項に違反すると結論づけた。「当該規定の制定は人種を理由として黒人を差別しようという動機に基づいており、そして今日にあってもそうした効果を有し続けている」とされた。

プレザントグローブ市判決とハンター判決は例外的な事例ではない。1986年、連邦地裁裁判官は、アラバマ州の複数の郡における全域単一選挙区制度の採用を法2条違反と判断した(ディラード対クレンショー郡判決)。その際、連邦地裁は事実認定の要約として、「1800年代末から現在まで、アラバマ州は黒人に対して障壁を築き続け、州内の社会的、経済的、および政治的な生活への十全かつ平等な参加を阻んできた」と述べた。

このディラード訴訟の射程は、その後、差別的な全域単一選挙区制度を採用していた183の市・

郡・教育委員会に広がっていった。一連の訴訟の被告の1つがシェルビー郡であった。最終的に、同郡は異議申立てを解決するための同意判決に署名した。

ディラード訴訟は多くの人種差別的な選挙制度の是正をもたらしたが、後退の懸念は依然として残っている。2008年、シェルビー郡カレラ市は、ディラード訴訟の同意判決を受けて創設された市内唯一の黒人マイノリティ多数選挙区［xxii］を廃止した再区割り案につき、事前審査を申請した。司法省は再区割り案に異議を呈したものの、カレラ市は事前承認のないまま選挙を強行した。その結果は、再区割り以前は当該選挙区の代表だった現職アフリカ系アメリカ人議員の落選に終わった。市の反抗を受けた司法省は法5条の執行のための差止訴訟を提起し、最終的には当該選挙区の回復を含む適切な救済がもたらされた。

近時の連邦捜査局（FBI）の捜査は、州政治における人種差別の根深さをさらに暴露するものであった（合衆国対マクレガー判決、2011年）。FBIの捜査に協力した州議会議員が装着した録音装置には、複数の州議会上院議員とその支持者の会話が記録されていた。録音された会話は衝撃的なものだった。上

xxii……1982年投票権法改正は、人種的マイノリティの投票の影響力を弱める意図または効果を有する選挙区割りを禁止した。その後、ゲリマンダリングへの対応として、人種的マイノリティが多数派となる選挙区割りが作成されるようになった。これをマイノリティ多数選挙区と言う。なお、連邦最高裁は、人種的マイノリティが多数派となることだけを目的として行われた不自然な形状の選挙区割りを違憲とする判決を下している（1993年のショー対レノ判決など）。

院議員らはアフリカ系アメリカ人を嘲笑して「アボリジニ」と呼んでいた。彼らは、ある賭博関連の住民投票を阻止しようとしていたが、その目的をあけすけに話し、住民投票が実施されればアフリカ系アメリカ人の投票率が上昇するおそれがあると述べた（上院議員らとその支持者は、仮に住民投票が実施されれば、「すべての黒人とすべての文盲がHUD[xxiii]が出資したバスに乗って投票所に向かうだろう」と憂慮した）。この会話が交わされたのは1870年代でも1960年代でもない。2010年代である。この録音が証拠として提出された刑事事件の事実審理を指揮した連邦地裁裁判官は、この「録音は、アラバマ州において人種主義による政治的排除が現実の問題であり続けていることを示す強力な証拠である」と述べた。人種主義的感情は「嘆かわしいことに州政府上層部の間で温存されたままである」と。

以上の近時の各事例は、法5条の事前審査要求は、アラバマ州およびその政治的下部組織に適用される限りでは合憲であることを強く証明している[8]。そして我々の判例法の下では、本件の解決にはこの結論があれば十分である（1960年の合衆国対レインズ判決は、「もし当事者の主張が法令の修正15条の下で明らかに合憲的な適用を求めるものである場合、憲法適合性の問題はそれで終結である」とした。また、2003年のネバダ州人事部対ヒップス判決のスカリア裁判官反対意見は、本件と同様に、州もしくは地方政府が、ある連邦法につき、南北戦争修正条項が定める連邦議会の実施権限を逸脱しており文面上違憲であると主張した場合、連邦法が「何らかの地域に合憲的に適用されうる」ということを相手方が証明したならば、その主張は容認されないと述べた）。

当裁判所は、連邦議会が南北戦争修正条項の実施権限に基づき制定した立法に対する違憲主張を、立法は当裁判所で争われた特定の状況に適用される限りでは合憲であるという理由でしりぞけ続けてきた

（たとえば、２００６年の合衆国対ジョージア州判決は、１９９０年障害を持つアメリカ人法（ＡＤＡ）第2編は、「同法が修正14条に実際に違反する行為に対する……私人の訴訟原因を認める限りでは」、州の主権免除特権〔xxiv〕を合法的に否定しうると述べた。また、２００４年のテネシー州対レーン判決は「裁判所へのアクセスに関する基本的権利に関連する一連の事例に適用される限りでは」、ＡＤＡ第2編は合憲であるとした。さらにレインズ判決は、人種を理由とする投票権剝奪を禁じる連邦法は、当事者である州政府当局に適用される限りでは、仮に同法がほかの者には合憲的に適用されえないとしても、合憲であるとした）。本件でも同様のアプローチが求められる〔9〕。

加えて、ＶＲＡは可分性条項〔xxv〕を有しており、その射程は異例なほど広範である。法廷意見は、シェルビー郡への法4条(b)および法5条の適用が連邦議会の立法権限の範囲内であるにもかかわらず、両条項に対する同郡の文面上違憲の主張を認めたが、この見解は可分性条項に照らしても不適切である。

可分性条項は次のように定める。

xxiii…連邦住宅都市開発省。1965年に設置された連邦政府の機関であり、地域社会の開発援助、手頃な価格の住宅を国民に提供するための各種制度の管理、地域の再生、都心部の荒廃防止、および新しい地域社会開発の奨励等を行う。

xxiv…州はその同意なくして州民から連邦裁判所で訴えられないという原則。

xxv…可分性とは、ある条項が別の関連する条項の違法性や無効の影響を受けないことを意味する。たとえば、法律の規定Aが裁判所によって無効とされても、Aとは内容的に独立している規定Bがあり、Aの無効によってBの有効性が影響を受けない場合、AとBは相互に可分であるという。アメリカの法律では、「この法律のある規定が無効であると判断された場合においても、この法律のほかの規定は、これによって影響されることはない」といった可分性条項が定められている場合が少なくない。

この法律のある規定が、または当該規定の個人または状況への何らかの適用が無効と判断された場合でも、この法律の他の規定、および同様の立場にない他の個人または他の状況への適用は、これによって影響されることはない。

（合衆国法典第42編1973条P）

言い換えれば、仮にVRAが特定の州――たとえばアリゾナ州やアラスカ州――に合憲的に適用されえないとしても、この1973条Pは、違憲的な適用を切り離し、ほかの地域に同法を合憲的に適用する余地を残しておくことを求めているのである。

これに対して法廷意見は、VRAの適用範囲を適切な事例に限定することは、「裁判所の手による法令の更新」に当たると指摘する。しかし、ちょうど前開廷期に、連邦最高裁はまさにそのような主張をしりぞけたのだった。つまり連邦最高裁は、本件と実質的に同様の可分性条項を審査した際に、このような条項は、仮に特定の「適用が違憲である」としても、「この法律の他の規定は影響を受けないままにしておくべきであるという、連邦議会による明示的な指示を定めた条項」であると述べた（2012年の全米独立企業連盟対セベリウス判決の相対多数意見。同判決ギンズバーグ裁判官一部同意一部反対意見は、相対多数意見の可分性に関する説示に同意。また、レインズ判決は、法律が何らかの合憲的な適用の可能性を含んでいるにもかかわらず文面上審査に服するのは、「立法のあらゆる適用の正当性が維持されない限り、連邦議会は当該立法の維持を全く望まなかっただろうと、当裁判所が確信をもって判断しうる場合のような非常に稀な事例においてのみである」とした）。シェルビー郡へのVRAの適用が合憲か否かについては考慮しないまま、あるいはVRAの可分性条項に言及しないまま、同郡による文面上違憲の主張に関する判断へと一足飛びで進む法廷意見は、抑制的で穏健な決定作成の模範とは到底評価できない。真逆である。法廷意見によるVRAの破壊は傲慢と言うほかない。

B

法廷意見は、法4条（b）の対象地域規定を違憲と判断することを通じて、法5条のすべての適用を停止させた。この法廷意見の結論は、「平等な主権の基本原理」と大きく結びついている。しかし、カッツエンバック判決において、連邦最高裁は、この原理は、「州が連邦に加入する際の条件に対してのみ適用されるのであり、連邦加入後に地方で生じた害悪を救済するための措置に対しては適用されない」と、紛れもなく述べたのであった。

法廷意見も認めるように、カッツェンバック判決は、「平等な主権原理を、新たな州の加入の文脈から離れて、取扱いの相違の禁止を含意するものとして運用する発想をしりぞけた」。しかし法廷意見は、平等な主権原理は「連邦加入後の州の不均衡な取扱いの審査と大いに関連する」という北西オースティン判決の傍論を引用して、かつては明瞭であった理解を不明瞭にした（また、法廷意見が、北西オースティン判決による平等な主権原理の「重要性の強調」に依拠したことも参照）。仮に法廷意見が、カッツェンバック判決による平等な主権原理の「新たな州の加入」の文脈への射程限定を、北西オースティン判決の傍論が黙示的に変更したと解するのであれば、論旨は擁護しえない。北西オースティン判決は、カッツェンバック判決の判示を引用して、VRAが合憲か否か、およびいかなる審査基準が適用されるべきかに関する決定を拒否したのであった。本日の法廷意見は、北西オースティン判決の傍論に過ぎないものを格上げし、平等な主権原理にカッツェンバック判決と正面から矛盾する広範な射程を与えた。しかも、なぜカッツェンバック判決が誤りなのかについては、一切説明していない。ましてや、平等な主権原理の重要性は限定的であるとするカッツェンバック判決の踏襲が先例拘束性の法理に照らして望ましいのか否かに関しても、法廷意見は何ら触れていない。

法廷意見における平等な主権原理の適切な領域——新たな州の加入——を超えた前例のない拡張は、大きな悪影響をもたらすおそれがある。各州を別異に扱う連邦法令は、決して珍しいものではない（たとえば、合衆国法典第28編3704条(a)(1)：いかなる州もスポーツに関連した賭博制度を運用または許可してはならない。ただし「1976年1月1日に始まり1990年8月31日に終わる期間のいずれかの時点で」そうした制度を実施していた州を除く。また、合衆国法典第26編142条(l)：連邦環境保護庁は特定の人口基準を満たした州に環境配慮型ビル計画の策定を要求した。合衆国法典第42編3796条bb(b)：「1990年に行われた10年ごとの国勢調査に基づき、1辺1マイルの正方形区画当たりの人口密度が52人以下の州、または州内の最も大きな郡の人口が15万人を下回る州に対しては、1997年会計年度を通じて」、少なくとも50パーセントの地方薬物問題助成金が配分されなければならない。同13925条、13971条：地方の家庭内暴力問題に関する資金助成における同様の人口基準。同10136条(c)(6)：ネバダ州のユッカ山放射性廃棄物処理場に適用されるルールを指定した上で、「ネバダ州を除き、いかなる州も1987年12月22日以後、この規定に基づく資金助成を受けることができない」と定める)。法廷意見による平等な主権の射程拡張を受けて、こうした規定は無事のままなのだろうか?

深刻な懸念として、連邦議会によるすべてのVRA延長決定は、我々の道しるべであるカッツェンバック判決に依拠していた。VRAの地理的射程の限定が、同法の憲法適合性にとって不利にではなく有利に働くと考えることには、もっともな理由がある(たとえば、2000年の合衆国対モリソン判決は、差別の記録を有する州に事前審査制度の対象を限定することは、VRAの合憲性を補強していると述べた)。VRAの地理的射程の限定が同法の憲法適合性を疑わしいものにしてしまうとは、連邦議会は思いもよらなかったであろう(パーシリー論文「同法の支持者は、なぜ特定地域のみが適用対象として指定されるのかを正当化することよりも、なぜ対象地域がそのまま維持されたのかを説明することを主な目的として、証拠資料を作成しようとしていた」)。

法廷意見の見解では、立法資料によって圧倒的に証明されていること、すなわち対象地域に指定された州では事前審査制度が必要であり続けているということを示すだけでは、VRAの擁護者は勝利することができないらしい。それに加えて、同法の擁護者は、他の地域でもそれが同程度に必要であるという主張が誤りであると証明しなければならないというのである(「対象地域における人種差別の悪しき事例を証明するだけでは、VRAに勝利をもたらすには十分でない。こうした差別事例がほかの地域に存在しないことが示されなければならない」)。このような二重の責任を立法の擁護者に課した先例を私は知らない。

C

連邦最高裁はこの種の立法を無効とすることを何度も拒否してきた。ただし、州による違憲な行為に関する証拠がまったく、またはほとんど存在しない場合は別である（たとえば、1997年のバーニー市対フローレス判決では、事件で争われた連邦法の立法資料は「当該法が規制しようとした違法な行為の過去40年間の事例に何ら言及していなかった」）。しかし2006年のVRA延長の立法資料に関して、こうした点はまったく主張されていない。優越的な連邦法上の権利の剝奪または制限に関する事例が満載の資料が存在する以上、法廷意見は、問題を本来あるべき場所、すなわち連邦議会の領分に委ねるべきであった。

それにもかかわらず、法廷意見は、法4条(b)の対象地域規定を無効とした。なぜなら法廷意見の見解では、規定は「現在の条件」に基づいていないためである。しかし、対象地域における事前審査による救済の実施が、まさにそうした条件の一部を構成しているということを、法廷意見は看過している。事前審査は、害悪の発生前に差別に対処すること、および過去への回帰を防ぐことを目的として、連邦議会によって作成された救済措置である。後退が現実に予測されたとする連邦議会の判断は、多くの証拠に基づく。事前審査は、差別的な変更を防ぐために機能しており、今後も機能し続けるだろう。それを捨ててしまうのは、いま濡れていないからといって、暴風雨の中で傘を投げ捨てるようなものだ。

しかし法廷意見は、対象地域規定は「何十年も前のデータと撤廃された行為」に基づいており、用をなさないと指摘する。立法資料を調査すれば明らかなように、規定は投票差別に関して最悪の状況にある地域を正確に指定している。しかし法廷意見によれば、仮にそうだとしても、そのことはまったく重要でない。連邦議会は「ゼロからやり直さ」なければならないと法廷意見は命じる。私はなぜそうすべきかが理解できない。

連邦議会が行ったことは1965年と2006年とでは異なる。1965年にあっては、連邦議会は、「多くの差別事例で連邦議会にその名を知られていた……ごく少数の州」のみを調査対象とした（カッツェンバック判決）。規定の立案に際し、「連邦議会は調査対象とした州の大部分の地域における実際の投票差別の存在を示す確実な証拠に基づき、作業を開始した」。「連邦議会が最終的に採用した対象地域規定」には、連邦議会による事実調査に含まれていなかった州もごく少数含まれていた。しかしカッツェンバック判決において、連邦最高裁は対象地域規定全体を合憲と判断した。指定を受けたすべての対象地域における「害悪の重大な危険性を推定するに際して」、規定は公平であるとされた。

対象地域規定の延長に取り組んだ2006年の連邦議会が直面していた状況は、これと同様ではない。2006年の時点までには、規定の施行から多くの年月が経過し、対象地域のすべてが「連邦議会にその名を知られていた」。連邦議会にとっての問題は、すでに特定済みの対象地域のすべてに事前審査による救済を適用し続けることに関して、十分な根拠が今なお存在するか否かであった。連邦議会による調査対象に含まれなかった新たな地域を、規定が不用意にも適用対象として含むといったような事態は、この時点ではまったく想定しえなかった。また、連邦議会は、規定に基づく対象地域を今後も事前審査制度に服せしめるか否かを、立法資料に基づいて決定することが可能であった。もし連邦議会がそうして決定を下したのであれば、規定の変更は不要である。だからこそ、連邦最高裁はＶＲＡの事前の延長に関する事例を審理する際に、対象地域規定が「適切性」を有し続けているか否か自体については不問に付していたのだった。

２００６年の連邦議会が有していた立法資料に何が含まれていたのかを、いま一度確認したい。対象地域規定は、投票に関する深刻な人種差別問題の歴史を紛れもなく有する地域の、よく知られたリストを指定していた。アラバマ州および同州の郡に関する近時の証拠は、誰の目にも明らかな形で存在していた。対象地域規定は複数の連邦最高裁判決によって合憲と判断されていた。直近の合憲判決は１９９９年だった。事前審査制度の存在により対象地域の状況が著しく改善されたことを示す証拠が多く存在した。そして事前審査が現実の実体的な効果を今なお有するということも示されていた。前回の延長以後、事前審査が対象地域での投票制度の差別的な変更を阻止した件数は数百にのぼった。加えて、対象地域では非対象地域よりも投票が人種的に分極化し、マイノリティ市民の脆弱性が増大していることを示す証拠も存在した。対象地域で投票差別が問題化し続けていることを示した証言、報告書、および事例研究には枚挙に暇がない。こうした資料に基づき、連邦議会は、既存の対象地域規定は現地の条件と適合していると結論づけた。この結論はきわめて合理的な根拠に基づく。そしてシェルビー郡は、連邦議会が用意した制度から除外されるべき候補ではありえなかった。

法廷意見が法４条(b)を無効とした理由は、「対象地域の指定に際して、40年前に違法とされた読み書きテスト等の制度の使用に依拠することは不合理である」というものである。しかし法廷意見は、ＶＲＡ

の制定によって連邦議会が何をしようとしたのかを理解していない。1965年当時は存在していた読み書きテスト等の制度を前に、その異例な立法は立ち止まらなかった。同法の偉大な目的は、我々の政体における対等な背丈の市民権と、我々の民主主義における人種によって弱められることのない声を、すべての者に保障することである。2006年延長の立法資料がきわめて明白に示しているように、対象地域では、当該地域に事前審査が適用されるきっかけになった第1世代の障壁に代わって、マイノリティの投票権に対する第2世代の障壁が出現している。

本日の判決の悲しい皮肉は、なぜVRAがその実効性を証明しえたのかを、まったく理解していない点にある。VRAは1965年に存在した読み書きテスト等の特定の制度の撤廃に成功した。それによって事前審査はもはや必要なくなったと、法廷意見は信じているようである。しかし、そうした考えとそこから派生する主張とともに、歴史は繰り返すのだ。同様の想定——投票差別の特定の方法が指定され廃止されれば問題は解決するという想定——は、かつては蔓延していたが、VRA制定に先んじて誤りだと繰り返し証明された。読み書きテスト等の特定の制度のみを規制するにとどまった旧来の法令と異なり、VRAは、マイノリティの投票権を妨害するよう設計された手段の「多様性と根強さ」に関する連邦議会の認識に基づいている。実際に、投票差別がより巧妙な第2世代の障壁へと変容しているという事実は、マイノリティの投票権を保護し後退を防ぐためには、事前審査のような実効的な救済が不可欠であり続けているということを、強く証明している。

VRAが通常の立法と異なることには疑いがない。修正15条の目的および約束の実現という、長らく先延ばしにされてきた並外れた重要性を有する任務に連邦議会が乗り出したという点で、ＶＲＡはまさに異例である。半世紀の間、投票に関する人種差別の終焉を目指した努力が協働で行われてきた。ＶＲＡのおかげで、かつては夢の対象であった進歩が実現し、今なお継続している。

ＶＲＡの２００６年延長の根拠となった立法資料もまた異例である。当時の下院司法委員会委員長は、この資料を、「これまでの27年半の間で連邦議会が取り組んだ立法のうち、最も大規模な検討がなされたものの１つ」と評した。徹底的な証拠収集と熟議の手続を終えた後に、連邦議会は圧倒的な超党派的支持の下でＶＲＡを延長し、対象地域規定を維持した。連邦議会は、「修正15条の命令は１００年近くも軽視されてきたが、その後も存在する差別の名残を取り除くためには、そして憲法上保障されたすべての市民の投票権の保護を確実なものとするためには、40年という期間は十分ではない」と判断した。南北戦争修正条項を「適切な立法」によって実施する権限を授けられた機関によるこの決定は、当裁判所による最大限の尊重を受けるに値する。私の見解では、法廷意見が連邦議会の決定を覆したことは、甚だしい誤りである。

＊　＊　＊

以上の理由により、私は連邦高裁の判断を支持する。

原註

1……法廷意見は、法4条(b)の対象地域規定のみを違憲と宣言しようとしている。しかし、この規定がなければ法5条は運用不能となる。

2……憲法典は「投票権」の語を5カ所で使用している。修正14条、修正15条、修正19条、修正24条、および修正26条である。いずれの条項も権利保障を実施するために「適切な立法」を制定する広範な権限を、連邦議会に付与する規定を含んでいる。その意味は明白だ。我々の憲法の統治構造の下では、投票権保障をすべての合衆国市民に等しく実現するに際して、手綱を握るのは連邦議会なのである。いずれの条項も、連邦政府の選挙の民主主義的政治過程の公正さを保護するにあたって、連邦議会に特別な役割を与えている(合衆国憲法1条4節「上院議員および下院議員の選挙を行う日時、場所、および方法」に関する規則を、「連邦議会は法律によっていつでも定め、または変更することができる」)。

3……法廷意見のように「深刻な憲法問題」の存在を認めただけでは、問題にどのように答えるべきかを示したことにはならない。

4……この数字に含まれているのは、実際に行われた変更申請のみである。連邦議会に提出された証拠によれば、対象地域の多くが公式の申請提出前に司法省との「非公式の協議手続」を行っていた。それゆえ、事前審査の抑止効果は、公式の申請件数だけから示唆されるよりもはるかに大きい。もっとも、「抑止」に関する実証を欠く主張のみでは、救済を永久に継続するには不十分なことは明らかである。しかし、対象地域の職員とともに勤務し現実の抑止効果を見た証人の証言を、連邦議会が考慮に入れることは、まったく合理的である。

5……2006年延長以後の事例として、2011年に制定されたサウスカロライナ州の有権者登録法がある。司法省は、同法がマイノリティ有権者に負担を課すことを懸念して、法5条の執行のための差止訴訟を起こした(サウスカロライナ州対合衆国判決、2012年)。その後の訴訟の過程で、州当局者は同法に関する州の公式解釈を支持し、同法は住民による投票を「予想または懸念されているよりもはるかに容易にする」と主張した。三人法廷の連邦地裁は、州側の解釈を「事前の承認の条件」として明示した上で支持し、同法に承認を与えた。2名の裁判官は、「州および地方における問題のある選挙法の変更を抑止し、そして差別的でない変更を促進するにあたって、法5条が有益であり続けていること」を、当事件は例証していると述べた(ベイツ裁判官同意意見)。

6…事前審査は対象地域にのみ適用され、明らかに問題のある手段を阻止すると予想される。それゆえ、もし投票差別のおそれが我が国全土で均等に存在するなら、対象地域における法2条に基づく訴訟の勝訴率はより低いと考えられる。

7…本件は、アラバマ州自身ではなく、その政治的下部組織であるシェルビー郡により提訴された事件である。しかし、シェルビー郡による違憲主張を、州全体の差別事例に照らして判断することは適切である。なぜなら、シェルビー郡が法5条の事前審査要求の対象とされたのは、アラバマ州が同郡を法4条(b)の対象地域として指定したことによるからである。また、シェルビー郡が人種差別的意図に基づき全域単一選挙区制度を採用したという近時の事実は、それ自体で同郡を法5条の事前審査に服せしめることを、いずれにせよ正当化する。

8…連邦議会がシェルビー郡を含むアラバマ州に対する事前審査の継続を決定したのは、マイノリティの投票の影響を阻む現在の障壁に関する証拠を考慮した後のことだった。ゆえにシェルビー郡は、法廷意見が言うような、恣意的な制度に囚われた「赤毛」ではない。[訳者注：事前審査の対象地域規定はシェルビー郡に適用される限りで合憲だとするギンズバーグ反対意見の論旨に対して、法廷意見は、「論旨は、すべての赤毛を停車させるという政策に従って停車した運転手は、もしその者の運転免許証が失効していたことが判明した場合には、当該政策を批判することができないと言っているようなものである」と述べた]

9…アラバマ州における人種差別の歴史が、連邦議会が同州およびその政治的下部組織に対して選挙法変更の事前審査を要求したことを十分に根拠づけるという点に関しては、法廷意見は異論を呈していない。にもかかわらず、法廷意見は、シェルビー郡は法4条の対象地域規定の文面上違憲を主張した訴訟に勝訴しうると言う。なぜなら、同郡が法5条の事前審査要求に服するのは対象地域規定によるためである(「同郡は対象地域規定に基づき事前審査の対象として選択された」)。この論旨は現実を理解していない。連邦議会がアラバマ州を事前審査の対象として決定したのは、同州における継続的な憲法違反に関する証拠に基づいてのことであった。

321　シェルビー郡対ホルダー判決

COLUMN 07

ギンズバーグとリベラル

ギンズバーグは生前、アメリカのリベラル派の間で最も人気のある人物の1人だった。特に、連邦最高裁裁判官を務めた27年間に執筆した力強い反対意見は、〝偉大な反対者〟としての彼女のイメージの形成に大きく寄与した。

他方、ギンズバーグは、元来、慎重で実務的な穏健派の法律家としての側面も有していた。彼女は1980年にコロンビア特別区連邦高裁裁判官に就任した。その同僚には保守派のスカリアやボークがいたが、ギンズバーグは中道的な立ち位置をとり、合意形成の要としての役割を果たした。また、この時期に行った講演で、ギンズバーグは中絶の権利に関する見解を示した。彼女は、中絶の権利の法的保障には賛成であるが、1973年のロー対ウェイド判決はあまりに広範な射程を有する法理を打ち出したため、強い反発を呼び、かえって中絶をめぐる法と政治を不安定化させてしまったと論じた。ここにもギンズバーグの慎重なバランス感覚が見てとれる。

1993年のクリントン大統領による連邦最高裁裁判官への指名も、ギンズバーグを「穏健派リベラル」と目してのことであった。指名に際して、クリントンは、「彼女は連邦最高裁における合意形成の力となりうるだろう」と述べた。彼女の任命は上院で超党派的支持を得た。

　連邦最高裁裁判官就任後も、ギンズバーグは、おおむね中道寄りのリベラルとしての行動をとった（ただし性差別や人種差別などの事案では明確にリベラルな立場をとった）。しかし、時の経過とともに、ギンズバーグの行動はよりリベラルな方向へと移行していった。こうした変化は、連邦最高裁の多数派が次第に保守の方向へ移行していったことに伴うものであった。２００６年、中道派のオコナーに代わり、保守派のアリートが連邦最高裁入りした。これ以降、９名の裁判官のうち、保守派は４名となり、ギンズバーグを含むリベラル派も４名となったため、中道派のケネディが決定票を握ることが多かった。２０１０年のスティーブンスの退任により、ギンズバーグはリベラル派の最年長になった。この頃には、連邦最高裁における彼女の役割は、穏健な合意形成者から、リベラル派のリーダーへと変化していた。個別の事例でリベラル派が少数派にまわった場合、ギンズバーグはリベラル派のリーダーとして力強い反対意見を表明した（２０１８年のケネディ退任後、保守派のカバノーが任命されたが、保守派のロバーツが中道に寄ってバランスをとった）。

　２０２０年９月にギンズバーグは死去し、10月、トランプ大統領によって指名された保守派のバレットが連邦最高裁入りした。より保守派優位となった連邦最高裁が、党派的分断の深まるアメリカの法と政治にどのような影響を与えていくのかが注目される。


（黒澤修一郎）

バーウェル対ホビーロビー・ストア判決（2014年）

バーウェル対ホビーロビー・ストア判決は、患者保護及び医療費負担適正化法（ACA）〔i〕が要請する避妊関連サービスの提供に対する健康保険の適用義務に関する判決である。同法は、宗教団体など宗教的な雇用主と信仰を基盤とする非営利団体に対して、宗教を理由とする義務の免除を認めている。ACAは、民間の営利企業に同様の理由による免除を明示的には認めていない。原告であるホビーロビー・ストアと他の同族経営の営利企業は連邦保健社会福祉省を訴え、避妊関連サービスの提供に対する保険適用義務の遵守は経営者の宗教的価値観を侵害し、それゆえ連邦憲法修正1条の規定する信教の自由条項および1993年信教の自由回復法（RFRA）〔ii〕に違反すると主張した。

5名の裁判官が賛同する法廷意見を執筆したアリート裁判官は、修正1条に関する原告の主張を取り上げずに、RFRAのみに基づいて判決を下した。法廷意見は、RFRAの保護は営利企業に及ぶと判示することから始まる。そして連邦最高裁は、過大な制裁金という威圧の下で経営者の真摯な信仰と一致しない行為に関与するよう原告企業に要求するので、避妊関連サービスの提供に対する保険適用義務は宗教活動の自由に実質的な負担を与えると判断した。アリート裁判官の法廷意見は、本件で問題視された特定の避妊関連サービスを無料で利用することの保障にやむにやまれぬ政府利益があるとみなしたが、この義務が政府利益を促進する、権利制約が最も少ない手段というＲＦＲＡの要請を満たすことを政府は立証できなかったと判断した。

他の3名の裁判官の堅い支持を得たギンズバーグ裁判官の反対意見は、次のようなものである。法廷意見の「その及ぶ範囲が驚くほど広い判決」を批判しつつ、彼女はまず、原告の修正1条についての主張は根拠が欠けているとしてしりぞける。続けて反対意見は、連邦最高裁が「信教の自由条項とＲＦＲＡ

i…この法律はいわゆる「オバマケア法」と呼ばれるもので、全国民に健康保険への加入を義務づけるものである。それまでのアメリカの健康保険には、個人が加入するプランと雇用主が従業員に提供するプランがあり、他に政府が提供する高齢者向けプラン（メディケア）と低所得者向けのプラン（メディケイド）があった。しかし失業者ほか多くが無保険者になるなどの問題があり、オバマ政権は保険の加入を義務づけるとともに保険料に対する補助を支給する制度を設立し、その解消に努めた。

ii…この法律は、１９９０年の連邦最高裁判決を覆すことを目的に制定された。同年のスミス判決で連邦最高裁は、宗教に中立的で一般に適用される法律は信教の自由を制約することがあっても合憲であるとの判決を下した。これは、信教の自由に重大な負担を与える法律はいかなるものであっても「やむにやまれぬ政府利益」を達成する目的があり、「制約が最も少ない」手段でその目的を果たすのでなければ合憲ではないとする従来の判例法理を否定するものであった。そこで、従来の法理を復活させるためにこの法律が制定されたのである。今日、20近くの州もＲＦＲＡに相当する州法を制定して、信教の自由の保護に努めている。

のいずれにおいても、一般に適用される法律から宗教的免除を受ける資格を営利企業に認めた」ことはこれまでなかったと強調する。「そのような先例がないことがまさに予想通りなのは、宗教活動が人工的な法人ではなく、自然人に特有のものだからである」と彼女は述べている。

本判決の反対意見を要約する、法廷で読み上げられた声明において、ギンズバーグ裁判官はより一般に、言論の自由の主張と同じく信教の自由の主張に関しても、「あなたが腕を振り回す権利は、他の人の鼻が始まるところで終わる」と主張する。彼女はさらに、連邦議会はRFRAにおいてこの理解を覆すことを意図していないとみていた。

ギンズバーグ裁判官はその反対意見の中で、原告に避妊関連サービスの提供に対する保険適用義務の遵守を求めることは、「これらの保険プランの下で給付金を請求するかどうかの決定は、原告企業ではなく、保険の適用を受ける従業員と扶養家族が行う」という事実や、他の多くの理由から、原告の信仰に〝実質的な〟負担を強いるとは言えないと説明する。これらの従業員や扶養家族に関して、ギンズバーグ裁判官は、ACAの定める保険適用の見込みがなければ従業員たちが避妊のために負担することになる多額の費用を指摘する。彼女はまた、この法律の義務がもたらす「公衆衛生と女性の福利におけるやむにやまれぬ利益」を強調している。ギンズバーグ裁判官は最後に、制約のより少ない別の手段で政府はこれらの利益を有意義に推進することができるという法廷意見の主張を否定した。法廷意見の結果、「雇用主と同じ信仰をもたない大勢の女性が避妊関連サービスの提供に対する保険適用を受けられなくなったりしないかと、彼女は懸念しているのである。法廷意見の射程の潜在的な広さを懸念して、彼女は

「終着点はどこだろうか?」と問うことで、自身の意見を終えた。

以下は、連邦最高裁が判決を言い渡した当日に、ギンズバーグ裁判官が法廷で読み上げた声明と反対意見である。

バーウェル対ホビーロビー・ストア判決　コネストーガ木材専門店対バーウェル判決

法廷で読み上げられた声明

連邦最高裁判所
2014年6月30日

患者保護及び医療費負担適正化法（ACA）の下、健康保険に加入している雇用主は、保険適用が及ぶ女性従業員に無料で避妊関連サービスを提供しなければならない。多数意見は本日、多様な信仰をもつ労働者を雇用する営利企業は、避妊関連サービスの利用が雇用主の信仰と合致しない場合、そのサービスの提供に保険を適用する義務から免除されると判断した。しかし、雇用主の宗教活動が他の人に悪影響を及ぼす場合、修正1条の信教の自由条項はその活動に対する配慮を要求しない。そのような趣旨の先例はよく確立されているので、多数意見は連邦憲法の信教の自由条項ではなく信教の自由回復法（RFRA）にのみ基づいて判断を下した。

ブライヤー裁判官、ソトマイヨール裁判官、ケイガン裁判官、そして私は、問題となっている免除を同法は許可していないと判断する。RFRAは連邦最高裁の特定の判決を標的とするものであり、それはネイティブアメリカンが宗教儀式の際にその不可欠な要素としてペヨーテ〔iii〕を摂取したのを理由に失業手当の給付が拒否されるという判決であった。連邦議会はこの判決を覆して、宗教儀式でのペヨーテ判決が下されるより前に存在していた宗教活動に対する尊重を法律で回復しようとした。同法は、それ以上の何も付け加えないのである。

法廷意見のようにこの法律を拡大して理解するなら、「私もそうだ（Me too）」という多数の問題が提起されることになる。営利企業の雇用主は、輸血、予防接種、抗うつ剤、豚由来の医薬品などの治療行為に反対する真摯な信仰に基づき、これらに健康保険を適用しないことができるだろうか？　父親の同意を得ずに独身女性を雇用することや、夫の同意を得ずに既婚女性を雇用することは罪であるという教義を信仰する雇用主の場合はどうだろうか？　このような雇用主は、雇用における男女差別を禁止する市民権法第7編から免除されるだろうか？　ついでながら、これらの例は仮定の話ではない。

賢明な法学者は、修正1条の言論の自由の保障について「あなたが腕を振り回す権利は、他の人の鼻が始まるところで終わる」といみじくも述べた。この反対意見に賛同する者たちは、信教の自由条項も同じであり、連邦議会はこの原則と合致してＲＦＲＡは解釈されると意図していたと考えている。

避妊関連サービスの提供に健康保険を適用する規定を制定する理由から、多数意見は判断のヒントを

iii…ペヨーテは、生食すると幻覚症状を引き起こすサボテンであり、19世紀末ごろからネイティブアメリカンの宗教儀式で用いられるようになった。

得るはずだ。多数意見は20年以上前に「女性が我が国の経済的・社会的生活に平等に参加できるようになったのは、自分のリプロダクティブ・ライフをコントロールできるようになったからである」と評価している。連邦議会はこの理解に基づいて、包括的であることを目的とした全国規模の健康保険制度であるACAの一部として、女性のニーズに呼応する予防医療に保険を適用するよう要求したのである。

連邦議会の指示を施行するにおいて、連邦保健社会福祉省（HHS）は、連邦食品医薬品局（FDA）が承認したすべての避妊関連サービスの提供に費用負担なしで団体健康保険が及ぶよう義務づける規則を公布した。HHSの規則の根拠となった科学的研究によると、避妊関連サービスの提供が改善されることで公衆衛生や女性の福利につながることが説得力をもって示されている。

注目すべきは、多数意見がACAの下で避妊関連サービスに対しての保険適用はやむにやまれぬ政府利益を促進すると当然のように考えていることである。しかし、多数意見の判決理由は、それらの利益を低く見積もっている。この低評価は、ホビーロビー社とコネストーガ社が反対した4種の避妊関連サービスの提供に限定されるものでもない。口頭弁論において、ホビーロビー社の弁護人は、雇用主がその信仰からFDAが承認している20種類の避妊関連サービスのいずれかの利用に保険適用を認めない場合にも、自分の主張は「同じように当てはまる」と率直に認めた。

当事者が争っている最初の問題は次のものである。〝人の〟宗教活動について述べるRFRAは、生身の〝人〟ではなく法律によって作られた人工的な存在である営利企業にも適用されるか？　確かに修正1条の信教の自由保障とRFRAの保護規定は、自然人だけでなく教会や他の信仰を基盤とする非営利団体をも保護する。確かに連邦最高裁の判決は、宗教団体に〝特別な気遣い〟をしてきた。しかし、今日まで営利目的の商業組織に同様の気遣いが及んだことはなかった。

その理由ははっきりしている。宗教団体は同じ宗教を信仰する人々の利益を促すために存在しているが、営利企業はそうではない。営利企業の業務を受け持つ労働者は、一般に1つの信仰集団から集められたものではない。実際、宗教に基づく基準で営利企業の全従業員を制限することは法律上できない。今日の判決では、同じ宗教を信じる人たちの集団と、多様な信仰を抱く人たちを受け入れる企業との違いがないがしろにされている。

ソトマイヨール裁判官と私は、営利企業を信仰集団の役に立つために存在する非営利団体と同一視すべきではないと判断し、営利企業をRFRAの適用範囲の外に置く。ブライヤー裁判官とケイガン裁判官は、最初の問題である、営利企業あるいはその所有者がRFRAに基づく主張を提起できるのかという点については判断せず、そのため反対意見のこの部分には同調しない。しかし、我々4人は一致して、RFRAはホビーロビー社とコネストーガ社に避妊関連サービスの提供に対する保険適用からの免除を求める権利を与えないことに合意している。

多数意見は、避妊関連サービスの提供に対する保険適用の義務化はRFRAの規定する必要最小限度の手段審査を通過しないという理由でしりぞけた。しかし政府は、原告の宗教的反対をなだめ、同時に健康と福利を守るために必要な避妊関連サービスを女性従業員が無料で受けられることを確実にする、制約がより少なく同等に効果的な手段はないことを立証していた。

そこで多数意見は、（雇用主と信仰を同じくしない従業員に負担させるのではなく）政府が避妊関連サービスの提供に係る費用を負担すればよいと提案する。しかしながらACAは、雇用主が健康保険の費用を負担するという既存の制度を通して避妊関連サービスの提供への保険適用を要求するのであって、政府（実質的には一般市民）を代わりの支払者とすることを通して要求しているのではない。

そして、〝政府に支払わせる〟という解決策の終着点はどこだろうか？　最低賃金の支払いや、同一労働同一賃金の原則を女性に適用することが雇用主の信仰に反する場合はどうか。実際にそのような主張は提起され、真摯なものとみなされている。ならば、雇用主が宗教上の理由で拒むことに政府が資金を提供するよう要請するのは、制約のより少ない別の手段に相当するものだろうか？

おそらくこれらの質問に答えるのは容易ではないので、多数意見は別の解決策、つまり信仰を基盤とする非営利団体に既に与えられている配慮を営利企業にも拡大適用する解決策を採用した。訴訟当事者の主張書面は、この拡大適用という解決策にほとんど触れていない。そしてこの点を口頭弁論で質問した際に、ホビーロビー社の弁護人は「我々はそのような配慮を提案されていないので、それに異議を唱えるにしても、どのような異議を唱えるのかを判断する必要はなかった」と答弁したのだ。

だが多数意見は、最後の最後に言葉を濁した。多数意見は、この拡大適用という解決策が「あらゆる宗教的主張においてRFRAと合致する」かどうかの判断を避けた。いずれにせよ、この致命的な欠陥を繰り返し指摘する必要がある。この拡大適用という解決策は、まったく別の2つの種類、すなわちホビーロビー社やコネストーガ社のように、法によりすべての信仰をもつ人にも雇用の口が開かれている営利企業と、特定の信仰集団の使命を促進するために設立された非営利団体とを同じものにするだろう。

この点について、RFRAが温存した1982年の合衆国対リー判決が大変参考になる。リー判決は、社会保障税を支払うことが自分の信仰教義に反するというアーミッシュの事業主の免除申請をしりぞけた。租税事件は別個のカテゴリーだと本日の多数意見は答えているが、リー判決は租税事件に限定することができない2つの重要な指摘をした。第1に、リー判決は「特定の宗派の信者が選択の結果として商業活動を行う場合、信仰の問題として自らの行動に及ぶと信者が受け入れた限界は、その商業活動をする他の人を拘束する法的枠組みに付け加えられるべきではない」とした。第2に、営利企業の雇用主に宗教を理由とする免除を認めることは「雇用主の信仰を従業員に押し付けるよう作用する」と述べた。言い換えれば、雇用主とは別の信仰をもつ従業員がホビーロビー社あるいはコネストーガ社で働くことで、隣の店の従業員なら利用可能な、雇用主負担で提供される予防医療サービスを手にできなくなるようなことはあってはならないのだ。

いま説明した実際の事件が示すように、一般的に適用される法律、なかでも職場での差別を禁止する法律から宗教を理由とする免除を求める営利企業は、ホビーロビー社とコネストーガ社だけではない。連邦最高裁は、信仰が〝法的制裁を逃れるために〟偽装されたものであるのか、あるいはどれが配慮に値する真の信仰であってどれがそうでないのかを、どのように判断すればよいだろうか。これらの疑問は、「裁判所は、宗教上の主張のもっともらしさをあえて判断するようなことはできない」と多数意見が繰り返し主張していることを踏まえるなら、いっそう不可解である。

要するに、本日の広範囲に及ぶ可能性のある判決は、職場に適用される法律、特にＡＣＡを統一的に遵守するという政府のやむにやまれぬ利益を最小化するし、宗教を理由とする適用免除が他の人々、特に雇用主と同じ信仰をもたない従業員に与える不利益を軽視している。

多くの国から人が来訪する我が国は、考えうるほとんどすべての信仰をもつ人々で成り立っている。ＲＦＲＡを制定するに際して、連邦議会は、ある人の信教の自由は、他の市民の権利や共通善と調和しなければならないという伝統を変更することはなかった。

上記に要約した理由は反対意見で述べたことの一部であるが、それにより私は第10巡回区連邦控訴裁判所の判決を破棄し、第３巡回区連邦控訴裁判所の判決を支持する。

バーウェル対ホビーロビー・ストア判決　反対意見

連邦最高裁判所

上訴人——シルヴィア・バーウェル連邦保健社会福祉省長官、他
被上訴人—ホビーロビー・ストア、他

上訴人——コネストーガ木材専門店、他
被上訴人—シルヴィア・バーウェル連邦保健社会福祉省長官、他

2014年3月25日　口頭弁論
2014年6月30日　判決

［アリート裁判官執筆の法廷意見、ケネディ裁判官執筆の補足意見、ブライヤー裁判官およびケイガン裁判官の反対意見は省略］

ギンズバーグ裁判官反対意見（ソトマイヨール裁判官が同調、ブライヤー裁判官及びケイガン裁判官は Part III-C-1 を除き同調）

その及ぶ範囲が驚くほど広い判決において、多数意見は、パートナーシップや個人事業主とともに、会社を含む営利事業者は真摯に抱く信仰と相容れないと判断したあらゆる法律（税法を除く）の適用から免除されると判決した。患者保護及び医療費負担適正化法（ACA）の統一的遵守へのやむをえない政府利益と、宗教を理由とする適用免除が他の者に及ぼす不利益は、少なくとも「制約のより少ない別の手段」がある場合には、決定的なものではないと多数意見は判断する。そして、宗教を理由に免除を求める企業から徴収する代わりに、政府すなわち一般市民がその費用を負担することができる場合には、そのような別の手段は常に存在すると裁判所は指摘するのである〔1〕。

この点について先例は明確なので、連邦最高裁は、修正1条の信教の自由条項が宗教を理由とする配慮を極端なほどに要求するとはあえて主張しなかった。その代わりに多数意見は、連邦議会が1993年の信教の自由回復法（RFRA）の下、本日の判決が支持する宗教を理由とする特異な免除を命じると判決した。多数意見の見解では、企業経営者と同じ信仰をもたない第三者——本件では、ホビーロビー社とコネストーガ社に雇用された数千の女性従業員や男性従業員の配偶者——にどのような影響を及ぼそうとも、RFRAは営利企業の信仰に配慮するよう要請するのである。連邦議会がRFRAを制定したのはそれほど極端な目的のためではないと確信し、多数意見の判決がもたらす大混乱を念頭に置いて、私は反対する。

I

「女性が我が国の経済的・社会的生活に平等に参加できるようになったのは、自分のリプロダクティブ・ライフをコントロールできるようになったからである」(南東ペンシルベニア・プランドペアレントフッド対カーシー判決、1992年)。連邦議会はこの理解に基づき、包括的であることを目的とした全国規模の健康保険プログラムの一環として、女性のニーズに応じた予防医療サービスに保険を適用することを求めた。連邦議会の指示を実行するものとして、連邦保健社会福祉省(HHS)は、公衆衛生の専門家と協議の上、連邦食品医薬品局(FDA)が承認したすべての形態の避妊関連サービスに保険を適用することを団体健康保険に義務づける規則を公布した。この保険適用が必要な理由は、多数意見のこれらの訴訟に対する判断を啓発するはずである。

A

ACAは当初、保険加入者や受給者が追加で費用を負担することなく健康保険が適用されるべき3種の予防医療サービスを規定していた[2]。個々のサービスは、専門的な独立研究班である米国予防医療サービス・タスクフォースが推奨するものだった。しかし、この制度には大きなギャップがあり、「女性の健康を支援する多くの者や医療専門家が決定的に重要と考えている」予防医療サービスが除外されていたのである（連邦議会議事録155号28841頁、2009年。ボクサー上院議員の発言）。この欠落を解決するために、バーバラ・ミクルスキー上院議員は「女性の健康に関する修正案」を提出し、ACAの定める保険適用の最小範囲に女性の健康に特化した予防医療サービスのカテゴリーを追加した。

修正案を提案したミクルスキー議員は、女性は男性に比べて予防医療にかかる保険料が相当高いと指摘していた。実際、この高額な保険料により、多くの女性は必要な医療を受けることがまったくできなかった。たとえば、同29070頁（ファインスタイン上院議員の発言「出産適齢期の女性は、男性に比べて自己負担分の医療費が68パーセントも多い」）、同29302頁（ミクルスキー上院議員の発言「医療費の自己負担額があまりにも高くなることが多いため、女性はそもそも予防及び検診サービスを受けることを避けている」）。また、避妊関連サービスへのアクセスが増えれば公衆衛生上の重要な利益が得られると、提案した議員たちは理解していた。たとえば、同29768頁（ダービン上院議員の発言「この法案は、米国で保険に加入していない1700万人の出産適齢期の女性の大部分に、健康保険の適用を拡大するものである。このようなアクセスの拡大により、意図しない妊娠を減らすことができる」）。

女性の健康に関する修正案の可決により変更されたACAは、HHSの一部門である「保健資源局（HRSA）が実施する包括的ガイドラインで規定された追加の予防医療及び検診サービス」に自己負担なしで適用することを新しい保険プランに義務づける。このようにして、HRSAは米国医学研究所（IOM）との協議の下、勧告を策定した[3]。IOMは、「疾病予防と女性の健康の専門家」を含む独立した専門家集団を招集し、これらの専門家は多くの予防医療サービスの効果を評価する報告書を作成した（ＩＯＭ『女性のための臨床予防サービス――ギャップ解消に向けて』２頁、２０１１年。以下「ＩＯＭ報告書」という）。ＩＯＭの専門家たちは、「多くの医療専門学会」やその他の団体の研究結果と同じく、予防医療にかかる保険はＦＤＡが承認した〝あらゆる種類の〟避妊方法を包含すべきと判断した。

勧告を策定するに際して、ＩＯＭ報告書は女性の健康に関する修正案を提案した議員たちと同様の懸念を表明した。報告書は、包括的な医療サービスを受けるために女性が負う負担が不均衡であることや、従業員が自己負担なしで受けられる予防医療サービスから避妊を除外することでもたらされる健康への悪影響を指摘している。たとえば同19頁（「女性は男性に比べて、自分自身や家族のために検診や治療を受け、薬を処方してもらうのに費用面で苦しいと常に訴える傾向がある」）、同１０３－１０４頁、１０７頁（たとえば、先天性心疾患、肺高血圧症、マルファン症候群など、特定の病状をもつ女性にとっては妊娠が禁忌となる場合があり、また深刻な病状の中でも子宮体がんのリスクを低減するために避妊薬を使用する場合がある）、同１０３頁（意図せず妊娠した女性はうつ病や不安を経験することが多く、その子供が「早産や低体重児出産となる確率が高くなる」）。

ＩＯＭの勧告に従い、ＨＲＳＡは「出産能力のあるすべての女性への、ＦＤＡが承認したすべての避妊薬・避妊具の提供、不妊手術、啓発教育とカウンセリング」に対する保険適用を推奨するガイドラインを採択した［4］。その後、ＨＨＳ、労働省、財務省は一定の例外を除き、ＨＲＳＡのガイドラインで推奨されている避妊関連サービスの提供に対する保険適用を加えるよう団体健康保険に義務づける規則を公布した［5］。本意見では、これらの規則を避妊関連サービスの提供に対する保険適用義務という。

B

女性の健康に関する修正案が成立した一方で、これに反対の動きも見られたものの、それらは成功しなかった。上院は、いわゆる〝良心に基づく修正案〟を否決した。これは、雇用主や保険会社が主張する〝信仰や道徳的信念〟の下で避妊関連サービスの提供に対する保険の適用を拒否するのを可能にするものだった［6］。この修正案は「雇用主や保険会社の個人的な意見を医療行為より優先する」ものであると、ミクルスキー議員は指摘した。連邦議会は〝良心に基づく修正案〟を拒否して、避妊方法の選択を含む医療サービスの決定を、医療サービスの提供者による支援を前提に、女性の手に委ねたのである。

II

ホビーロビー社とコネストーガ社［7］が提起する、憲法修正1条の信教の自由条項に基づくいかなる主張も、オレゴン州人材局雇用部対スミス判決（1990年）での当裁判所の判決によって封じられている。スミス判決においては、アメリカ先住民教会の信者2名が宗教儀式に不可欠なペヨーテを摂取したことで解雇され、さらに失業手当の給付を受けられなかった。オレゴン州の法律はペヨーテの摂取を禁止しており、当裁判所もこの禁止に基づいて、失業給付の否定は信教の自由を侵害するとの主張をしりぞけた。「宗教活動の禁止は、政府の規制の目的ではなく、一般に適用可能でそうでなければ有効な規定がもたらす付随的な効果に過ぎない」場合、憲法修正1条の違反はないとスミス判決は述べた（「個人は、その信仰を理由に、州が自由に規制できる行為を禁止する、そうでなければ有効な法律の遵守から免除されることはない」）。ACAの避妊関連サービスの提供に対する保険適用義務は一般に適用されるものであり、「そうでなければ有効」であって、宗教活動ではなく女性の福利に焦点を当てるもので、宗教活動に及ぶどのような影響も付随的なものである。

スミス判決に先例としての拘束力がないとしても、信教の自由条項はホビーロビー社とコネストーガ社が求める免除を要請しない。当裁判所が明確にしているように、信仰や宗教儀式に対する配慮は第三者の利益を著しく損なうものであってはならないのである［8］。

ホビーロビー社とコネストーガ社が求める免除は、これらの企業の従業員や扶養家族の重要な利益を覆すことになるだろう。雇用主と同じ信仰をもたない大勢の女性は、この免除のために、ACAが保障するはずの避妊関連サービスの提供に対する保険適用を受けられないことになるだろう。サクラメント・カトリックチャリティ社対地方裁判所判決（2004年）は「要求された免除が第三者の権利に悪影響を与えるという認識にもかかわらず、連邦最高裁が中立的で一般に適用可能な法律の運用から宗教を理由に反対する者を免除した判決を我々は知らない」という。要するに、言論の自由の主張と同じく信教の自由の主張に関しても、「あなたが腕を振り回す権利は、他の人の鼻が始まるところで終わる」（チェイフィー「戦時における表現の自由」ハーバード・ローレビュー32巻932頁、1919年）のである。

ホビーロビー社とコネストーガ社は、信教の自由条項に基づく有益な主張ができないので、ＲＦＲＡを根拠にする。ＲＦＲＡは、「政府は、一般に適用可能な法律が課すものであっても、その負担が〝やむにやまれぬ政府利益〟を促進するための〝制約が最も少ない手段〟であることを証明しない限り、人の宗教活動に実質的な負担をかけてはならない」と命じる法律である。連邦議会はＲＦＲＡで「スミス判決で否定された憲法上のルールに匹敵する法律上のルールを採用した」（ゴンザレス対ウニオン・ド・ヴェジタル慈善精神センター判決、２００６年）のである。

ＲＦＲＡの目的は具体的で、法律それ自体に書き込まれている。この法律は、「シャーバート対ベルナー判決（１９６３年）とウィスコンシン州対ヨーダー判決（１９７２年）で示された、やむにやまれぬ利益テストを復活させ、宗教活動の自由に実質的な負担が及んでいるすべての事案にこのテストが適用されるのを保障するため」に制定された[9]（「かつて連邦裁判所の判決で示された、やむにやまれぬ利益テストは、宗教的自由と競合する政府の重要な利益との賢明なバランスをとるための実行性のあるテストである」）。スミス判決以前のやむにやまれぬ利益テストは「実行性があり」、「賢明なバランスをとる」ものであることに賛同した本件多数意見も参照。

RFRAの目的は、立法過程においても強調されている。たとえば上院報告書103−111号12頁(1993年。以下「上院報告書」という)は、RFRAの目的は「連邦最高裁のスミス判決を覆すことだけ」であり、「他の法分野を不安定にさせること」ではなかったという。また、連邦議会議事録139号26178頁(1993年)では、ケネディ上院議員が「信教の自由の主張を判断するためのやむにやまれぬ利益テストを復活させることを目的とするものである」と発言している。この回復の目的に沿って、連邦議会はRFRAに基づく主張を審査する裁判所が「スミス判決以前に下された信教の自由判決を参考にする」のを期待していた(上院報告書8頁)。要するに、この法律は、スミス判決以前の判例法理を復活させるものであり、「いかなる宗教活動に対する、また潜在的な訴訟者に対する新たな権利を創出する」ものではないのである(連邦議会議事録139号26178頁、ケネディ上院議員の発言)。この法律の穏健な目的を踏まえるなら、1993年にRFRAが制定された際ほとんど論争が起こらなかったのは当然である(マーレイ上院議員ほかのアミカスブリーフ8頁)。上院では97対3の投票で、下院では発声投票でRFRAは承認された。

B

このような有権的な指示があるにもかかわらず、多数意見はRFRAを、スミス判決以前の法理を復活するのではなく、それから離脱する大胆な取り組みと理解している。RFRAが当裁判所の判決から切り離された、新たな方向性を示す法律であるとの考えを裏づけるために、多数意見は最初に、RFRA

の〝宗教活動〟という用語の定義を変更した２０００年の宗教上の土地使用及び被収容者法（ＲＬＵＩＰＡ）を挙げた。最初に制定されたＲＦＲＡは、この用語を「憲法修正１条に基づく宗教活動」を意味すると定義していた。ＲＬＵＩＰＡによって修正されたＲＦＲＡの定義には、「信仰体系の要請するものか、あるいは中核部分であるかにかかわらず、あらゆる宗教活動」が含まれるようになった。この定義の変更は、「憲法修正１条の判例法理からの完全なる離脱をもたらそうとする明白な努力」を反映していると、多数意見は説示する。

多数意見の解釈は妥当とはいえない。ＲＬＵＩＰＡでの定義の変更は、特定の宗教活動の重要度を裁判所は問うべきではないことを明確にしたものである。しかし、この変更は連邦議会が宗教に対する配慮を提起する資格のある団体の種類を拡大しようと意図していたことや、政府の行為が宗教活動に実質的負担を与えるかどうかを審査する責務を裁判所から奪うことを意味するものではまったくない。ラズル対マイヤーズ判決（２００９年）のブラウン裁判官同意意見は「ＲＬＵＩＰＡの起草者は、〝宗教活動〟の定義を変更することで、ＲＦＲＡによって保護される個人の数を増やすのではなく、ＲＦＲＡによって保護される活動の種類の範囲を広げることを目指していたのは間違いない」という。また、改正されたＲＦＲＡは「〝宗教活動〟について有益な定義をなんら提供していない」としたジラルディ対連邦保健社会福祉省判決（２０１３年）、「ＲＬＵＩＰＡでの改正は、『政府は人の宗教活動に実質的負担を課してはならない』というＲＦＲＡの基本的な禁止規定を変更しなかった」としたヘンダーソン対ケネディ判決（２００１年）も参照[10]。

次に多数意見は、宗教活動に実質的な負担を課すとき、政府はやむにやまれぬ利益を促進する制約が最も少ない手段を選択したことを証明しなければならないというRFRAの要件を強調する。RFRAは「制約が最も少ない手段テストを課すことで、スミス判決以前の判決が要求していたことを上回ったのである」と多数意見は指摘する。しかし、RFRAの目的規定と立法過程から明白に分かるように、連邦議会は、スミス判決以前の判決で当裁判所が適用していた衡量テストを廃止・変更ではなく復活することだけを意図していたのである。上院報告書9頁（RFRAの「やむにやまれぬ利益テストは一般に、スミス判決以前のものよりも厳しくあるいは寛大に解釈されるべきではない」）も参照。

RFRAを可決した連邦議会は、「やむにやまれぬ利益テスト」に「制約が最も少ない手段」要件が含まれるとスミス判決以前の当裁判所の判例法理を正確に理解した。たとえば上院報告書5頁（「宗教活動に実質的な負担が及ぶ場合、その負担が政府のやむにやまれぬ利益を達成するための制約が最も少ない手段であることを政府は証明しなければならない、と連邦最高裁はシャーバート判決で判示した」）参照。また信教の自由に関する専門家は、上院司法委員会で、スミス判決以前のテストは〝制約が最も少ない手段〟要件を包含するという見解を陳述していた。

確かに1997年のバーニー市対フローレス判決は、制約が最も少ない手段要件は「RFRAが成文化しようとしたスミス判決以前の判例法理では用いられていなかった」と述べている。だがまさに述べたように、この記述は当裁判所のスミス判決以前の判例法理を正確には伝えていないのである。「憲法修正1条の権利を侵害することなく問題を解決する別の規制方法がないことを証明することは、明らかに政府の責務である」としたシャーバート判決、「政府は、何らかのやむにやまれぬ政府利益を達成するための制約が最も少ない手段があることを示すことで、宗教的自由に対する侵害を正当化することができる」としたトーマス対インディアナ州雇用保障局審査委員会判決（1981年）を参照。また、「バーニー市判決において、連邦最高裁は制約が最も少ない手段テストが『スミス判決以前の判例法理では用いられていなかった』と誤って述べている」というバーグの論考（「信教の自由立法への新たな攻撃と、それが誤っている理由」カードゾ・ローレビュー21巻415頁、1999年）も参照[11]。

C

RFRAの信教の自由の回復を主眼とする目的を念頭に置きつつ、私は本訴訟に対する同法の適用に目を向ける。当裁判所が採った立場からすれば、この課題はホビーロビー社とコネストーガ社の主張の決め手となりうるいくつかの論点の検討を必要とする。はたして営利企業は〝宗教活動〟をする〝人〟に該当するのか？　そうだとするなら、避妊関連サービスの提供に対する保険適用義務はその宗教活動に〝実質的な負担〟を与えるのか？　仮にそうなら、この保険適用義務は〝やむにやまれぬ政府利益を促進するもの〟か？　最後に、この義務はその政府利益を促進するための制約が最も少ない手段であるのか？

RFRAはスミス判決以前の判例法理を上回るものであるという誤った前提に基づき、多数意見はその分析の各段階で行き詰まったのである。

1

既に述べたように、RFRAのやむにやまれぬ利益テストは「人の宗教活動に実質的な負担を与える」政府行為に適用される。この規定は、定義法（合衆国法典第1編1条）にある〝人〟の定義、すなわち「個人だけでなく、企業、会社、協会、事務所、共同経営会社、団体、合資会社」を含むとする定義を組み込んだものであると多数意見はいう。しかし、定義法の定義は、「具体的状況」から「それ以外の意味を指し示さない」場合にのみ適用されるものである（同編1条）。本件は、ある意味を指し示す状況にある。RFRAは「人の宗教活動」について規定する[12]。

企業が宗教活動をすることができる〝人〟として適するものであるかどうかは、スミス判決以前の〝信教の自由に関する判例法〟の〝全体〟に言及せずには答えることのできない質問である。この判例法理の中には、信教の自由の権利は営利企業にふさわしいという考えを支えるものはないのである。

この訴訟が提起されるまで、信教の自由条項とRFRAのいずれにおいても、一般に適用される法律から宗教的免除を受ける資格を営利企業に認めた当裁判所の判決はなかった[13]。そのような先例がないことがまさに予想通りなのは、宗教活動が人工的な法人ではなく自然人に特有のものだからである。マーシャル連邦最高裁長官がおよそ2世紀前に述べたように、法人とは「目に見えない無形の人工的な存在であり、法の目論見の下でのみ存在する」ものなのである（ダートマス大学理事会対ウッドワード判決、1819年）。またスティーブンス裁判官が最近述べたように、法人は「良心、信仰、感情、思想、願望をもたない」のである（シチズンズ・ユナイテッド対連邦選挙委員会判決、2010年、スティーブンス裁判官一部同意一部反対意見）。

修正1条の信教の自由に対する保護は教会やその他の信仰を基盤とする非営利団体に及ぶと当裁判所は実際に認めてきた[14]。「多くの個人にとっては、より大きな宗教団体へ参加することに宗教的活動の大きな意味を見出しており」、「宗教団体の自律性を促すことは、しばしば個人の宗教的自由をも促進するのである」（末日聖徒イエス・キリスト教会主席ビショップ法人対アモス判決、1987年、ブレナン裁判官結果同意意見）。当裁判所の「宗教団体の権利に対する特別な気遣い」はまさにそういうものである（ホサナ＝タボール福音ルーテル教会および学校対雇用機会均等委員会判決、2012年）。営利団体に対するそうした気遣いは、伝統的なものではない[15]。実際、今日まで、宗教的免除は「商業的で利益を生み出す世界」で活動する団体には適用されてこなかったのである（アモス判決）[16]。

その理由ははっきりしている。宗教団体は同じ宗教を信仰する人たちの利益を促すために存在するが、営利企業はそうではない。営利企業の業務を受け持つ労働者は、一般的に1つの信仰集団から集められたものではない。実際、宗教に基づく基準で営利企業の全従業員を制限することは法律上できない（市民権法第7編は、従業員の宗教活動に対する合理的配慮を要求するが、そのような配慮は「他の従業員の犠牲の上で」認められるべきではないとした、1977年のトランスワールド航空対ハーディソン判決を参照）。同じ宗教を信じる人たちの集団と、多様な信仰を抱く人たちを受け入れる企業との違いは明らかなのに、当裁判所はいつもそれに注意を払うことがない[17]。当裁判所がなぜこの重要な違いを無視するのか、不思議でならない。

多数意見のように、宗教を理由とする免除を営利企業にまで拡大するようRFRAを理解することは、連邦議会が維持しようとしたスミス判決以前の先例にまったく基づかないものである。もし連邦議会にそこまでの大幅な変更をRFRAに加えようとする意図があったなら、法律自体にそのような効果を明瞭に示す記述が設けられていたはずだろう（連邦議会は「ネズミの穴に象を隠す」ことはしない、とした2001年のホイットマン対全米トラック運送協会判決参照）。RFRAの条文にはそのような記述はなく、立法過程では営利企業についての言及すらない（議会記録には「RFRAが営利企業に及ぶことを連邦議会が意図していたことはもちろん、予見していたことを示すいかなるもの」もない、とした2013年のホビーロビー・ストア対セベリウス判決、ブリスコー控訴裁判所長一部同意一部反対意見参照）。上院議員らの意見書10－13頁（RFRAに関連した下院または上院の司法委員会の報告書で引用され、あるいは本会議での演説で言及された判例のいずれも、営利企業に信教の自由の権利を認めていない）も参照。

多数意見は、営利企業が慈善活動を支援しその資金を宗教目的に使用することができると述べ、それゆえそのような企業と信仰を基盤とする非営利団体との区別に疑問を呈した（「異なる信仰の信者たちをそれぞれ同様に配慮することで平等に取り扱うことができるときに、一方に配慮し他方に負担を与えることでそれぞれを区別したとして」政府を批判するケネディ裁判官同意意見も参照）[18]。やはり、多数意見は宗教団体が信者集団に尽くすために存在していることを忘れている。営利企業はその法案には当てはまらないのである。さらに、歴史は多数意見の見解を支持しない。「教会法人と世俗法人」の各々の特徴に対する認識はブラックストンにまで遡るのであり（ブラックストン『イングランド法釈義』1巻458頁、1765年）、内国歳入法の制定より100年以上も前に当裁判所が繰り返し述べたところでもある。テレット対テイラー判決(1815年:宗教法人の説明)、ダートマス大学理事会判決(「宗教奨励のために設立された」ものを含む「慈善」法人についての議論)参照。繰り返しになるが、「営利企業は、信者集団が共有する宗教的価値を永続させるのではなく、利益を得るために労働力を活用する点で、信仰を基盤とする非営利団体とは異なる」のである(ジラルディ判決、エドワーズ裁判官一部同意一部反対意見)。

ブラウンフェルド対ブラウン判決(1961年)を引用して、多数意見は「利益を得ようとする個人事業主が信教の自由の主張をすることができるなら、ホビーロビー社とコネストーガ社はなぜ同じことができないのか」と疑問を呈している。しかし、仮に法人でない企業が信教の自由条項に基づき宗教的配慮を得ることができるという前提を受け入れたとしても、多数意見の結論には根拠が欠けている。個人事業の場合、事業とその所有者は一体である。しかし、事業を法人化することで、個人は事業体と分離し、事業体の義務に対して負う個人の責任から逃れることになる。法人を支配する者の利益になるときだけ分離が有効となるのはなぜか、という疑問はもっともである。いずれにせよ、ブラウンフェルド判決はホビーロビー社とコネストーガ社が求める権利を正当化する目覚ましい根拠にはなりえない。その事件で提起された信教の自由の主張は、すぐに裁判でしりぞけられたのである。

RFRAは営利企業にも適用されるという多数意見の判断が不都合な影響を及ぼすことは間違いない。多数意見はその文言を株式非公開の同族経営企業に限定しようとするが、その論理は公営私営を問わず、あらゆる規模の企業にあてはまる[19]。企業の人としての性格を拡大する多数意見の理解は、RFRA

の解釈における他の誤謬と相まって、営利団体がその信仰と相容れないと考える規制から宗教に基づく免除を求めることを可能にするので、RFRAに基づく請求が急増することは間違いない。

2

仮にホビーロビー社とコネストーガ社をRFRAのいう〝人〟とみなしても、両社は免除を受けるために、避妊関連サービスの提供に対する保険適用義務が「宗教活動に実質的な負担を与える」ものであることを証明しなければならない。連邦議会は、〝実質的〟という修飾語が重要な意味をもつということを間違いなく意図していた。RFRAの草案では、〝負担〟という用語は変更されていないようだった。〝実質的〟という用語は、ケネディ上院議員とハッチ上院議員の提出した明確化のための修正案に呼応して挿入されたものである。ケネディ上院議員は修正案を提出する際に、RFRAはスミス判決以前の判例法理と一致するものであって、「宗教活動に何らかの影響を与えるすべての行為の正当化を政府に要求するものではない」と述べていた。

多数意見は、避妊関連サービスの提供に対する保険適用義務が課すどのような負担も実質的であるかどうかをほとんど問うことなく、代わりに「HHS規則の求める保険適用義務への応諾は、胚の破壊と結びついており、保険の適用を認めることは道徳に反するものであるという」グリーン家とハーン家の「信仰」に立脚した[20]。私は、グリーン家とハーン家の避妊に関する宗教的確信が真摯なものであることについて、多数意見に同意する（個人が自分の信仰に反する行為を判定する際の「線引き」を裁判所は問うべきではないとしたトーマス判決参照）〔21〕。しかし、そのような信仰は、どれほど篤いものであっても、ＲＦＲＡの主張を支えるには十分ではない。ＲＦＲＡは、正しく理解するなら、裁判所が真実として認定すべき「原告の信仰が真摯なものであって宗教的性質があるという事実に関する申立て」と、裁判所が行うべき審理の対象である「原告の宗教活動に実質的な負担が及んでいるという法的結論」とを区別しているのである。

この区別は、ＲＦＲＡが組み入れたスミス判決以前の判例法理の一面である。１９８６年のボーエン対ロイ判決が参考になる。この事件で当裁判所は、政府がネイティブアメリカンの子供の社会保障番号を給付プログラムの管理目的で使用することに対する、信教の自由に基づく異議をしりぞけた。当裁判所は、「娘の社会保障番号の使用は、彼女の精神を傷つけるかもしれない」という父親の宗教的信念の真摯さを問うことなく、政府がその番号を内部的に使用することは「父親が信じることや行うことに何の制約も課さなかった」と判決した。父親の「宗教上の考え」に従えば、問題の番号使用は政府内部の事項にのみ関係するとの立場は「受け入れられないかもしれない」ことを認識した上で、当裁判所は、「憲法上の主張を裁定するためには、個人の宗教ではなく憲法から判断枠組みを見出すべきである」と説示した。１９８９年のヘルナンデス対内国歳入庁長官判決（一方で「教義と信仰あるいは宗教活動との関係性や訴訟当事者の教義解釈の妥当性に関する問題」と、他方で「問題の政府行為が課すと申し立てられた負担が実質的であるかどうか」とを区別）も参照。本日の判決はこの説示を省みることなく、原告の信仰の真摯さと、原告に及んだ負担の実質性との区別をまったく無視するのである。

多数意見が回避した審理をするなら、私は、これら家族の宗教上の異議と避妊関連サービスの提供に対する保険適用義務の関係は、実質的と評価するにはあまりに希薄であると判断するだろう。この保険適用義務は、ホビーロビー社とコネストーガ社にその反対する避妊具の購入や提供を命じるものではない。そうでなく、対象企業に、包括的な健康保険プランの下で多様な給付を行う資金を提供する非差別型基金への支払いを求めるものである。ACAの遵守のため、これらの保険プランは他の一連の予防医療サービスの提供と同じく、費用負担なしで避妊関連サービスを提供しなければならない。

重要なことは、これらの保険プランの下で給付金を請求するかどうかの決定は、ホビーロビー社とコネストーガ社ではなく、保険の適用を受ける従業員と扶養家族が医療関係者と相談して行うということである。もしホビーロビー社やコネストーガ社の従業員がグリーン家やハーン家と同じ信仰をもつとしても、問題の避妊関連サービスの利用を強制されることは当然ない。しかし、「従業員とその医師が行う個々の決定は、それが避妊関連サービスの利用であれ、感染症の治療であれ、人工股関節置換手術であれ、いかなる意味においても雇用主の決定や行為ではない」（グロート対セベリウス判決、2013年、ロブナー裁判官反対意見）。連邦議会が負担は〝実質的〟であるべきと規定したときに、問題の政府行為と侵害されていると主張される宗教活動のつながりが、その間にいる（女性と彼女の医療関係者という）独立した意思決定者により切断されることを念頭に置いていたかどうかは疑わしい。ホビーロビー社やコネストーガ社の保険プランの適用を受けられる女性の避妊関連サービスを利用するという決定も、政府が駆り立てたものではなく、相談する医師から情報を得た女性の自律的な選択である。

3

仮にホビーロビー社やコネストーガ社は実質的負担要件を満たすと判断できるとしても、政府は、ACAが規定する避妊関連サービスの提供に対する保険適用が公衆衛生と女性の福利におけるやむにやまれぬ利益を促進することを立証している。この利益は明白かつ具体的で、豊富な経験的証拠によって証明されている。要するに、避妊関連サービスの提供に対する保険適用義務によって、女性は予期せぬ妊娠が自分や子供にもたらすかもしれない健康問題を回避することができるのである。この保険適用は、妊娠によって危険にさらされ、生命にかかわる可能性さえある女性の健康を守るのに役立っている。アメリカ産科婦人科学会ほかのアミカスブリーフ14－15頁参照。また、この保険適用義務は、特定のがん、月経障害、骨盤の痛みの阻止といった妊娠とはまったく関係のない福利を確実なものにするのである。卵巣がん研究連合ほかのアミカスブリーフ4、6－7、15－16頁参照、連邦官報78号39872頁(2013年)、IOM報告書107頁。

ホビーロビー社やコネストーガ社はFDAの承認した20種類の避妊関連サービスのうち、4種だけに保険適用を拒否しているが、このことはやむにやまれぬ政府利益を低減しない。特に両社は、他の避妊関連サービスよりも効果的で高額な避妊リング(IUD)を保険適用から除外している[22]。さらに、当裁判所の判決は、避妊関連のあらゆるサービスの提供に団体健康保険プランを適用しないことをホビーロビー社やコネストーガ社のような営利企業に許しているようである。口頭弁論速記録38－39頁(ホビーロビー社の弁護人は、「雇用主がまさに『避妊関連サービスはダメ』という場合にも、自分の主張は同じように当てはまる」と認めた）参照。

おそらく問題となっている利益の重大性から、多数意見は、ＲＦＲＡに基づく分析のため、本件ではやむにやまれぬ利益テストは通過したとみなしている[23]。この点について、ＩＵＤの費用は最低賃金で働く労働者の1カ月のフルタイムの給与に相当すること、女性の約3分の1は費用の問題がなければ避妊の方法を変更するだろうこと、ＩＵＤを希望した女性のうち高額な費用を知った後に実際に使用したのはその4分の1にすぎないことは、注記に値する。Ｄ・アイゼンバーグらの最近の研究（ＩＵＤの自己負担額が50ドルを超える女性は、「50ドル未満の女性に比べてＩＵＤを使用する割合が11倍も低い」ことを示した）、Ｄ・ポスルスウェイトらの研究（ある医療体制でＩＵＤの患者負担をなくしたところ、この使用率が2倍以上になった）も参照。

多数意見は、避妊関連サービスの提供に対する保険適用義務がやむにやまれぬ利益テストを通過するという推定から一歩離れ、小規模企業の雇用主や既存の健康保険プラン[iv]はこの適用義務の対象外であることを明記する。もし避妊関連サービスの提供に対する保険適用義務にやむにやまれぬ利益があるのならば、連邦議会はこのような免除規定を設けるはずがないと多数意見はいうのである。

連邦法にはしばしば小規模企業の雇用主のための免除規定があるが、この規定はその法律が果たす利

iv…既存の健康保険プランとは、２０１０年のＡＣＡ制定以前から締結され、いまだ有効な健康保険プランを指す。

益を損なうと判断されたことはない。たとえば１９９３年家族医療休暇法（50人以上の従業員のいる雇用主に適用）、１９６７年雇用における年齢差別禁止法（元々は50人未満の従業員しかいない雇用主を免除していたが、現在は20人以上の従業員がいる雇用主に適用）、アメリカ障害者法（15人以上の従業員のいる雇用主に適用）、市民権法第7編（元々は25人未満の従業員しかいない雇用主を免除していたが、現在は15人以上の従業員がいる雇用主に適用）参照。

ＡＣＡの既存の保険に対する免除規定は、（避妊関連サービスの提供に対する保険適用やその他の予防医療サービス規定に限らない）同法のいくつかの義務を遵守するための過渡期間を認めている。特定の変更が当該保険に生じると、適用免除という優遇は消滅する。このことを、ホビーロビー社の状況から見てみよう。この訴訟が始まった時点で、ホビーロビー社は法律の適用の免除を受ける立場になかった。連邦地裁でその理由を問われたホビーロビー社の弁護人は、「適用除外要件は、自己負担額、共同保険額、控除額などを含む保険プランのメニューのすべてを変更することができないことを意味する」からと説明した。弁護人は、「経済的事情から、周知のように我々の保険プランは時間をかけて変更されなければならない」と認めた[24]。既存の保険に加入している従業員の割合は年々減少しており、２０１１年には56パーセントであったのが、２０１２年には48パーセント、２０１３年には36パーセントとなっている。要するに、既存の保険に対する免除規定は完全な免除ではなく、「一時的なもので、雇用主を徐々に保険適用義務に移行させる手段として意図されたもの」なのである（ジラルディ判決、エドワーズ裁判官一部同意一部反対意見）。

多数意見は最後に、ＲＦＲＡの適用については「請求された免除がその利益を享受しない者に与えるかもしれない負担を十分に考慮すべきである」という重要な点を認めた(2005年のカッター対ウィルキンソン判決を引用)。どのような伝統も、そしてRFRAを適用した過去のいかなる判決も、宗教に対する配慮が他の者——本件では避妊関連サービスの提供に対する保険適用義務がまさに保護しようとする者——に害を及ぼす場合、宗教を理由とする免除を認めていない。プリンス対マサチューセッツ州判決(1944年)ジャクソン裁判官反対意見(「宗教的な活動が他の者や公衆の自由に影響を与え衝突する場合は常に、宗教的自由にやむにやまれぬ制約が及ぶ」)参照。

4

やむにやまれぬ政府利益があると推定した上で、多数意見は、避妊関連サービスの提供に対する保険適用義務が、RFRAの規定する権利制約が最も少ない手段テストを通過しないと判決する。しかし、政府は、(1)(彼らが妊娠中絶を引き起こすと信じている)特定の避妊関連サービスに健康保険を適用することに反対する者の宗教に基づく異議を受け入れ、同時に(2)女性従業員がその健康と福利を守るために必要な予防医療サービスを確かに無料で受けられるようにするという、ACAの定める避妊関連サービスの提供に対する保険適用義務の目的を遂行する、制約のより少なく、しかし同じように効果的な手段はないことを立証してきた。「制約が最も少ない手段」は、営利事業の雇用主が宗教を無条件で信奉できるようにするために、連邦法の付与する利益の放棄を従業員に要求することはないのである[25]。

多数意見は、ならば(雇用主と同じ信仰をもたない従業員ではなく)政府が支払うべきだと提案する。「最も分かりやすい別の代替案は、雇用主の信仰上の反対のために健康保険が適用されず避妊関連サービスの提供を受けられない女性のために、政府がその提供費用を引き受けることである」と多数意見は主張する。しかしACAは、「従業員が直面する手続上の面倒を最小限にするよう」、既存の雇用主単位の制度を通じた予防医療サービスへの健康保険の適用を要求している。「政府が資金提供し管理する新しい健康保険について情報を得て加入するよう要求する」ことで女性が福利を享受するのを遅らせるというのは、連邦議会が想定していたことではない。さらに、公衆衛生サービス法第10編は、「セーフティーネットである家族計画サービスに連邦政府が資金を提供する唯一の根拠なのである」。「第10編のようなセーフティーネットプログラムは、被保険者の満たされないニーズを手当するためのものではない」。また、連邦議会がホビーロビー社とコネストーガ社が制約のより少ない別の手段として述べる、優遇措置を法律に書き込むことを拒否したことにも留意すべきである。

また、〝政府に支払わせる〟という代替案の終着点はどこだろうか？　ワクチン接種への健康保険の適用や最低賃金の支払い、同一労働同一賃金の原則を女性に適用することが、雇用主の真摯な信仰に反する場合はどうか？　雇用主が宗教上の理由で反対していることに政府が資金や利益を提供するよう要請することは、制約のより少ない別の手段に相当するものだろうか[26]？　これらの質問に答えるのは容易ではないので、多数意見は別のことを提案している。それは、信仰を基盤とする非営利団体に既に与えられている配慮を営利企業にも拡大適用することである。多数意見によれば、「少なくとも」そのようなアプローチは「ホビーロビー社とコネストーガ社の信仰を害するものではない」。信者集団の役に立つために存在する、信仰を基盤とする非営利団体に一般に与えられる〝特別な気遣い〟についてはすでに述べたが、これは多様な信仰をもつ従業員が勤める営利企業にはこれまで与えられたことがなかった気遣いである。

だが多数意見は最後の最後に、営利企業と信仰を基盤とする非営利団体とを同列に扱うという提案について言葉を濁した。「法廷意見が推し進めるそのアプローチが、あらゆる宗教的主張においてＲＦＲＡと合致するかどうかについて、我々は本日判断することはしない」。ホビーロビー社の弁護人も同様に明言を避けた。口頭弁論で、多数意見の提案した代替案を受け入れることができるか[27]と問われた弁護人は「我々はそのような配慮を提案されていないので、それに異議を唱えるにしても、どのような異議を唱えるのかを判断する必要はなかった」と答弁したのだ。

コネストーガ社は、その従業員が（同社が反対する）避妊関連サービスを自ら購入しなければならない場合、税額控除は制約のより少ない代替案として適していると提案している。もちろん、税額控除は〝政府に支払わせる〟ことの一種である。既存の雇用主を単位とする健康保険制度から逸脱することに加えて、コネストーガ社の代替案は女性がまず自分で費用を負担することを求めるし、税額控除の対象とならないほど貧しい女性には何の役にも立たないものなのである。

要するに、連邦議会が達成しようとしたこと、すなわち雇用主を単位とする健康保険制度を通じて女性に包括的な予防医療サービスを提供することからみれば、提案された代替案はどれも連邦議会が応答した、やむにやまれぬ利益を十分に満たすものではない。

スミス判決以前の道しるべとなる判決の中でRFRAが温存するものは合衆国対リー判決(1982年)である。農業と大工業を営む個人事業主のリーは、オールド・オーダー・アーミッシュの一員だった。彼は、従業員から社会保障税を源泉徴収したり、雇用主の負担分を支払ったりすることは、アーミッシュの信仰に反すると心から信じていた。当裁判所は、社会保障制度が課す義務はリーの信仰と相反するが、その負担は憲法違反ではないと判決した(また、「すべての加入者が利用できるさまざまな給付金を備えた全国的な総合保険制度を、雇用主と被雇用者が費用を分担して」提供することに重要な政府利益も認定)[28]。政府は、ホビーロビー社とコネストーガ社が提起した異議申立てに用いられる先例はリー判決であるべきと主張する。対照的に、本日の多数意見はリー判決を租税事件としてしりぞけている。確かにリー判決は租税事件であり、当裁判所はその判決で「課税分野で信仰への配慮を試みることの難しさ」に的を絞っていた。

しかし、リー判決は租税事件に限定することができない2つの重要な指摘をした。当裁判所は「特定の宗派の信者が選択の結果として商業活動を行う場合、信仰の問題として自らの行動に及ぶと信者が受け入れた限界は、その商業活動をする他の人を拘束する法的枠組みに付け加えられるべきではない」と説示した。これらの事件に関係する雇用主を単位とする包括的な健康保険の適用という法的スキームは、本件の当事者企業であるホビーロビー社やコネストーガ社と同じ商売や事業に従事する他の人を間違いなく拘束するものである。さらに、当裁判所はリー判決で、営利企業の雇用主に宗教を理由とする免除を認めることは「雇用主の信仰を従業員に押し付けるよう作用する」と認識していた[29]。グリーン家とハーン家や、彼らと同じ信仰をもつすべての人々は、間違いなく問題の避妊関連サービスを自ら購入しようとは思わないだろう。しかし、その選択を別の信仰をもつ従業員に押し付けることはできない。言い換えれば、少なくとも議会や行政庁からの指示がない限り、従業員がホビーロビー社やコネストーガ社で働くことで、隣の店の従業員なら利用可能な[30]、雇用主負担で提供される予防医療サービスを手にできなくなるようなことはあってはならないのだ。

なぜこの種の決定は、この裁判所ではなく連邦議会や規制当局が行うべきなのか。一般的に適用される法律から宗教を理由とする免除を求める営利企業は、ホビーロビー社とコネストーガ社だけではない。たとえば、1966年のニューマン対ピギーパーク・エンタープライズ判決（レストランチェーンのオーナーが、人種統合に反対する信仰に基づいて、黒人客へのサービスを拒否した）、1985年のマクリュア州長官対スポーツ&ヘルスクラブ判決（株式非公開の営利企業であるフィットネスクラブを所有する、ボーン・アゲインのキリスト教徒が、「異性と結婚せずに同棲している者」や、「父親の同意なく働いている若い独身女性や夫の同意なく働いている既婚女性」、そして「不倫する者と同性愛者」を含む「聖書に反する」あらゆる者を雇用し契約することを聖書は禁ずると信じた）、2013年のエレーン写真店対ウィロック判決（夫妻が経営する営利の写真店が、経営者の信仰に基づき、レズビアンカップルの誓約式の撮影を拒否した）参照。RFRAはこのような事件で免除を要求するだろうか？そうでないなら、当裁判所はどれが配慮に値する信仰で、どれがそうでないかをどのように判断すればよいのか？　当裁判所は、「裁判所は、宗教上の主張のもっともらしさをあえて判断するようなことはできない」との認識を前提とした判断を下すのを、禁止されていないのか？

RFRAが要請すると多数意見が判断した、ある種の避妊具の使用に宗教上の理由で反対する雇用主への免除は、宗教上の理由から、輸血（エホバの証人）、抗うつ剤（サイエントロジスト）、麻酔薬、点滴、ゼラチンでコーティングされた錠剤を含む豚由来の薬（特定のイスラム教徒、ユダヤ教徒、ヒンズー教徒）、予防接種（特にクリスチャン・サイエンス信者）に反対する雇用主にも及ぶのだろうか[31]。ホビーロビー社の弁護士によると、「これらの事件はそれぞれ、やむにやまれぬ利益と制約のより少ない手段のテストを適用して独自に評価されるべきであろう」。本日の判決の拘束を受ける下級裁判所にとっては、それは、大した指針にならない。

しかし、多数意見は何も心配していないようだ。本日の事件は「避妊関連サービスの提供に対する保険適用義務だけを問題としている。本判決を、保険適用義務が雇用主の信仰と対立する場合は常に保険適用義務が否認されると判示したものと理解すべきではない。予防接種のような他の保険適用義務は、別の利益（たとえば、感染症の蔓延に対抗する必要性）に支えられるかもしれず、その提供につき制約が最も少ない手段に関する別の議論がなされるかもしれない」と多数意見は説示する。しかし、多数意見はRFRAの目的として、女性の健康と福利に対する利益はやむにやまれぬものであるとみなし、連邦議会が女性の健康に関する修正を採択する動機となったその利益に応えるための適切な手段を思いつくことはなかった。

裁判所が「異なる宗教上の主張の優劣を評価しない」ままでいることや（リー判決、スティーブンス裁判官反対意見）、主張された信仰の真摯さを評価しないままでいることに、最優先の利益があると私は思う。実際、ある宗教上の主張を承認する一方で他の信仰を配慮に値しないとみなすのは、「ある宗教を他の宗教よりも優遇していると理解される」かもしれず、まさに「国教樹立禁止条項が防ごうとしたリスク」と理解されるかもしれないのである。私は、RFRAを極端に解釈したことで、当裁判所は地雷原に足を踏み入れたのではないかと心配している。私は、RFRAの下での宗教的免除を、「宗教上の目的のために」設立され、「その目的を遂行することに主に従事し」、「名目上の金額を超えて金銭目的で商品またはサービスの交換に具体的に従事して」いない組織に限定するだろう。

＊　＊　＊

上に述べた理由により、私は第10巡回区連邦控訴裁判所の判決を破棄し、第3巡回区連邦控訴裁判所の判決を支持する。

原註

1…宗教を基盤とする非営利団体に限定されているこれまでの配慮を営利企業にも拡大するという、制約のより少ない別の手段をすぐに手にできるので、多数意見は、これらの点について何も判断していないと主張する。その配慮が拡大されても「女性は費用負担なく、FDAの承認したすべての避妊関連サービスを受けることができる」と。しかし、結局のところ、多数意見はそうと確信しているわけではない。多数意見は、当初この配慮を強調していたのと対照的に、それが合法的であるかどうかについての判断を最終的に避けているのだ(「我々は今日、この種のアプローチがRFRAに適合するかどうかを決定しない」)。

2…合衆国法典第42編300条gg－13(a)(1)－(3)参照。団体健康保険は、(1)米国予防医療サービス・タスクフォースが推奨する特定の「エビデンスに基づく品目またはサービス」、(2)米国疾病対策センターの諮問委員会が推奨する予防接種、(3)「乳幼児、児童、青少年に関しては、米国保健資源局が実施する包括的ガイドラインに規定されているエビデンスを考慮した予防医療サービスおよび検査」に費用負担なく適用されなければならない。

3…IOMは、連邦議会が「政府に助言を与えるという明確な目的のために」(パブリックシチズン対司法省判決、1989年)設立した組織である、米国科学アカデミーの一部門である。[訳者注:現在の全米医学アカデミー(National Academy of Medicine)]

4…HRSA、HHS、女性のための予防医療サービスガイドラインは http://www.hrsa.gov/womensguidelines/ で入手可能。連邦官報77号8725－8726頁(2012年)も参照。

5…HHS:連邦行政規則集45編147・130条(a)(1)(iv)(2013年)、労働省:連邦行政規則集29編2590・715－2713条(a)(1)(iv)(2013年)、財務省:連邦行政規則集26編54・9815－2713条(a)(1)(iv)(2013年)。

6…道徳的な信念と信仰との区別には、正当性に疑問がある。ウェルシュ対合衆国判決(1970年)ハーラン裁判官結果同意意見参照。

7…多数意見が説明するように、本件は2つの別々の訴訟を審理している。1つはホビーロビー社、その関連会社(マーデル)とこれらの企業を運営する一族(グリーン家)が提訴したもので、もう1つはコネストーガ社とそれを所有・管理する一族(ハーン家)が提訴したものである。この反対意見では、特に断りのない限り、それぞれの原告団をホビーロビー社とコネストーガ社と記す。

8…1972年のウィスコンシン州対ヨーダー判決は「もちろん本件は、子供の身体的・精神的健康や、公共の安全、平和、秩序、福祉に対する害悪が証明され、あるいはきちんと推測される事件ではない」とした。1985年のソーントンの遺産対カルダー社判決は、従業員の安息日の遵守に配慮するよう雇用主に義務づける州法が、そのような配慮が雇用主や他の従業員に与える負担を考慮していない場合は無効とした。注目すべきことに、2000年宗教上の土地使用及び被収容者法（RLUIPA）を解釈する際に、当裁判所は「要請された配慮が利益を享受しない者に与えるかもしれない負担」について「十分に考慮」しなければならないと警告しているのである。2005年のカッター対ウィルキンソン判決は「配慮は、他の重要な利益を圧迫しないよう調整されなければならない」とした。このような均衡アプローチは、信仰や宗教活動への配慮を促進するために制定された法律ではなく、信教の自由条項そのものが問題となっている場合には、なおさら妥当する。

9…シャーバート判決とヨーダー判決の下で、当裁判所は「宗教に動機づけられた行動に及ぶ実質的な負担を、やむにやまれぬ政府利益とその利益を達成するために厳密に調整された手段によって正当化するよう政府に要求した」（スミス判決、オコナー裁判官結果同意意見）。

10…RLUIPAには、「本章は、この法律と憲法の規定が許容する最大限の範囲で、宗教活動を広く保護するように解釈されるものとする」と定める規定があることを多数意見は説示する。RFRAはRLUIPAの定める「宗教活動」の定義をRLUIPAと同様に組み入れているが、同法全体に及ぶ包括的な解釈規則はない。

11…多数意見は、私がバーニー市判決の多数意見に加わり「スミス判決以前の判決では制約が最も少ない手段審査は用いられなかった」という説示に疑義をはさむことがなかったと指摘する。この見解に関して、私はジャクソン裁判官の賢明な次のコメントを、我が同僚に想起してもらいたい。「私は、昨日無意識に間違っていたからといって、今日自覚的に間違っていなければならない理由はないと思う」（1948年、マサチューセッツ州対合衆国判決の反対意見）。

12…先に説明したように、RLUIPAでの「宗教活動」の定義の変更は、多数意見が認めたほどの意義はない。さらに、RLUIPAに「宗教的な集会や団体」以外の団体を対象とする目的があるとするのは、とてもおかしな話である。この法律は、土地利用規制に適用される。営利企業がRLUIPAの下でゾーニングや他の土地利用規制について提訴することを認めるのは、連邦議会の意図に反して「法律の範囲を劇的に拡大」し、地域の特権に大いに干渉することになろう。

13…多数意見はギャラガー対クラウン・コーシャー・スーパーマーケット社判決（1961年）を「営利企業が信教の自由の権利をもつことを示す」ものと見なしている。だが、この判決にはそのような示唆はほとんどない。確かにギャラガー判決で争われた日曜休業法を訴えた5つの原告の1つは、4人の正統派ユダヤ教徒が所有する会社であった。他の原告は法で設定された人工的な団体ではなく個人であり、法人がこの訴訟を提起できるのかについて判断する必要はなかった。したがって相対多数意見は、類似の日曜休業法を合憲としたブラウンフェルド対ブラウン判決（1961年）では本案での被上訴人の主張に致命的問題があったので「被上訴人に原告適格があるかどうか」という問題を先送りすることができたと述べた。

14…たとえば、ホサナ＝タボール福音ルーテル教会および学校対雇用機会均等委員会判決（2012年）、ゴンザレス対ウニオン・ド・ヴェジタル慈善精神センター判決（2006年）、ルクミ・ババル・アイ教会対ハイアリア判決（1993年）、ジミー・スワガード・ミニストリーズ対カリフォルニア州課税公平化委員会判決（1990年）参照。

15…概して連邦議会は、宗教的性格をもつ団体に、一般に適用される法律からの宗教を理由とする免除を与えてきた。たとえば合衆国法典第42編2000条e－1(a)（宗教を理由とする雇用差別の禁止からの、市民権法第7編が規定する「その活動の遂行に関連した業務を行うために特定宗教を信仰する個人を雇用する際の、宗教的な法人、団体、教育機関、または社会」に対する免除）、合衆国法典第42編12113条(d)(1)（1990年アメリカ障害者法での同様の免除）。RFRAがこの免除を拡大して、ホビーロビー社とコネストーガ社がグリーン家やハーン家と同じ信仰をもつ者しか採用しないことを許す、と断言することは到底できない。多数意見も断言できるとは示唆していない。

多数意見は、営利企業を対象にする2つの法令上の免除規定を特定し（合衆国法典第42編300条a－7(b)(2)および238条n(a)）、そこから「連邦議会は、宗教的配慮を営利企業に及ぼさないと意図する場合、それを明示して規定する」と推測する。だが、多数意見のこの推測に根拠はない。多数意見の引用する免除は、妊娠中絶の実施または支援に反対する医療関係者を対象とするものである（「238条n(a)の規定する保護は、RFRAが規定する保護とは大きく異なる」）。多数意見がこれらの免除は実際に営利企業に与えられてきたとは主張していないことは、注目に値する。参照として、238条n(c)（免除対象の「医療機関」とは、「個々の医師、研修医及び医療専門職養成プログラムの参加者」を含むと定義される用語である）、トッツィ「信教の自由はどこへ？　スミス判決と州憲法上の信教の自由条項の再生」カトリック研究ジャーナル48巻296頁注133、2009年

（「必ずしも病院ではなく、カトリック信者の医師が２３８条ｎ(a)を求めることができるかもしれない」）、上院提出法案１３７号、第１１３議会第1会期2－3頁、２０１３年（２３８条ｎ(a)の「医療機関」の定義を「病院」「健康保険プラン」及びその他の医療施設を包含するよう改正する２０１３年妊娠中絶差別禁止法案）。これらの規定は、多数意見の主な論点の１つが損なわれていることを明らかにする。これらの規定は、連邦議会が、宗教的配慮の対象に特定の団体が含まれることを確実にしたい場合、定義法に基づくのに満足していないことを示している。

さらに２３８条ｎ(a)に規定されている免除は、ＲＦＲＡ成立の3年後まで制定されなかった。多数意見が考えるように、ＲＦＲＡが営利企業の宗教を理由とする免除の申請をすべての法制度で受け付けるなら、この種の特定の法律に限定された、ＲＦＲＡ制定後に設けられた免除は必要ないだろう。

16…このことは、在留外国人といったカテゴリーの原告は当裁判所が「スミス判決以前に彼らの信教の自由の権利を明示的に取り上げた」場合に限り、ＲＦＲＡに基づく請求を提起することができる、ということを述べようとするものではない。多数意見の示す例に倣うなら、在留外国人は企業とは異なり、生身の個人であり、修正1条と当然ながらＲＦＲＡの保護が明らかに及ぶ人なのである。

17…本件に関連する具体的状況に関して、ケネディ裁判官とは意見が分かれる。ケネディ裁判官は、雇用主が「株式非公開の営利企業という具体的状況において、自らの信仰を実践すること」をその状況と理解する。同様に、従業員の異なる信仰や自由の利益に言及することなく、雇用主の信仰に焦点を当てた多数意見も参照。私は、雇用主と同じ信仰をもたない従業員を健康被害から守るために設計された全国的プログラムの中で、雇用主が宗教活動の権利を主張することを、その状況と理解する。

18…多数意見によれば、ＲＦＲＡが「非営利法人」を保護するのを連邦政府は「認めている」という。それは、連邦政府の立場についての正確な説明ではなく、連邦政府の立場は〝教会〟〝宗教団体〟〝宗教を基盤とする非営利団体〟のみを対象とするものである（また、「ＲＦＲＡは、その宗教的性格を認めて一般に適用される法律の下で配慮が認められることもある宗教団体と、商業界で事業を行うために組織された営利企業との間の、長年にわたる常識的な区別を組み込んでいる」）。

19…多数意見は、株式を一般に販売している企業の宗教上の呵責をどのように確認するのかについて、説明しようともしていない。大企業が「ＲＦＲＡに基づく主張を頻繁にするとは思えない」から、それを考える必要はないと多数意見はいうのである。そうかもしれないが、ホビーロビー社のケースが示すように、そのような主張は、少数の株主によって保有された、信仰の異なる何千もの人々を雇用する大企業によって実際に提起されているのである。「株式非公開」は「小規模」と同義ではない。ホビーロビー社は、唯一の同族経営または株式非公開の大企業なのではない。たとえば、同族経営の大手菓子メーカーであるマース社の売上高は330億ドル、従業員数は約7万2000人であり、株式非公開のカーギル社の売上高は1360億ドル以上、従業員数は約14万人である。フォーブス誌「2013年版アメリカ大規模民間企業」、以下のサイトから入手可能、http://www.forbes.com/largest-private-companies/。

多数意見はまた、宗教上の価値観や宗教に対する配慮をめぐり企業オーナーの間に生じる可能性のある紛争を解決する方法について、何の指示も出していない。多数意見は「州の会社法は、あらゆる紛争を解決する十分な手段を規定する」ことで満足しているが、この判断を支えるために引用された典拠はほとんど役に立たない。注解デラウェア法令集8編351条（2011年会社設立の証明書は、事業の管理方法を規定してよい）、コックス&ヘイゼン『会社法概説』1巻3：2章（第3版、2010年「会社設立の州の選択」との題の章）、同3巻14：11章48頁（「株式非公開会社では、不和や行き詰まりがよく起こるにもかかわらず、一部の州では、議会も裁判所も満足のいく解決策を提供していない」との見解を提示）参照。また、たとえ紛争解決の手続が整備されていたとしても、「裁判所は信仰上の主張が合理的であるかどうかについて論じることはできない」との多数意見の指示を前提にするなら、宗教を理由とする企業内の論争の仲裁者はどのようにして意見の相違を解決するのだろうか？

20…多数意見は、健康保険の提供を怠った雇用主に対する従業員1人当たり2000ドルの課税は、健康保険提供の経費の平均よりも低いという、一部のアミカスの提起する議論をしりぞけ、連邦政府はそのような議論を支える統計を提供していないと述べる。しかし多数意見は、主張する負担が実質的でないことを証明するのは連邦政府の義務ではないことを見落としている。そうではなく、RFRAに基づく主張を支えるために、主張する負担の実質性を証明するのは原告の義務なのである。

21…多数意見は、まったくの誤解に基づく批判を突きつけている。だが反対意見は、「原告に、その信仰には問題があると告げる」つもりはまったくない。この領域での正邪の判断は、当裁判所の裁判官も、いかなる司法裁判所の裁判官も下す権限も能力もない。当裁判所が判断すべきことは、「宗教上の主張の妥当性」ではなく、その主張に配慮することによって、アメリカの法によって与えられた権利を他の人から奪うおそれがあるかどうかである。

22…最も信頼性の高い避妊具の1つであるIUDについて、交通費や挿入にかかる施術の費用を勘案するなら、女性は一般的に1000ドル以上を負担している。

23…法廷意見がこの推定を渋々認めるのに対して、多数派の1人は、「避妊関連サービスの提供に対する保険適用義務は、女性従業員の健康を守るために必要な保険を提供する点で、やむにやまれぬ政府利益に役に立つものである」と、率直に認めている（ケネディ裁判官意見）。

24…ホビーロビー社を支持するアミカスである全米宗教放送事業協会も「経済状況や人員配置の変化に対応し、それに合わせて保険内容を変更するという雇用主のニーズを踏まえるなら、『既存の保険』に対する適用免除の実際の利点はわずかで、せいぜい一過的なものである」と述べている。

25…当裁判所がカッター判決で明らかにしたように、一般に適用される法律から宗教を理由とする免除を与える政府の権限は、国教樹立禁止条項によって制限されている。「我々は、考えうるほとんどすべての信仰をもつ人々で成り立っているコスモポリタンな国民」であり（ブラウンフェルド判決）、「多くの信仰が組み合わさった」国民なのである（グリース対ギャロウェイ判決、2014年、ケイガン裁判官反対意見）。したがって、宗教活動の自由についてのある人の権利は他の市民の権利と調和するものでなければならず、「宗教活動より共通善が優先されなければならないこともある」（合衆国対リー判決、1982年）。

26…2004年のアシュクロフト対アメリカ自由人権協会判決は、修正1条の言論の自由条項に基づく表現内容規制に対する訴訟の場合、裁判所は「提訴された規制が、利用可能で効果的な代替手段の中で制約が最も少ない手段であるかどうか」を判断しなければならないとした。

27…ホビーロビー社とコネストーガ社は主張書面の中で、営利企業と宗教を基盤とする非営利団体とを、宗教的配慮という目的のために一括りにする、拡大適用という解決策にほとんど触れていない。宗教を基盤とする非営利団体に与えられる配慮の妥当性に対する疑念は現在係争中だから、このためらいは理解できるものである。本判決の別の点で、多数意見は、ホビーロビー社とコネストーガ社に「その奇抜な主張に対応する機会を与えない」という、「いずれの当事者からも、下級審でも当裁判所でも提起されなかった」主張を検討するのを拒否している。だが多数意見は、当事者が提案したことのない配慮をHHSは行うことができたという理由で、この事件を（そしてこの事件でのみ）判断することに甘んじようとしている。特に、多数意見が注目する代替案がいずれの原告からも求められていない場合には、「政府が考えられる代替規制を1つ1つ反論することを要求する」ようRFRAを実用的に理解することはできない（合衆国対ウィルガス判決、2011年）。

28…個人事業主であるリーは、彼が反対した一般に適用される法に違反した場合に個人的な責任を負うことになっていた。もし彼が法人として事業を行い個人的な責任を回避していたなら、宗教を理由とする免除を求める彼の主張はさらに弱いものとなっていたかもしれない。

29…連邦議会はリー判決に対応して、社会保障法を改正した。改正法では、雇用主と同じ信仰をもつ従業員が免除を同様に求め、社会保障の給付の放棄に同意する場合に限り、アーミッシュの個人事業主やパートナーシップ（アーミッシュが所有する企業は除く）に社会保障税の免除を認める。そのため、信仰に真摯な雇用主には、従業員の同意なく社会保障の給付を奪うことになる宗教を理由とする免除――ホビーロビー社とコネストーガ社が本件で求めるのと類似した免除――を受ける権利はない。

30…1985年のトニー&スーザン・アラモ基金対労働省長官判決は、「免除を求める営利企業および同様の団体に、競合他社に対する優位性を確かに与える」宗教を理由とする免除を否定した。

31…予防接種プログラムに対する宗教を理由とする反対は、仮定の話ではない。参照として、2014年のフィリップス対ニューヨーク市判決（ニューヨーク州の予防接種の実施に対する信教の自由を根拠とする提訴を棄却）、またリバティカウンシル『ワクチンの強制接種は宗教の自由を脅かす』（2007年）は以下のサイトで入手可能、http://www.lc.org/media/9980/attachments/memo_vaccination.pdf。

COLUMN 08

ギンズバーグと信教の自由・文化戦争

ギンズバーグは、1993年に連邦最高裁の裁判官に就任した後、2014年のホビーロビー判決まで信教の自由に関して個別意見を執筆する機会はなかった。この判決は本文にもあるように、女性従業員が避妊カウンセリングや避妊具を実際に入手できるようにする健康保険制度に対して、雇用主が信仰を理由にその保険料支払いの免除を求めた事件である。この判決は、女性の健康と安全という普遍的価値の促進を目的とする政府の施策に対して、企業の信仰の自由という前代未聞の権利を承認することで雇用主の意向を厚く尊重するものと評価された。そしてこれが契機となって、宗教は、女性や同性愛者、移民、社会的少数派の権利や尊厳を尊重する社会の実現を強力に推進しようとする勢力と、伝統文化的なアメリカ社会の保持を声高に主張する勢力との軋轢（「文化戦争」）の最前線に躍り出ることになった。

アメリカのキリスト教的価値観は、以前から文化的保守派の主張を底辺で支えるものだったが、それが対立の核心部分を占めると広く認識されることはなかった。なので、連邦最高裁が1990年に信教の自由に対する保護を大幅に弱めたとき、連邦議会は従前の保護を復活させる法律をほぼ全会一致で制定したのであった。このように、かつては信教の自由の保障の価値をリベラルも保守も認めていたのである。ホビーロビー判決は、この認識を大きく変えた。篤すぎる信仰は女性や同性愛者、移民、社会的少数派の権利や尊厳を妨げるものと理解されるようになり、リベラルは信仰に冷ややかな視線を投げかけるようになったのである。しかし、連邦最高裁は信仰を強く保護する姿勢を示し続け、その保護は、信仰を理由に同性婚カップルに対するサービスの提供を拒否することを認めるところにまで至っている。

このような中、ギンズバーグは女性や同性愛者、社会的少数派の権利や尊厳を保護する立場をとっていた。その見解は、本文で見たように、大変力強いといえる。とくに信教の自由が第三者に悪影響を及ぼす場合や事実上の差別の口実となるような場合には、自由の制約を肯定することが多い。ギンズバーグは、信仰や宗教活動が信者個人や宗教団体の自律的活動の枠内にとどまらず社会的利益や第三者の権利と抵触するときは、それを相対化して均衡を図ろうとしていた。これは「文化戦争」におけるリベラルの声であり、彼女はその声を連邦最高裁で発し続けていたのであった。〝RBG〟がアイコンとなった理由の1つがここにある。

（高畑英一郎）

第4章

近年の講演

RECENT SPEECHES

本章に掲載するのは、ルース・ベイダー・ギンズバーグが2016年と2018年に彼女の人生と仕事の多くの側面について話した3つの講演の記録である。

最初の講演では、ギンズバーグは、1970年代の彼女の訴訟戦略を、制度に組み込まれた性差別を撤廃しようとする活動と表現し、またルイス・D・ブランダイス連邦最高裁裁判官の優秀な弁護活動や法律家としてのキャリアから学んだことが、彼女の歩みにいかに影響を与えたかを語っている。講演の中で説明されるように、ブランダイスは弁護士時代に革新的な主張書面の作成手法により、法律が影響を与える人々の生の経験に関する事実をもって連邦最高裁の裁判官たちを教育しようとした。ブランダイスは1908年のミュラー対オレゴン州事件で、性別に関する伝統的な固定観念を維持する必要性に基づいて議論を展開し、その主張書面作成に関する能力を、職場における女性の権利の制約への支持に用いた。ギンズバーグはこの訴訟の結論よりも彼の戦略に影響を受け、彼女がどのように自らの〝ブランダイス書面〟を――彼女の場合は性別に関する固定観念を打ち破り、女性の、そして男性の機会を広げるために――連邦最高裁に提出したかを説明している。同様に、ブランダイスの連邦最高裁裁判官としての法的思考が、彼女が担当した事件において救済措置に関する主張を組み立てるに当たり、いかに役立ったかについて説明している。最後にギンズバーグは、連邦最高裁裁判官の役割についての彼女の考え方にブランダイスが与えた影響について話している。

2つ目の講演では、ギンズバークはユダヤ人として受け継いだことと裁判官としての役割が一体となって、仕事の中で、「ユダヤ人の歴史と伝統のあらゆる部分に流れる正義、平和、理性に基づく社会を作ることへの希望」に忠実であろうとさせたことを説明している。また彼女は、何人かの重要なユダヤ人女性が彼女の人生に与えた影響について思いを巡らせている。

最後に、2018年12月に国立公文書館で行われた帰化式典での講演を収録している。ギンズバーグは彼女自身の家族をアメリカに引き寄せたアメリカンドリームについて語り、アメリカ国民になりたての人々に対し、彼女と、そしてすべてのアメリカ人とともに「より完全な国家」を実現することに向かって力を尽くそうと呼び掛ける。

ルイス・D・ブランダイスから学んだこと

マサチューセッツ州ウォルサム、ブランダイス大学にて
2016年1月28日

ブランダイスの主張書面

この発表の中で、私は弁護士、そして後には裁判官として過ごしてきた日々において、ブランダイスから受けた影響についてお話ししようと思います。最初に、また一番長くなりますが、ミュラー対オレゴン州事件〔1〕で提出されたブランダイスの有名な主張書面について話しましょう。連邦最高裁はこの事件について、1908年に判断を下しました。連邦最高裁は、工業分野で女性を1日10時間以上雇用することを禁じる、1903年に制定されたオレゴン州法を合憲であると判断しました。私は1970年代に提出した主張書面で、ミュラー判決は、連邦最高裁が男性と女性の平等な市民的地位を憲法上の原則として認識することの障害になっていると述べました。ミュラー判決は私が取り消そうとした先例である一方で、ブランダイスがこの事件の中で勝訴するために用いた手法は、私が尊敬し、また真似し

たものでした。なぜ私がブランダイスの手法を称賛する一方で、彼が求め、そして得た判決についてはそうしないのかについてお話ししたいと思います。

1903年、オレゴン州は「機械的な施設、工場または洗濯業で雇用される」女性について、勤務日の労働時間を上限10時間に定める法律を可決しました。女性労働者の時間を制限するオレゴン州法を推進する人々の中には、当初はすべての労働者に対して1日8時間への制限を提案した労働改革論者たちも含まれていました。その提案が立法への支持を得ることに失敗したとき、提案者たちはブルーカラーの女性が有償労働に従事することができる時間を限定する手段で折り合いをつけることにしました。彼らの願いは、女性を守る法律が〝最初のくさび〟の役目を果たし、やがてすべての労働者の保護に繋がることでした。

オレゴン州ポートランドで洗濯業を営むカート・ミュラーは、1905年9月4日、洗濯婦のエマ・ゴッチャーに10時間を超えて働くよう強要しました。その日付は偶然のものではなかったように思えます。それはオレゴン州が労働者へ休暇を与えることを雇用者に対して勧める、労働記念日として指定した日でした。このタイミングと、エマ・ゴッチャーが洗濯労働者組合に所属していたことを考えると、ミュラーとその洗濯事業者組合の仲間たちはテストケースを作ることを狙ったように見えます。そして後に、それが事実だったことが判明します。オレゴン州はミュラーが州法に違反したとして、彼を起訴しました。州裁判所での反論が功を奏しなかった後、ミュラーは連邦最高裁に対し事件を審理して1903年の州法は違憲であると明らかにするように求めました。

ミュラーには勝てる見込みがありました。連邦最高裁は1905年のロックナー対ニューヨーク州判決［2］で、ニューヨーク州が憲法に反してパン職人が働ける時間を1日10時間、週60時間に制限したと5対4で判断しました。連邦最高裁は、この時間制限は「いかなる州も、法の適正な手続によらずに、何人からも生命・自由・財産を奪ってはならない」とする修正14条のデュープロセス条項において連邦最高裁が付与する自由である、パン屋の経営者と従業員が自由に契約を行う権利を侵害すると判示しました。

社会改革主義者であるフローレンス・ケリーが率いる全国消費者連盟は、オレゴン州が可能な限りで最善の弁護を受けられるようにしたいと考えました。ケリーの第1希望はブランダイスでしたが、全国消費者連盟はケリーが出張で留守にしている間に、ニューヨーク州の弁護士のリーダーであった著名なジョセフ・H・チョートとの約束を取り付けました。ケリーが安堵したことに、チョートは事件を引き受けることを断りました。チョートはケリーに対し、「体格のがっちりした、丈夫なアイルランド人女性とその雇用主が望んでいるのならば……彼女が1日10時間を超えて働くことが許されない理由が分からない」と告げました。ケリーはブランダイスに協力を求めるため、ボストンへ向かいました。全国消費者連盟でのケリーの部下であり、ブランダイスの義理の妹であるジョセフィン・ゴールドマークが随行しました。

当時51歳のブランダイスは、連盟に対し、1つの条件の下に引き受けると伝えました。彼は連邦最高裁の友人的な役割に追いやられるのではなく、オレゴン州の弁護士となり、州を代理して口頭で事件の弁論をすることを望みました。ケリーとゴールドマークはその条件をのみました。その後、ブランダイスは連邦最高裁がそれまでに見たことがない主張書面の準備を指揮しました。その主張書面は事実を豊富に含み、それをもって改まった法的議論に代えようとするものでした。

ジョセフィン・ゴールドマークは彼女の姉であるポーリンと数人のボランティアのリサーチ担当者の助けを得て、ブランダイスが求めた資料——過剰な時間にわたって働くことによる女性の健康や安全と道徳への危険と、短くなった労働時間が生み出しうる社会的利益に関する事実と数値——を手に入れるため、コロンビア大学とニューヨーク公立図書館を探し回りました。データは工場検査担当者、内科医、商取引組合、経済学者や社会福祉士の報告書から抽出されました。ゴールドマークのチームは1カ月の間に、ブランダイスの主張書面113頁のうち98頁を占める情報を集めました。

ブランダイスはまず、オレゴン州が例外的な存在ではないことを示すために、女性の就業時間に制限を設けていた20州の状況を示しました。また、ヨーロッパで施行されている、就業時間に関する類似の法律をリストアップしました。彼の基本的な主張は、他者の労働を目的とする契約を行うというデュープロセスの権利は、健康、安全、道徳と一般的な福祉を守るための合理的な制約に服するというものでした。

ブランダイスは連邦最高裁を説得するために、ロックナー対ニューヨーク州事件との区別を行う必要がありました。連邦最高裁はロックナー判決で、パン職人——圧倒的に男性が多い職業——は、「いかなる意味においても、行政が後見的に関与すべき対象ではない」と述べました。ブランダイスは、女性は男性よりも工業による健康被害が生じやすく、その特有のか弱さは行政の保護を必要とすると論じました。主張書面のパターンは、1行か2行の導入文の後に、ゴールドマークとその部下が集めた資料からの長い節を引用するというものでした。

これらの資料の中には現代では通用しないものもあります。たとえばブランダイスは「女性の血液中には男性の血液中よりも多くの水分が含まれており、これは筋肉の中においても同様である」とする医学専門家の説明を引用しています。それに比べれば現実的ではありますが、ブランダイスは女性が働き過ぎることによる福祉一般への影響を強調しました。すなわち彼は、連邦最高裁に対し、「乳児の死亡数は増加し、仮に生き延びたとしても、働く既婚女性の子供は育児放棄により苦しむことが避けられない。将来母親となる者の過剰労働は、国の福祉を直接的に脅かす」と述べました。

ブランダイスはこの法律がもたらす利益として、労働時間の短縮は女性に家族と過ごす時間を与え、家事の義務に精を出すことを可能にすると強調しました。彼が引用した資料によると、「女性の非就業時間は男性にとってのそれとは異なり、休み時間ではない。……工場から戻った女性には、様々な仕事が待っている。部屋を清潔に保つ必要があり、……洗うべき洗濯物があり、繕うべき衣服があり、その上、将来の家庭を乱れた……崩壊したものとしたくないのであれば、家を維持することを学ぶ必要がある」。ブランダイスは労働時間の短縮はビジネスにとってよくないという懸念を抑えるために、労働時間に上限を設ける法律が生産性を向上させたことを示す、より現代的な影響に関する研究結果を引用しました。

主張書面の結論は次のようなものでした。十分に裏づけのある国内外の研究や事例の蓄積は、オレゴン州の立法府が女性の有償労働時間を1日10時間に制限することによって、公共の健康、安全、福祉が向上すると信じるに足る理由を示している。

洗濯事業主ミュラーの弁護士は、州がブランダイスを代理人として社会的および経済的な資料を山のように提出することを予想していませんでした。しかしミュラー側の主張書面は、私が活動した時代に平等論者が信条としていた点を主張していました。すなわちミュラーは、労働市場で女性に立ちはだかる不利益のほとんどは、生物学ではなく社会に由来するものであると論じました。「能力が劣っていることではなく、社会の慣習が彼女たちの努力の領域を狭めている」と。ミュラーは、このオレゴン州法は、「表向きは女性の利益のために作られているが、ブルーカラーの仕事を巡って女性と争う男性を助けるために、彼女たちの雇用を限定し制限すること」が意図されているのではないか、と問いました。

連邦最高裁はブランダイスの長大な主張書面の提出を受けてからわずか5日後に、ミュラー事件の弁論を開きました（主張書面提出から弁論までの間がそれほど短いことは、現代では起こりえないでしょう）。弁論から6週間足らず後、連邦最高裁は全裁判官の一致でこのオレゴン州法を有効としました。5対4でニューヨーク州の労働時間上限に関する法律を無効としたロックナー判決における多数意見の1人だったブリューワー裁判官が、連邦最高裁の比較的短い法廷意見を執筆しました。ブリューワー裁判官はブランダイスの主張書面における国内外の法律と論文の〝大量の収集〟を承認するという、異例の手順を踏みました。

それに続いてブリューワー裁判官は、ブランダイスが提出した資料に独自のひねりを加えました。彼はこれらの資料の中に、男性と女性に関する、未来永劫明らかに非科学的な真実を見出しました。ブリューワー裁判官は、「歴史は女性が常に男性に依存してきたことを示している」、「生計を立てようとする上で、女性は男性の平等な競争相手ではない」と述べました。女性は非独立的であるため男性の保護を当てにするというわけです。続いてブリューワー裁判官は、保護者としての男性から捕食者としての男性へとイメージを変えました。彼は、「女性の身体的な構造とその婚姻上の役割を正しく務めることの必要性は、男性の欲望と情熱から女性を守るための立法を正当化する」と述べました。

連邦最高裁の裁判官たちはミュラー事件において、ブランダイスの主張書面の並外れたクオリティに感心してオレゴン州を勝訴させたのでしょうか？　それとも彼らは、男性の身体的優越性、女性の生来のか弱さ、そして実際のまたは将来的な母としての〝女性の健全性〟についての社会の利益という、彼ら自身の先入観をブランダイスの主張書面が支持したことが理由でオレゴン州を勝訴させたのでしょうか？　ブランダイスの手法は、仮に社会的および経済的なデータが〝女性のあり方〟についての伝統的な考え方に一致せず、またその手法が性別に基づく法律上の分類を守るためにではなく、その分類の正当性を疑うために用いられたとしても上手く機能するでしょうか？

私は1950年代の終わりに法律を学んだ学生として、憲法の授業で、修正4条と修正14条のデュープロセス条項によって確保されるとされていた契約の自由を侵害すると批判されていた社会的および経済的な法律を裁判所が支持することを拒んでいた状況において、ミュラー判決が最初のターニングポイントになったことを学びました。ニューディール〔i〕志向の教授たちは、ミュラー判決は称賛すべき判決だと私たちに教えました。

そのわずか10年あまり後、私は連邦最高裁で審理され、または連邦最高裁に対して申立てがなされている性差別に関する事件の主張書面を作成する中で、ミュラー判決について異なる見方をしました。私はミュラー判決が、「女性が夜遅くまで労働搾取的な作業に従事していた20世紀的な状況からの転換」に寄与したことに感謝しました。しかし私は1970年の主張書面で、「工業分野の男女の労働者の1日の労働時間は12時間から8時間に短縮され、また週の労働日数は6日から5日に短縮されたため」、女性の労働のみを制限する法律は多くの場合、「より給料の高い仕事と昇進の機会から女性を守っている」と述べました。よかれと思って作られたものであったとしても、これらの法律は逆の効果を持ちえた──男性の仕事を女性との競争から守りえた──のです（そしてたいていは、実際にそうでした。カート・ミュラーの弁護士が同じ点を指摘していたことを思い出してください。その指摘は週の労働日数が規制されず、超過勤務に対する賃金支払がなく、また72時間以上連続勤務可能だった1908年にはあまり信用性を持ちませんでした）。

私は論文や主張書面で、ミュラー判決を「女性を永久に憲法上の個人に満たない存在として取り扱うことを支持しているように見受けられ、かつそのような支持に関する特に詳細な検討を含んでいる」事件3部作に含めました。3部作の他の判決は、女性がバーテンダーとして働くことを妨げていたミシガ

i…1929年に始まった世界恐慌への対策を目的としてフランクリン・ルーズベルト大統領が1930年代にとった、政府が市場経済に積極的に関与する政策。

ン州法を道徳上の懸念を引用して有効なものと判示した1948年のゴーサート対クリアリー判決［3］と、女性の場所は「家庭の中心であり、家族生活である」ことを理由として陪審員となる義務を負う者から女性を排除する州法を有効と認めた1961年のホイト対フロリダ州判決［4］です。

平等権論者たちはミュラー判決の中身を批判した一方で、ブランダイスの手法には大いに感銘を受けました。ブランダイスの主張書面の狙いは、審査対象となる法律が機能する現実の世界を司法府に教えることでした。同じ狙いが性差別に関する事件の転換点となった1971年のリード対リード事件［5］と1973年のフロンティエロ対リチャードソン事件［6］において主張書面を作成した者たちを突き動かしました。リード判決は、連邦最高裁が性別に基づく分類を認めないと判断した史上初の事件です。リード判決に関わるアイダホ州法は、かつては典型的なものでした。この法律は「等しく故人の遺産を管理する資格を有する者の間では、男性が女性よりも優先されなければならない」と規定していました。同じく当時は典型的であった2つの連邦法がフロンティエロ判決に関わっていました。どちらの法律も既婚男性である軍職員には手当を与えていた一方で、ほとんどの既婚女性職員に対しては手当を与えていませんでした。

ブランダイスの主張書面は違憲と主張された保護的な労働立法を正当化するために、経済的および社会的な現実を示しました。ブランダイスの手法を真似た主張書面は、経済が発展し社会は進歩したので、女性の下位的な立場を前提とした法律は、憲法によるすべての人への「法の平等な保護」の保障を侵害することを、リード事件、フロンティエロ事件や1970年代末の性差別に関する事件において説明しました。

リード事件とフロンティエロ事件で社会的および経済的な事実が論じられたのは、法律家たちを目覚めさせることを意図したものでした。ブランダイスの手法はその限りにおいて有用でした。かつて、女性の利益のために慈悲深く機能していると思われていた法律――たとえば陪審員から除外したり、軍で女性を〝女性の仕事〟に追いやったりしていたもの――は、やがて個々の才能と能力に基づいて社会に参加し貢献する女性の機会を妨げているものと見られるようになりました。

違憲な立法行為を修正する司法権

ブランダイスから学んだもう1つのことです。1970年代までの立法行為のほとんどは、男性が稼ぎ手であり、女性は男性の扶養家族であるとの前提に基づいて行われていました。そのため、賃金所得者である妻が出産時に死亡したとき、スティーブン・ワイゼンフェルドは自らが赤ん坊の世話をすることができるよう社会保障給付金を請求しました。この社会保障給付金は〝児童扶養〟手当と呼ばれ、賃金所得者が死亡し、その相続人である配偶者と幼い子供が存在する場合に支給されるものでした。もし死亡した賃金所得者が男性であれば、夫を亡くした妻と子供のために給付金が毎月支払われました。しかし賃金所得者がポーラ・ワイゼンフェルドのように女性であれば、妻を亡くした夫のための給付金はありませんでした。

私はワイゼンフェルドを代理して、連邦議会が省略した父親たちをこの法律に書き込み、〝母への給付金〟を〝親への給付金〟へと変えるよう裁判所に求めました。私の仲間である数人の学者は、それは不可能だと言いました。連邦最高裁は母親への給付金を無効にし、連邦議会に最初からやり直すように任せることはできるだろう。しかし妻を亡くした夫への支払いを命じることは連邦最高裁の限界を超えており、それを命じる権限を欠いている、というのです。

それこそまさに連邦政府が最初に主張したことでした。地裁で連邦政府はワイゼンフェルドの訴えをしりぞけるよう求めました。連邦政府は、「原告が、連邦議会が立法した母親の給付金を求めているのではなく、連邦議会が立法しなかった父親への給付金を求めていることは明らかである。すなわち原告は、自らが求める救済のために間違った議論の場を選んでいる。原告はこの要求を連邦議会に持ち込むべきだ」と論じました。この議論が受け入れられていたら、給付金を不平等に——女性だけに、または男性だけに——与える法律に、司法審査を免れさせていたでしょう。立法府は司法府によって抑制されない、平等保護原則をないがしろにする権限を持つでしょう。

私の主張は急進的でしょうか？　先例はわずかでしたが、重みのあるものでした。それはブランダイスとともに州による課税に関する1931年のアイオワ州デモイン国法銀行対ベネット事件［7］において始まりました。原告は国法銀行と州法銀行［ii］でした。彼らの訴えは、アイオワ州当局がこれらの銀行に対し、これらの銀行と競合する会社よりも高率の税を課したというものでした。ブランダイスは意見が全員一致した連邦最高裁を代表し、銀行は「取り立てられた過剰な税金の返還を受ける権利を有する」と書きました。彼は下記のとおり説明しました。

原告の権利は……競合他社からより低率で税金が徴収されたときに侵害された。仮に州が差別を発見してすぐに、有利な状況に置かれた競合他社から追加の税金を徴収することで差別を解消していれば、返還請求の根拠はすべて崩れていただろうと見ることができる。そのような徴収により、原告の不平は救済されていたであろう。……行使された権利は平等な取扱いを受ける権利であり、そのような取扱いは競合他社の税が増えるか、原告自身の税が減れば実現する。しかし連邦法に反して他者に有利な取扱いがなされることで差別的な課税を受けた納税者に対し、他者が払うべき税金の増額を要求する負担を求めることは明らかに許されない。また、州当局が自発的にそのような措置を講じるのを待つように原告に求めることが許されないのも明らかである。

ブランダイスの筆に典型的な、明確な表現です。

1970年のウェルシュ対合衆国判決[8]では、ハーラン連邦最高裁裁判官は「対象範囲が不十分であるために法律が完全ではない場合には、裁判所がその法律は無効だと明らかにすることと……法律の適用範囲を広げ、除外されることにより権利を侵害されている者を包含することの、2つの救済手段が

ii…連邦法の規律を受ける銀行を国法銀行、州法の規律を受ける銀行を州法銀行という。

ある」と説明し、ブランダイス連邦最高裁裁判官の先導に続き、またそれを広げました。

ブランダイスとハーランの意見のおかげもあり、連邦最高裁には光が見えました。フロンティエロ判決では、既婚の男性職員への手当を無効とするのではなく、既婚の女性職員へと手当を広げました。またワイゼンフェルド判決では、夫を亡くした妻であり母が得る給付金を無効とするのではなく、妻を亡くした夫であり父へと給付金の対象者を広げました。連邦最高裁は後のいくつかの事件で同じ道をたどりました。

ブランダイスの遺産

まもなく出版される『ルイス・D・ブランダイス――アメリカの預言者』[9]と題された本に関連し、著者でありフィラデルフィアの憲法センター所長であるジェフェリー・ローゼンは、ブランダイスから受けた影響について私に尋ねました。もちろん私はミュラー事件でのブランダイスの主張書面と、ターニングポイントとなった1971年のリード対リード事件において書かれた主張書面について話しました。ブランダイスの手法を真似したリード事件の主張書面は、経済的、社会的また歴史的な資料の引用を通じ、女性の大志と機会の獲得を抑圧する、法律と慣習によって女性に課された人工的な障害について書面化しようとしました。

また私は、連邦最高裁裁判官としてのブランダイス、彼の熟練した手腕、同僚への思いやり、さらに我々の憲法が推し進める価値観が国民の権利と自由を必要とするときにはそれらを進んで守る姿勢と司法的抑制とを結びつける能力について話しました。私は、「ブランダイスが書いた書面の下書きの数から明らかな通り、彼は意見を書くのに一生懸命でした」とジェフに答えました。「彼は正しい判決の結論にたどり着くことだけを気に掛けていた訳ではありません。彼は他者を啓発する意見を書くことも非常に重要だと考えていました」

私はジェフに「人々が本当に彼の別意見を必要としていると感じた場合にのみ別途、反対意見や同意意見を述べることにしていた点についても、ブランダイスを尊敬しています」とも言いました。アレクサンダー・ビッケルは、公表されなかったブランダイスの意見を集めた本を1957年に出版しました。私は「意見を書く重労働を経て、その後に一歩引いて、この意見は本当に必要かと問う法律家は多くありません」と言いました。彼が自ら課した制約によって、彼の反対意見は一層重要なものとなりました。

より称賛に値する資質として、情報と経験によって最初の判断が正しくないことが明らかになった場合、ブランダイスは見解を変えることができました。彼は1880年代に投票権を女性に広げることに反対しました。彼は、男性は国の政治的業務を十分よく行っており、また、男性は女性が負わない義務を負っていると考えていました。たとえば兵役です。具体例に陪審義務も加えたでしょう。

しかし1910年代までには、ブランダイスは女性の投票権の強力な支持者になっていました。おそらくそれは彼の妻と、女性の投票権のための運動を目的として大学卒業とロースクール入学の間に1年間のギャップイヤー［iii］をとった彼の娘の影響です。おそらくそれはジェーン・アダムス、フローレンス・ケリー、彼の義理の妹であるジョセフィン・ゴールドマークらの、彼が出会った社会改革論者の中にいた有能な女性たちの影響です。彼は、投票行為は国民の権利だが義務でもあると考えました。社会における特定の集団やグループに対して他の集団やグループの参加を得ない統治を任せることは、安全ではないと考えるようになりました。

ジェフは「解釈の手法についてはどうか」と尋ねました。私は「ブランダイスの目的論的解釈は、法律文書を賢明に解釈する法律家の中でも彼を上位に位置づけます」と答えました。「彼は間違いなく、私から見れば現代の原意主義［iv］に似ている、かつて法的古典主義と呼ばれたものの信奉者ではなかったと思います」。私は具体例として２０１５年6月の健康保健に関する判決に言及しました。私は、ブランダイスは医療費負担適正化法を破壊せず、救済した多数意見に同意していただろうと確信しています［10］。彼は反対意見が述べたようにこの法律が「州が開設した健康保険市場」との文言を用いていたために、法律全体を台無しにするようにこの文言を解釈するべきだとは言わなかったでしょう。そのように惨めな結果を、連邦議会の担当議員の責任にすることはできません。

私は、ブランダイスは企業による選挙活動に関する支出への制限は無効であると判断した連邦最高裁の２０１０年のシチズンズ・ユナイテッド対連邦選挙委員会判決［11］を遺憾に思っていただろうとも、思い切って言いました。ブランダイスは１９３３年に、ルイス・K・リゲット社対リー判決［12］における反対意見で、19世紀から20世紀初めにかけての立法が、企業が機会の平等と個人による自治を脅かさないようにするためにいくつもの規制を課したことを指摘しました。

連邦最高裁の裁判官席での23年間の卓越した職務の後、1939年に引退した時点で、ブランダイスは法廷意見を448件、同意意見を10件、反対意見を64件書いていました。同僚たちが引退に寄せた手紙に書いた、彼の連邦最高裁での業績への称賛で、この講演を締めくくろうと思います。

あなたの長い実務経験、事物への深い知識、幅広い調査と最も難しい諸問題についての理解は、あなたの分析力と説明の几帳面さとともに、あなたの法律家としての経歴を飛び抜けて優れたものとし、また多大な影響力を持つものとした。

その影響は現代においても続いています。

iii…学生が進学や就職を延期し、様々な活動を行う期間。典型的には進学先や就職先の許可を得て進学や就職を1年延期することにより生まれる期間を指す。

iv…憲法や法律の文言について、制定当時の意図どおりに解釈するべきであり、時代が変わって社会状況等が変化したとしても、その変化に応じて解釈を変えるべきではなく、当初の解釈を維持するべきであるという考え方。

原註

1 … Muller v. Oregon, 208 U.S. 412, 422 (1908).

2 … Lochner v. New York, 198 U.S. 45 (1905).

3 … Goesaert v. Cleary, 335 U.S. 464, 466 (1948).

4 … Hoyt v. Florida, 368 U.S. 57 (1961).

5 … Reed v. Reed, 404 U.S. 71 (1971).

6 … Frontiero v. Richardson, 411 U.S. 677 (1973).

7 … Iowa-Des Moines National Bank v. Bennet, 284 U.S. 239, 247 (1931).

8 … Welsh v. United States, 398 U.S. 333, 362 (1970) (Harlan, J., concurring in the result).

9 … Jeffrey Rosen, Louis D. Brandeis: American Prophet (New Haven: Yale University Press, 2016).

10 … King v. Burwell, 576 U.S. 473 (2015).

11 … Citizens United v. Federal Election Commission, 558 U.S. 310 (2010).

12 … Louis K. Liggett Co. v. Lee, 288 U.S. 517, 541 (1933) (Brandeis, J., dissenting in part).

ジェネシス基金による生涯功績賞授賞式での講演

テルアビブにて
2018年7月4日

アーロン・バラクが私にこの賞を与えてくれたことについて、言葉では伝えられないほど嬉しく思います。彼は世界で最も優秀な人権派の法律家です。私は彼とその妻エリカを貴重な同僚、そして友人として持ったことを誇りに思います。

またジェネシス基金にも、私がいただいた、前受賞者から与えられる生涯功績賞を創設してくださったことについて深く感謝いたします。

先ほどいただいた、親切な言葉に深く感謝します。しかし女性の平等な権利を実現しようという取り組みにおける私の役割、私が現在就いている仕事、そしてそれについて今回いただいた賞の何よりも大きな原因となっているのは、幸運――ヘブライ語で言うところの〝Mazal〟――であることを私は知っています。アイザック・バシェヴィス・シンガーの回想の中に、こんな話があります。

シンガーの祖父は名高い正統派のユダヤ教宗教指導者であり、説教の際に、集まった信徒に対して次のように質問していました。「なぜ神は、それほどまでに称賛を求めるのか?」。我々は1日3回神に祈り、神がいかに偉大で、また素晴らしいかについて話します。なぜ星や惑星の創造主が、それほどまでに称賛を欲する必要があるのか? 聖なる宗教指導者であるシンガーの祖父の答えは、「神は経験、すなわち天賦の経験から、人々が神を称賛することを止めれば、彼らは互いを称賛し始めることを知っているからである」というものでした。シンガーの祖父によると、神はそれを好まないとのことです。しかしシンガーは、我々のようなちっぽけな人間は称賛されること、特に優れた人々から称賛されることを喜ぶと付け加えました。まさにそのような理由で、私はこの式典とイスラエルへの再訪を楽しんでいます。

この機会に、私が若い頃、その慈悲深さと勇敢さに感銘を受けた、アメリカで育った2人のユダヤ人女性についてお話しするのがふさわしいと思います。

1人目は偉大な法律家であるベンジャミン・ネイサン・カードーゾのいとこの、エマ・ラザラスです。エマ・ラザラスはシオニスト〔i〕という言葉が流行し出す前のシオニストでした。彼女の人類、特に同胞への愛は、その全著作に表れています。彼女は1866年に17歳で出版した最初の詩集から、がんによる38歳でのあまりに早すぎる死まで、継続的に作品を著しました。自由の女神の台座に刻まれている「新しい巨像」という彼女の詩は、私の父や祖父母を含む、恐怖から逃れるための場所をアメリカに求め、不寛容からの自由を切望していた多くの移民たちを出迎えてきました。

私に感銘を与えたもう1人の女性は、ハダッサ［ii］の創設者ヘンリエッタ・ソルドです。ソルドはエマ・ラザラスが亡くなった11年後の1860年に生まれ、1945年まで生きました。私の母は彼女と、ヘンリーストリートの家［iii］の創設者であるリリアン・ウォルド（1867年生まれ、1940年死去）についてとても好意的に話していました。ソルドは、私が読んだ他の誰の言葉よりもよく、「ノー」と言うための方法を知っていました。ソルドには姉妹が7人いましたが、兄弟はいませんでした。彼女の母親が亡くなったとき、地域社会活動の取り組みで知られていたハイム・ピーターズという男性が、カディシュ——男性だけが読み上げることができる、古い慣習に従った哀悼者による祈りの言葉——を唱えることを申し出ました。ソルドはその温かい申出に対し、1916年9月16日に手紙で返事をしました。その手紙の全文は、『ユダヤ人女性たちの霊性』と、ユダヤ人女性記録保存会の教育科目に関する書籍『我々の野生を開花させること』で読むことができます。重要な部分を引用します。

あなたが亡くなった母のために〝カディシュ〟の役割を果たそうと申し出て下さったことにどれほど深く感動したか、お伝えする言葉が見つかりません……あなたが申し出て下さったことを——

i…ユダヤ人国家をパレスチナに設立するべきと主張する者。シオニストの活動は1948年のイスラエル建国に繋がった。
ii…ニューヨークで設立された女性シオニストの団体。女性の権利推進などの活動を行っている。
iii…ニューヨークの貧困層の住人が多く住んでいた地域において訪問看護などを行うことを目的に創設された組織。

ありがたいことを超えて、美しいことです——私は決して忘れません。

ではなぜ、私はあなたの申出を受け入れることができないのか、とお思いになることでしょう……私はあなたがおっしゃる、男性の子供だけが祈りの言葉を述べ、男性の遺族がいない場合は遺族以外の男性が代わりになるというユダヤの慣習をよく知り、理解しています。また、ユダヤの慣習は私にとってとても大切で、神聖なものです。それでも私は、母が亡くなった後のカディシュを唱えるよう、あなたにお願いすることはできません。私にとってカディシュとは、遺族が、親が持っていたユダヤ社会との繋がりに自身の繋がりを加えながら、世代間で伝統の連鎖が途絶えないよう、その繋がりを引き継ぐことを公に述べるものです。あなたはそれを、あなたの代々の家族のために行うことができ、私は私の代々の家族のために行う必要があります……

私の母には8人の娘がおり、息子はいませんでした。しかし私は母の口からも父の口からも、誰か1人でも息子だったらと残念がる言葉を聞いたことがありません。父が亡くなったとき、母はカディシュを唱えるという娘の役割を他人が引き受けることを許そうとしなかったので、私はあなたの申出を断ることが、母の精神に沿って行動することだと信じています。それでも、あなたの申出の美しさに変わりはなく、繰り返しますが、それは一般的に受け入れられているユダヤの伝統に、私や私の家族の考え方よりもはるかによく沿っていることを、私はよく分かっています。ご理解いただけますよね？

ソルドが宗教的慣行に関して私たちの間にある考え方の違いを許容しながら――承認さえしながら――、私たち共通の伝統を執り行いたいと願い出たことには心を打たれる、そうお思いになりませんか？　現代でも、仲間の言葉に一定の理解の欠如が表れるとき、私は彼女の言葉を思い出します。

かつて女性に対して閉ざされていた仕事――例えば弁護士、裁判官、バーテンダー、警察官や消防士――を女性が始めることを可能にする、女性に扉を開く活動を始めたとき、私は同時代に生まれたある少女の言葉に勇気づけられました。

私を悩ませてきた多くの問題のうちの1つは、なぜこれほどまでに女性は男性より劣ると考えられてきて、今でもそう考えられているのかということです。それを不公平だと言うことは簡単ですが、私にとってはそれでは不十分です。私は、このとても不当なことの理由を、本当に教えていただきたいのです。

男性はおそらくその身体的な強さによって、初めから女性より優位に立っていたのでしょう。生活費を稼ぎ、子供をもうけ、好きなことをするのは男性である……この状態が長く維持されればされるほど、この状態が固定されることになるので、それに従うのは愚かなことであるのにもかかわらず、女性は最近まで黙って従っていました。幸運なことに、教育、仕事と進歩が女性の目を覚ましました。女性は多くの国で平等な権利を与えられました。現在、主には女性ですが、男性も含む多くの人々が、この状態を長く許容することがいかによくないことかを認識しています……

敬具

アンネ・フランク

この本質を突いたコメントは、彼女の日記に最後に記された文のうちの1つです。彼女の日記を読んだ方はご存じのとおり、アンネ・フランクは1929年にオランダで生まれました。1945年、16歳の誕生日の3カ月前、ベルガンベルゼン強制収容所〔iv〕に収容されている間に亡くなりました。

私は数年前にアメリカユダヤ人協会から、私がユダヤ人として受け継いだことと私の裁判官としての仕事はどのように結びついているか尋ねられました。私は次のように答えました。

私はユダヤ人として生まれ、育ち、またユダヤ人であることを誇りに思う裁判官です。ユダヤ人の歴史と伝統のあらゆる部分に、正義、平和、理性に基づく社会を作ることへの希望が流れています。私はアメリカ合衆国連邦最高裁の裁判官席での仕事を続けるという幸運にあずかる日々の中で、常にその希望のための仕事に忠実であり続けたいと思っています。

みなさんのご清聴に感謝し、アーロン・バラクとジェネシス基金に重ねて深く感謝するとともに、ここにいる皆さんに申し上げたいと思います。Shalom v'todah rabah（ありがとうございました）。

iv…ドイツ北部の町ベルガン近郊にあったユダヤ人強制収容所。

帰化式典における講演

ワシントンDC、国立公文書館にて
2018年12月14日

我が同胞、アメリカ国民のみなさん、アメリカという国そのものである、民主主義における市民の中にあなた方を迎えられることをとても光栄に思います。みなさん31名は、アルファベット順に中国からベネズエラまで26カ国のご出身です。今日、みなさんは、外国で生まれ、みなさんと同じようにアメリカを母国とすることを選んだ2000万人を超える国民に加わります。私たちは、みなさんと同じように――すべては自らとその家族のよりよい人生のために――長い距離を旅し、大きな困難を乗り越え、そして多大な犠牲を払った人々によって強くなった国です。

私の父は13歳のときに、何の未来もなく、英語が話せないままこの地にやってきました。私の母は、彼女の両親が子供たちの手を引き、船でエリス島［i］にやってきた4カ月後に生まれました。私の父と祖父母はみなさんと同様、アメリカンドリームをつかもうとしました。我々の国が約束していることの証として、移民の孫娘であり娘である私が、この国の最高裁判所の裁判官を務めています。機会に溢れた国アメリカでは、こういった可能性が手の届くところにあるのです。ニューヨークのガーメントディストリクト[ii]で働く簿記係と、連邦最高裁裁判官との違いは何でしょうか？　たった1世代の違い、私の母が得ることができた機会と私に与えられた機会との違いを、私の人生が証言しています。

みなさんは我々の政府の仕組みについて学ばれ、その2つの柱についてご存じかと思います。第1に、我々の政府は限られた権力しか持ちません。政府は憲法によって明示的に与えられた権限しか行使できません。そして第2に、この国の国民は一定の基本的権利を享受します。これらの権利は我が国の際立った特徴です。これらの権利は、権利章典と憲法のその他の条項や修正条項に定められています。これらの権利は不可侵であり、政府のいかなる命令にも屈しません。我々の憲法は「我ら合衆国の国民は」という文章から始まります。アメリカの建国者たちは政府の権力を限定し、権利を明記し、また人々に権利を与えることで、アメリカの中心となるのはルールではなく国民であることを宣言したのです。

憲法は「我ら合衆国の国民は」という句の後に、「より完全な国家を形成し」という大志を規定してい

i…ニューヨーク市中心部であるマンハッタンの沖にある小さな島。1892年から1954年までの間、アメリカ政府の移民局がこの島に置かれ、ヨーロッパから船に乗ってやってきた移民は、アメリカ到着後まずこの島に上陸して入国審査や伝染病蔓延防止のための隔離措置などを受けた。

ii…ニューヨーク市の中心部マンハッタンにある、かつて服飾関係の事業者が多く拠点を置いていた地区の通称。

ます。確かに最初は、この国は完全なものになるための作業をかなり必要としていました。最初の憲法は奴隷制度を許し、「我ら国民」に数えられる者の数を厳しく限定していました。この国ができたばかりのとき、財産を所有している白人男性だけが市民権のうちの最も基本的な権利である投票権を持っていました。しかし我々の歴史を通じて、最初は取り残されていた人々――奴隷状態にある人々、ネイティブアメリカン、そして人口の半分を占める女性が、一人前の市民として受け入れられるようになりました。初期のアメリカを批評したアレクシス・デ・トクヴィルは「アメリカの偉大な点は……諸外国よりも文明が進んでいる点にあるのではなく、むしろ自らの過ちを改めることができる点にある」と述べました。私たちは憲法の修正とそれらの修正を適用する裁判例を通じて、奴隷制度を廃止し、人種差別を禁止し、男性と女性を平等な社会的地位を有する人々としました。このような作業を行った先駆者たちの中には、まさにみなさんのような人々――我が国の座右の銘である e pluribus unum［iii］、すなわち「多数から1つへ」にかつてないほどの生彩を与える、あらゆる人種と信条を持った新しいアメリカ人――がいました。私たちは多くの進歩を成し遂げてきましたが、完成作業はまだまだ終わっていません。多くの欠点が残っています。この豊かな地で、子供の4分の1近くが貧困に陥り、国民の半分近くが投票をせず、そして私たちはまだ、人種、宗教と社会経済上の区分を超えた、お互いのより深い理解と承認を実現するために苦闘している状態です。しかし私たちは理想――より完全な国家を実現すること――を現実化しようと取り組んでいます。みなさんは広い見識を持つ新しい国民として、何よりもまず選挙で投票し、陪審の役割を果たし、また他者との議論に参加することによって、より完全な国家を実現しようとする取り組みの中で極めて重要な役割を果たすでしょう。

私たちはアメリカについて、「愛すべき自由の地」[iv]と歌います。みなさんのように新しくこの地にやってくる人々は、この国ができた最初の頃から現在に至るまで、「自由——抑圧からの自由、貧困からの自由、あなたや私のありのままでいる自由——を求めて」ここにやって来ました。最後にアメリカの偉大な法律家、ラーニッド・ハンド裁判官が、自由をどのように理解していたかをお話ししたいと思います。彼は1944年、新しくアメリカ国民になった人々がアメリカへの忠誠を誓うためにニューヨークのセントラルパークに集まった大きな集会で挨拶をした際、彼にとって自由が何を意味するのか説明しました。ハンド裁判官はこう言いました。「人々の心の中にあるべきこの神聖な自由とは一体何でしょうか？　それは他者に対して冷酷になることではなく、溢れんばかりの意志です。それは個人が好きなように振る舞う自由ではありません」

iii…連邦議会法が1782年に定めたアメリカの国璽（白頭鷲を描いた、アメリカを象徴するイラスト）の中に記されたラテン語の句。元々は建国前にアメリカ大陸東海岸に存在した13植民地がそれぞれ州となり、1つの合衆国を形成することを意味していたが、その後多くの民族、人種、宗教、言語などが1つの国と国民を形成することを意味するようになった。現在のアメリカの硬貨にもこの句が刻まれている。

iv…「我が国、汝らの国（My Country, 'Tis of Thee)」（別名「アメリカ」）という歌の詞の一部。この歌はイギリス国歌である「神よ女王を守りたまえ（God Save the Queen)」の旋律をそのままに、歌詞を替えて作られたものであり、連邦議会が1931年に法律によって現在の国歌である「星条旗（The Star-Spangled Banner)」を定めるまでの間、事実上の国歌となっていた。

私は自由の精神を定義することはできません。私ができることは、私の信念を伝えることだけです。自由の精神とは、あることを正しいと決めつけない精神であり、他者の気持ちを理解しようとする精神であり、偏見を捨て、自らの利益とともに他者の利益を考える精神です。

ハンド裁判官の言葉の通り、自由の精神がみなさんを導く光となりますように。みなさんがより完全な国家の実現に寄与する役割を果たす中で、自由の精神の崇高な理念に沿って行動する良心と勇気を持たれますように。

ルース・ベイダー・ギンズバーグ裁判官と夫のマーティン・ギンズバーグ、2人の両脇に娘ジェーンと息子ジェームズ、左端は娘婿のジョージ・スペラ、前列に孫のクララとポール・スペラ。1993年、最高裁判所で行われた彼女の叙任式の際に。
（写真提供：連邦最高裁判所）

COLUMN 09

ギンズバーグと家族

ルース・ベイダー・ギンズバーグの父、ネーサン・ベイダーはユダヤ人であり、1896年に当時のロシアで生まれた（現在はウクライナの一部となっている）。彼が住んでいた地域ではユダヤ人が高校へ通うことができなかったこともあり、ネーサンは13歳のときに移民として船でアメリカに渡り、ニューヨークで毛織物の販売業に就いた。

ルースの母、セリア・アムスターは、ユダヤ人である両親がポーランドから船でアメリカに渡った4カ月後、1902年にニューヨークで生まれた。セリアは学業優秀で、弟もコーネル大学に進学したが、セリア自身は経済的事情などにより大学には進学しなかった。

ネーサンとセリアは結婚し、1927年に長女マリリンが生まれ、1933年に次女ルースが生まれた。しかしマリリンは1934年に6歳で髄膜炎により死去した。セリアは服飾関係業者の簿記係などとして働きながらルースの教育に情熱を注いだが、1950年、ルースが高校を卒業する前々日、がんにより47歳で死去した。ネーサンはルースがコーネル大学進学のために実家を出た後もニューヨークで暮らし、1968年に71歳で死去した。

ルースはコーネル大学でマーティン・ギンズバ

ーグと出会い、2人は1954年に結婚した。マーティンはハーバード・ロースクール修了後、税法や会社法を専門とする弁護士として高い評価を得た。一方で、彼は妻であるルースのキャリアを応援し、クリントン大統領（当時）に連邦最高裁裁判官としてルースを推薦した。マーティンは2010年に78歳でがんにより死去した。

ルースの長女ジェーンは1955年に生まれ、両親と同じハーバード・ロースクールを修了し、現在はコロンビア・ロースクールで教鞭をとっている。長男ジェームズは1965年に生まれ、一旦は両親と同じ弁護士を志したが、現在は音楽関係会社の役員を務めている。

2020年にルースが死去したとき、彼女には6人の孫がいた（うち2人は義理の孫）。そのうちジェーンの長男ポールは俳優となり、祖母を描いた映画『ビリーブ 未来への大逆転』に出演している。彼は2018年に、ルースにとって初めてのひ孫となるメアリーをもうけた。またジェーンの長女クララは祖父母や母と同じハーバード・ロースクールを卒業し、法律家として偉大な祖母の跡を継いでいる。

（樫尾洵）

あとがき

　このあとがきを書く予定はなかった。ギンズバーグ裁判官と私が本書の最終原稿を提出して間もなく彼女はがんの合併症に倒れ、2020年9月18日、家族と愛する人たちに囲まれ、自宅で息を引き取った。

　彼女をよく知る幸運に恵まれた者はみな、その喪失感を言葉にすることができない。彼女の逝去の知らせにアメリカが大きな悲しみに包まれたことから分かるように、彼女が愛し、その生涯をかけて尽くしたアメリカは彼女の死によって大きな損失を被った。その生涯と仕事を通じて、社会をよりよく、そして公正なものにした——ギンズバーグ裁判官は国の宝だった。実際に、ソニア・ソトマイヨール裁判官がギンズバーグ裁判官の逝去後に書いたように、彼女はまさに「アメリカの英雄」だ。

　彼女の死という事実を受け止めるとき、私はいつも、彼女のオフィスの壁に掛けられていた申命記の一節を思い浮かべる。

「裁判官よ、汝正義を追求すべし」

この使命感が、ギンズバーグ裁判官の原動力だった。ギンズバーグ裁判官の生涯を通じた仕事は、合衆国憲法が誰一人として取りこぼさない、本当の意味で「我ら国民」の憲法であることを確かなものとするために捧げられた。

本書は、ギンズバーグ裁判官の生涯と仕事がアメリカ法とアメリカ社会に与えた影響の一部を紹介し、その意味を考えるものである。1970年代に弁護士として取り組んだ制度的な男女差別の撤廃から、27年間の連邦最高裁裁判官の時期を含め40年にわたる連邦裁判所の裁判官としての職務を通じ、彼女は合衆国憲法がすべての人に、「個人の才能や能力に基づいて物事を成したいと望み、成し遂げ、社会に参加し貢献する等しい機会」[1]を約束する基本法であるという原則を徹底するために精力的に活動してきた。

ギンズバーグ裁判官は強い意志の持ち主だった。誰かが彼女を逆境に追い込み、その行く手に数々の障害をもたらしたとき、彼女は、その強靭さと意志の強さで何度もその障害を乗り越えた。たとえば、私がいつも思い出すのは、最愛の夫マーティを亡くした翌朝に、法廷で意見を読み上げるため連邦最高裁に向かったことだ。公の奉仕者としての役割を果たすことに徹していた彼女は、仕事は常にしていなければならないと言っていた。まさに最後の最後まで、彼女は勇気と優しさをもってがんと闘った。何度もがんをはねのけ続けてきたので、多くの者は彼女が無敵だと信じるようになっていた。

この点について、私はこの本の中心となった講演に関する出来事を思い出す。ギンズバーグ裁判官の友人であるヘルマ・ヒル・ケイを称賛する第1回ヘルマ・ヒル・ケイ記念講演の講演者として彼女を招聘するために電話をかけたとき、彼女は即座に受諾し、私との対談形式で行うことを提案した。当初、2019年1月に開催する予定だったが、2018年12月にギンズバーグ裁判官が肺がんの手術を受けたことを考慮して、会を延期せざるをえなかった。1月の予定をキャンセルするよう、実際にキャンセルと決まるかなり前から彼女を説得したのを思い出す。ギンズバーグ裁判官は、ケイに敬意を表することを固く決めていたので、キャンセルにすぐには応じなかった。そして、医師のアドバイスに従い、ようやく延期に応じた彼女は、すぐに次の予定日を決めるよう求めた。10カ月後にその日を迎えたとき、ギンズバーグ裁判官は完全には回復していないにもかかわらず記念講演に参加してくれた。その滞在中、私は彼女の驚異的な回復力を目の当たりにした。何ものも、がんでさえも、彼女が大切な友人に敬意を表することを妨げることはできなかった。そのような強靱な意志の持ち主こそが、ルース・ベイダー・ギンズバーグ裁判官その人である。

それから1年も経たないうちに、彼女が亡くなったという知らせが届いた。お腹を殴られたような衝撃だった。

ギンズバーグ裁判官が指導した元ロークラークたちは、何をすべきか分かっていた。コロナ感染症の拡大が終息していない中ではあったが、彼女の棺が最高裁に戻る最後のときに名誉ある付添人として棺のそばに立つため、連邦最高裁やコロンビア特別区巡回控訴裁判所で彼女に仕えた約120人の元ロークラークが全国から集まった。連邦最高裁判所の西にある、その場にふさわしく「法の下の平等」と書かれた玄関に棺が運びこまれる際、そして、棺が中に運び込まれ安置されている間、そのそばにいることは私たちの厳粛な義務だった。

とても辛い日々をともに過ごしたことは、私たちにとって大きな慰めとなった。みな、ギンズバーグ裁判官を心の中で抱きしめていた。彼女は、指導者として、友人として、私たちに非常に多くのことをしてくれた。このあとがきでその驚くべき寛大さと優しさをすべて伝えることは不可能だ。仕事に関わる推薦をしてくれたこと、個人的な節目や仕事上の節目に届けられた励ましの手紙（ロークラークとして仕えた私たちに子供ができたときに送られる〝RBGの孫クラーク〟Tシャツもその1つ）を書いてくれたこと、私たちが逆境にあるときに支えてくれたこと、そして、彼女が私たちを訪問してくれ、忘れられない一生の思い出となったこと……。

棺が連邦最高裁に到着した後、彼女の元ロークラークたちは、2人が20分交代で48時間、彼女の棺のそばに立っていた。昼間、私たちは彼女と一緒に外に出て、弔問に訪れた大勢の人々を目の当たりにした。中には子供を連れて来ている人もいた。彼らの悲しむ姿を見て、ギンズバーグ裁判官がこの国に与えてきた大きな影響をはっきりと理解することができた。夜には、私たちは連邦最高裁判所の中で彼女

2020年9月23日、ルース・ベイダー・ギンズバーグ裁判官の遺体が安置された連邦最高裁西口階段上部の方に向かって敬礼する少女。（写真提供：代表撮影／AP／アフロ）

と一緒だった。棺のそばには2人の元ロークラークと連邦最高裁警察の儀仗兵1人だけ。それは、彼女がどれほど私たちの人生を変えたか、私たちがどれほど彼女を愛しているかを伝える時間だった。私は、彼女を家族のもとに返す直前の、最後の付添いを務めた。それから、棺は最高裁を後にし、最後に国会議事堂に向かった。国会議事堂に安置される最初の女性、そして最初のユダヤ人となり、死してなお新たな歴史を作ったのは、いかにも彼女らしい。しかし、彼女が2度と戻らないと知りながら、棺が連邦最高裁を去っていくのを見るのは、本当に胸を締め付けられるものだった。

今年の春から夏にかけて、ギンズバーグ裁判官と一緒に本書を編集していたので、私は彼女と最後に仕事をするという非常に恵まれた機会を得た。ギンズバーグ裁判官は、本書の企画と、アメリカでロースクール教授となった初期の女性たちの生き様を描いた、彼女の親友であるヘルマ・ヒル・ケイの書籍[2]が刊行されることを非常に楽しみにしていた。本書の様々なドラフトを見直しているとき、ギンズバーグ裁判官は20年前に私が彼女の下でクラークをしていたときと同じように、あらゆる点で厳格な編集者だった。最後の瞬間まで、彼女は私にライティング技術、正確さの重要性、そして3語で済むところで4語を使用してはならないことを教えてくれた。

最後の会話の中で、私たちは今回の企画についてや、ギンズバーグ裁判官が無数の治療にどのように耐えてきたのかを話した。それから、彼女は私の子供について尋ねてくれた。長引くコロナ感染症の拡大の影響について、私の子供が秋には対面授業に戻ることになるのか、それとも自宅からオンラインで授業を受けるのかを知りたがった。コロナ感染症の拡大のために深刻な影響を受けているすべての子供たちを心から心配していた。

常に他人のことを考え、常に未来を見据える。それもまた、ギンズバーグ裁判官だった。

今この文章を書いている瞬間も、未来は不確かなままだ。しかし、本書で語られる彼女の遺産を振り返ると、私たちはみな、彼女がシェルビー郡判決の歴史的な反対意見の中に示した知見から刺激を受けることができる。もし彼女が今日ここにいたら、法廷でその意見を述べたときと同じように、「セルマからモンゴメリーへと向かう行進を率いた偉大な人物」の言葉を決して忘れてはならないと言うだろう。

「道徳の宇宙の弧は長い」、しかし完成に向けた努力への揺るぎない誓いがあれば、「それは正義へと向かう」

今、私たちは、この責任を引き継がなければならない。

2020年10月
アマンダ・L・タイラー

原註

1 … United States v. Virginia, 518 U.S. 515, 532 (1996). ＶＭＩ判決からの引用。本書第3章に収録。

2 … Herma Hill Kay, *Paving the Way: The First American Women Law Professors*, Patricia A. Cain, ed. (forthcoming, University of California Press). ギンズバーグ裁判官は、ケイのこの著作の序文を書いた。

年表　ルース・ベイダー・ギンズバーグの生涯

1933年　3月15日：ジョーン・ルース・ベイダー、ニューヨーク州ブルックリンに生まれる。

1934年　6月6日：姉マリリンが髄膜炎で6歳で死去。

1950年　6月25日：母セリア・ベイダーががんで死去。

6月27日：ニューヨーク州ブルックリンのジェームズ・マディソン高校を卒業（母の死により卒業式を欠席）。

コーネル大学に入学。友人の紹介で2年生のマーティン・D・ギンズバーグと出会う。

1954年　6月14日：コーネル大学を卒業。

6月23日：ロングアイランドのマーティンの両親の家でマーティンと結婚。

1954年　砲兵学校の教官としてマーティンが陸軍勤務となったため、オクラホマ州フォートシルに移住。

複数の事務職として働く。

1955年　娘のジェーンが誕生。

1956年　マーティンに1年遅れてハーバード・ロースクールに入学。550人以上の学年で9人の女子学生の1人となる。

1957－58年　マーティンはロースクールの最終学年の間、がんの闘病。
1958年　マーティンがハーバード・ロースクールを卒業した後、一家はニューヨークに移住。ルースはコロンビア・ロースクールに編入。
1959年　コロンビア・ロースクールを首席で卒業。
1959－61年　ニューヨーク州南部地区連邦地方裁判所のエドマンド・L・パルミエリ裁判官のロークラークとして勤務。
1961－63年　コロンビア・ロースクール国際民事訴訟プロジェクトの研究員、副主任を務める。
1963年　ニュージャージー州立大学ラトガーズ・ロースクールの教員となる（女性2人のうちの1人）。
1965年　息子のジェームズが誕生。
1968年　6月20日：父ネイサン・ベイダー死去。
1971年　マーティンとともにチャールズ・モーリッツの代理人となり、男女差別訴訟の最初の主張書面を共同で執筆する。
リード対リード事件で連邦最高裁に提出する主張書面を初めて共同執筆する。
1972年　終身在職権を得て、コロンビア・ロースクールの教授に就任。
アメリカ自由人権協会が新たに設立した女性の権利プロジェクト初代ディレクターに就任。
1973年　フロンティエロ対リチャードソン事件で、連邦最高裁で初めて口頭弁論をする。
1974年　ケネス・M・デビッドソン、ヘルマ・ヒル・ケイと共著で、『性差別ケースブック』を出版。

1975年　ワインバーガー対ワイゼンフェルド事件で口頭弁論を行う。
1978年　連邦最高裁での最後の口頭弁論事件となったデュレン対ミズーリ州事件の弁論を行う。
1980年　ジミー・カーター大統領によりコロンビア特別区連邦高裁の裁判官に任命される。
1993年　ビル・クリントン大統領により連邦最高裁裁判官に任命される。
1996年　合衆国対バージニア州事件において、連邦最高裁の多数派の意見を執筆する。
1999年　最初のがん（大腸がん）を患う。
2007年　レッドベター対グッドイヤー・タイヤ&ラバー会社事件で反対意見を述べる。
2009年　2度目のがん（膵臓がん）を患う。
2010年　6月27日：マーティンががんのため死去。
2013年　シェルビー郡対ホルダー事件で反対意見を述べる。
2014年　バーウェル対ホビーロビー・ストア事件で反対意見を述べる。
2018年　転倒して骨折した肋骨の治療中に発見された左肺のがん結節の手術を受ける。
2019年　膵臓がんの再発。
2020年　9月18日：転移性膵臓がんの合併症により死去。

日本語版刊行に際して

水田宗子（詩人・文学者）

本著はアメリカ合衆国連邦最高裁判所の裁判官ルース・ベイダー・ギンズバーグの法廷での主張弁論、反対意見書、大学他での講演を、ギンズバーグ自身で、長年彼女を支えた事務担当者の親友とともに編集した著書であり、法律に関わる人たちには、ケーススタディとしてだけでなく、法専門家として多くの示唆に満ちていることだろう。

しかし、本著が大切なのは、法について詳しく知らない一般の社会人読者にとって、ギンズバーグが、自分たちがそれぞれ信じる正義の代弁をする味方だと感じられることである。法律家にとっては法議論であるギンズバーグの弁論が、私たち社会人にとっては、人間の思考、価値判断、意識、そして無意識に関する物語、中でも差別物語として胸を打ち、未来社会への思考を推進し、反省を促すことである。合衆国憲法の精神である、自由、平等、人権の保障の実現と、差別撤廃への揺るぎない信念を貫き、自身の持てる知識と法的技術を駆使して、弁論を展開する女性裁判官の姿が、多くの人たち、そして、中でも若い世代の人たちに信頼と勇気を与えていることは頷けることである。

特にギンズバーグの展開する反対意見は、深い感動を与える。法廷で勝てなかった事件に対しても、明晰で説得力のある反対意見を書き、それがのちの裁判や、法律改正、政策に大きな影響を与えてきたことは、よく知られている彼女の闘争の仕方である。今日のマイノリティ意見は将来のマジョリティだ、と堂々という彼女の姿は、女性や人種、性的マイノリティにとっての、力強い応援であるだけでなく、一般市民にとって、人間としての生き方のロールモデルとなっている。

1960年代、1970年代の大半をアメリカで、大学院生、大学教員として過ごした私は、ギンズバーグ裁判官と同世代のアメリカを経験している。当時、ハーバード、イェール、プリンストンなどのアイビーリーグ大学は男子校で、女性は入学できなかったし、ロースクールも女性を入れないところが大半だった。賃金の格差も当然のことのように受け取られていた。黒人、ユダヤ人、アジア系の差別は、制度としても、社会意識と行動においても、当然のように実行されていた時代だった。私自身、南カリフォルニアの大学で、女性学を正規な大学授業にする活動に加わったとき、最初に取り組んだのは、女性教員たちが給与を公開して、男性教員との格差を明確にすることだった。この時代、ギンズバーグは、一つ一つ、平等と差別撤廃の法廷での戦いを展開していったのである。本著でその戦いを辿ると、平等と差別撤廃には想像を絶する長い年月と、辛抱強い、そして、巧みな戦いを必要とされることを痛感する。

しかし、彼女は、法廷での決着の後、それをどのような法改正や実施体制において実現するのかは政治と社会の決断であると、大統領をはじめ国会議員、そして国民の責任の加担を求めているのである。一般読者に新たな勇気を抱かせるのも、正義の実現される「安全な国家」の形成は、社会・文化、そして人々の心と意識、さらに無意識の改革によるという、彼女の揺るぎない信念と生き方によっている。

裁判に関わったことのある人なら誰でも、法廷は正義を判断する場では必ずしもなく、法律の条項に違反するかしないかで判決が決められることを経験しているだろう。ギンズバーグは、その「敗者」の無念を、ユダヤ人として、女性として、身をもって知っている裁判官であるのだろう。彼女はコーネル大学の英文科出身であり、人間理解にも深い洞察力を養っていたのだ。

彼女の方法は、攻撃的であるというよりは、常にユーモアに溢れていて、理屈にも、言葉にも長けている。有名な、「女性を擁護してくれと言っているのではありません。あなたが踏みつけているその足をどかしてくださいと言っているのです」という弁論は、勝った側の検事や裁判官たちも、彼女の正しさを心では認めてしまうのではなかっただろうか。だからこそ、「ノトーリアスRBG」という陰口をたたきたくなる、戦いにくい、厄介な「敵」だったのだと思う。ギンズバーグが、その悪口に怒ったり、反撃するのではなく、かえって、面白がり、それを自らのアイデンティティとして楽しんだことは、人間としての余裕を感じさせる。2019年の夏、私はアメリカの街中で、この文字が書かれ、RBGの顔がプリントされたTシャツを着た若者たちを多く見かけた。

ギンズバーグは、高齢にも、病気や批判、悪口にもめげず最後まで裁判官としての仕事を貫いたが、その小さな体を奮い立たせる力の源は、家族や友人の支えとユーモアの精神だったと思う。法廷に立つときの黒いガウンを着た姿は、かなり大きな飾りを首回りにつけている。そのあまりおしゃれとは言えない、白いヘンテコな首飾りは、女性裁判官がよくつける、上品で控えめなパールのネックレスとは違って、ポップでもある。正義のために戦うことは、堅苦しいことでばかりではなく、楽しいことなのだというメッセージを若者たちに伝えているように思う。おばあさん世代の女性が若者の尊敬するロールモデルとなっていることに、我が身を省みて、感動する。

国会議事堂に遺体が納められる最初の女性、ユダヤ人であること、そして、彼女が「アメリカの宝」だと称されるのも、勝ち、負けだけではなく、すべての人が、法の保証する権利、平等から取り残されないようにという「法の正義」の根幹を、身をもって守り抜こうとした彼女への感謝の現れだろう。

読者は、おそらく誰もが、差別を見過ごし、世界の殺戮を放置し、自己の利益と便利を優先して、地球を汚していったおじいさん、おばあさんと次世代の若者から言われたくないと、新たな意識を喚起されるのではないだろうか。

本翻訳著は、翻訳者の1人である石新智規弁護士の熱意と晶文社の太田泰弘社長の決断の賜物である。おふたりの志に心から敬意と感謝を申し上げたい。総勢9名の翻訳者チームを牽引なさった、大林啓吾教授にもあらためて敬意を表したい。わかりやすく、明晰な日本語で訳された本著は、ギンズバーグが、世界にとっての宝であることを伝えている。

訳者紹介

大林啓吾（おおばやし・けいご）
千葉大学大学院専門法務研究科教授。著書に『憲法とリスク』（弘文堂）、編著書に『アメリカの憲法訴訟手続』（成文堂）、『アメリカ憲法の群像 裁判官編』（尚学社）など。
翻訳担当：第3章レッドベター対グッドイヤー・タイヤ&ラバー会社判決

石新智規（いしあら・ともき）
弁護士。シドリー・オースティン法律事務所・外国法共同事業（パートナー）。共訳書に『裁判所と世界――アメリカ法と新しいグローバルの現実』（成文堂）など。
翻訳担当：序文、謝辞、イントロダクション、第1章概要、ヘルマ・ヒル・ケイの思い出に、あとがき、年表

青野篤（あおの・あつし）
大分大学経済学部地域システム学科准教授。専門は憲法。共著に『高校から大学への憲法〔第2版〕』（法律文化社）、『アメリカ憲法と公教育』（成文堂）など。
翻訳担当：第2章フロンティエロ対リチャードソン判決、ワインバーガー対ワイゼンフェルド判決

大河内美紀（おおこうち・みのり）
名古屋大学大学院法学研究科教授。著書に『憲法解釈方法論の再構成——合衆国における原意主義論争を素材として』（日本評論社）、共著に『問題演習 基本七法2021』（有斐閣）など。
翻訳担当：第3章概要、ルース・ベイダー・ギンズバーグの連邦最高裁裁判官への指名について、合衆国対バージニア州判決

樫尾洵（かしお・じゅん）
弁護士。渥美坂井法律事務所・外国法共同事業（オブ・カウンセル）。共訳書に『裁判所と世界——アメリカ法と新しいグローバルの現実』（成文堂）など。
翻訳担当：第4章概要、ルイス・D・ブランダイスから学んだこと、ジェネシス基金による生涯功績賞授賞式での講演、帰化式典における講演

黒澤修一郎（くろさわ・しゅういちろう）
島根大学法文学部法経学科准教授。専門は憲法、アメリカ憲法、違憲審査制。共著に『憲法学の現在地』（日本評論社）、『アメリカ憲法と民主政』（成文堂）など。
翻訳担当：第3章シェルビー郡対ホルダー判決

榊原美紀（さかきばら・みき）
日米弁護士。株式会社マクニカ ガバナンス・リスクマネジメント本部、フューチャー株式会社社外取締役、日本組織内弁護士協会（ＪＩＬＡ）理事長。共著に『詳説 独占禁止法審査手続』（弘文堂）。
翻訳担当：第2章概要、モーリッツ対内国歳入庁長官事件

菅谷麻衣（すがや・まい）
拓殖大学政経学部助教。共著に『性風俗と法秩序』（尚学社）、『アメリカの憲法訴訟手続』（成文堂）、『判例から学ぶ 憲法・行政法〔第5版〕』（法学書院）など。
翻訳担当：第1章対談

高畑英一郎（たかはた・えいいちろう）
日本大学法学部教授。共著に『憲法用語の源泉をよむ』（三省堂）、『ロバーツコートの立憲主義』（成文堂）、『事業者のためのパンデミックへの法的対応』（ぎょうせい）など。
翻訳担当：第3章バーウェル対ホビーロビー・ストア判決

著者について

ルース・ベイダー・ギンズバーグ　Ruth Bader Ginsburg
アメリカの法律家。1993年にクリントン大統領の指名を受け、連邦最高裁裁判官に就任。性差別の撤廃など、平等を求めるリベラル派の代表的存在として国内で大きな影響力を持ち、著名なラッパー「ノトーリアスB．I．G．」をもじって「ノトーリアスR．B．G．」と呼ばれるなど、〝ポップ・カルチャーの新しい象徴〟とも評された。その生涯を題材とした映画『ビリーブ　未来への大逆転』やドキュメンタリー『RBG　最強の85才』が2018年に公開。2020年9月18日死去。

アマンダ・L・タイラー　Amanda L. Tyler
カリフォルニア大学バークレー校ロースクール教授。専門は連邦裁判所、憲法、法制史、民事訴訟法、法解釈など。1999年から2000年にかけて、ギンズバーグ裁判官のロークラークを務めた。

ルース・ベイダー・ギンズバーグ　アメリカを変《か》えた女性《じょせい》

二〇二二年　二月　五日　初版
二〇二二年　三月二五日　二刷

著者　ルース・ベイダー・ギンズバーグ、アマンダ・L・タイラー

訳者　大林啓吾、石新智規、青野篤、大河内美紀、樫尾洵、黒澤修一郎、榊原美紀、菅谷麻衣、高畑英一郎

発行者　株式会社晶文社
東京都千代田区神田神保町一－一一　〒一〇一－〇〇五一
電　話　〇三－三五一八－四九四〇（代表）・四九四二（編集）
URL　https://www.shobunsha.co.jp

印刷・製本　株式会社太平印刷社

Japanese translation © Keigo OBAYASHI, Tomoki ISHIARA, Atsushi AONO, Minori OKOCHI, Jun KASHIO, Shuichiro KUROSAWA, Miki SAKAKIBARA, Mai SUGAYA, Eiichiro TAKAHATA 2022
ISBN978-4-7949-7291-0 Printed in Japan

本書を無断で複写複製することは、著作権法上での例外を除き禁じられています。
〈検印廃止〉落丁・乱丁本はお取替えいたします。

好評既刊

21世紀の道徳——学問、功利主義、ジェンダー、幸福を考える
ベンジャミン・クリッツァー 著
ポリティカル・コレクトネス、差別、格差、ジェンダー、動物の権利……私たちが直面する様々な問題について考えるとき、カギを握るのは「道徳」。「学問の意義」「功利主義」「ジェンダー論」「幸福論」の4カテゴリーで構成する、進化論を軸にしたこれからの倫理学。

哲学の女王たち——もうひとつの思想史入門
レベッカ・バクストン、リサ・ホワイティング 編　向井和美 訳
プラトン、アリストテレス、孔子、デカルト、ルソー、カント、サルトル……では、女性哲学者の名前を言えますか？ 明晰な思考、大胆な発想、透徹したまなざしで思想の世界に生きた、20の知られざる哲学の女王たち（フィロソファー・クイーンズ）。

ヘンリー八世——暴君か、カリスマか
陶山昇平 著
薔薇戦争による混乱を解決した先王の跡を継ぎ、テューダー朝の第二代国王として即位したヘンリー八世。英国王室きっての怪人の生涯に迫った本格評伝。6度の結婚、ローマ・カトリック教会との断絶、忠臣の処刑などで知られる「悪名高き」国王の真実。

舌を抜かれる女たち
メアリー・ビアード 著　宮﨑真紀 訳
古代ギリシア・ローマ以来の文芸・美術をひも解くと、見えてくるのは現代社会と地続きにあるミソジニーのルーツ。西洋古典と現代を縦横無尽に行き来しながら、女性の声を奪い続けている伝統の輪郭をあぶり出す。英ガーディアン紙が選ぶ〈21世紀の100冊〉に選定。

薪を焚く
ラーシュ・ミッティング 著　朝田千惠 訳
ノルウェー伝統の薪焚き技術を伝えつつ、エネルギー問題に取り組む社会の変遷、大気汚染を抑える燃焼技術の革新、チェーンソーや斧など道具の歴史、薪愛好者たちへの取材など、薪をめぐる人々と社会の物語を描き出す。